MANFRED SPITZER

PANDEMIE

MANFRED SPITZER

PANDEMIE

Was die Krise mit uns macht und was wir aus ihr machen

mvgverlag

Bibliografische Information der Deutschen Nationalbibliothek
Die Deutsche Nationalbibliothek verzeichnet diese Publikation in der
Deutschen Nationalbibliografie. Detaillierte bibliografische Daten
sind im Internet über http://dnb.d-nb.de abrufbar.

Für Fragen und Anregungen
info@mvg-verlag.de

Originalausgabe
4. Auflage 2020
© 2020 by mvg Verlag, ein Imprint der Münchner Verlagsgruppe GmbH
Nymphenburger Straße 86
D-80636 München
Tel.: 089 651285-0
Fax: 089 652096

Redaktion: Petra Holzmann
Umschlaggestaltung: Catharina Aydemir
Umschlagabbildung: Shutterstock/Christos Georghiou, CoreDESIGN, Vec-
tor-3D
Satz: Carsten Klein, Torgau
Druck: CPI books GmbH, Leck
Printed in Germany

ISBN Print 978-3-7474-0257-3
ISBN E-Book (PDF) 978-3-96121-608-6
ISBN E-Book (EPUB, Mobi) 978-3-96121-609-3

Weitere Informationen zum Verlag finden Sie unter

www.mvg-verlag.de

Beachten Sie auch unsere weiteren Verlage unter www.m-vg.de

INHALT

Widmung

Für meine Freunde und alle Mitarbeiter
hier in der Ulmer Klinik für Psychiatrie,
für meine Kollegen am Universitätsklinikum Ulm
und für alle anderen Menschen auf der Welt,
die in der Krise viel mehr arbeiten als sonst.

VORWORT

Haben Sie auch Ihre Nase zwar (hoffentlich!) nicht voller Viren, aber dennoch die Nase gestrichen voll von Corona? Dann geht es Ihnen wie mir! Eine Nachricht über die Pandemie jagt die nächste Sonder-Extra-Spezial-Sendung – und all diese Informationen jagen *uns* Angst ein. Mehr als vier Millionen Infizierte und mehr als 280.000 Tote weltweit (Stand: Muttertag 2020). In Großbritannien stirbt jeder Siebte, der sich mit Corona infiziert hat, in Schweden jeder Achte, weltweit jeder Vierzehnte, in den USA jeder Siebzehnte und bei uns jeder Dreiundzwanzigste. Dachte man noch vor einigen Wochen, das Virus *SARS-CoV-2* verursache im Wesentlichen eine Lungenkrankheit, so zeigen sich, während die Pandemie voranschreitet, immer neue Ausdrucksformen der Krankheit: Leber, Nieren, Herz, Gehirn und Blutgerinnung können betroffen sein und auch bei jungen Patienten rasch zum Tod führen. So berichtete am 28. April 2020 ein Arzt aus New York im Fachblatt *New England Journal of Medicine* über fünf Patienten im Alter von 33 bis 49 Jahren mit schweren Schlaganfällen.[1] »... Normalfall auf der Intensivstation. Das Röntgenbild zeigte einen großen linksseitigen Schlaganfall. Oxley schnappte nach Luft, als er das Alter und den COVID-19-Status des Patienten erfuhr: 44, positiv. [...] Das mittlere Alter bei solchen schweren Schlaganfällen liegt bei 74 Jahren. [...] Während er [den Schlaganfall] durch Herausziehen des Blutgerinnsels behandelte, konnte er zuschauen, wie gerade im gleichen Moment neue Schlaganfälle [bei dem Patienten] entstanden. ›Das ist verrückt‹, hatte er zu seinem Chef gesagt.« Dieses Zitat stammt nicht aus dem Fachblatt, in dem die Fakten kühl und objektiv dargestellt sind, sondern aus einem drei Tage zuvor in der *Washington Post* erschienenen Bericht über diese Vorfälle, der das Entsetzen des Arztes über seine Erfahrungen auf der Intensivstation viel besser zum Ausdruck bringt.[2] Für die Ärzte ist das neue Corona-Virus ein »Moving Target«, ein Ziel, das sich permanent bewegt und seine Erscheinungsform ändert.

Fast mehr noch als die Infizierten, Kranken, Toten und überfüllten Intensivstationen ängstigen uns die Nachrichten darüber, was wir unternommen haben, um der Pandemie zu begegnen, und was dadurch *mit uns* passiert: Mehr als die Hälfte der Menschheit ist Beschränkungen von Freiheitsrechten unterworfen; über 40 Millionen Amerikaner haben mittlerweile ihre Arbeit verloren; die Lufthansa verliert eine Million Euro Liquiditätsreserve pro Stunde; die Verluste (Wertevernichtung) an den Börsen weltweit belaufen sich auf mehrere Hundert Milliarden US$, die Ausgaben der Staaten zur Unterstützung von Unternehmen und Menschen während der Krise auf mehrere Tausend Milliarden. Wer bezahlt das alles – und wie und wann?

Leere Straßen und Plätze, mittlerweile wieder geöffnete Geschäfte, in denen trotzdem keiner Lust hat, etwas einzukaufen; mehr Kindesmisshandlungen, häusliche Gewalt und Ehescheidungen – all das bemerken wir selbst oder erfahren es täglich über die Medien. Dies hat zu dem geführt, was die WHO schon vor Wochen als *Infodemic* bezeichnet hat: zu einer Flut von Meldungen, Meinungen, Halbwahrheiten und schlichtem Unfug, dem wir völlig schutzlos ausgeliefert zu sein scheinen.

Eines ist klar: Wir durchleben gerade eine globale Pandemie, »für die es bislang kein Drehbuch gibt« (so der deutsche Finanzminister Olaf Scholz mehrfach öffentlich). Was auch klar ist: Der überwiegende Teil der Menschen leidet nicht, weil er an dem Virus erkrankt ist, sondern er leidet aufgrund der Folgen der Eindämmungsmaßnahmen, die er selbst bzw. andere Menschen zurzeit erdulden. Wir leiden also mehrheitlich nicht unter dem Virus, sondern uns selbst. Denn wir leiden unter Ängsten und Ungewissheit, unter hohem sozialem Druck in engen Wohnungen; zugleich unter verordneter sozialer Distanz und Einsamkeit, unter Überflutung durch immer bedrohlichere Nachrichten, Fake-News und Verschwörungstheorien; unter geschlossenen oder nur teilgeöffneten Kitas, geschlossenen oder nur teilgeöffneten, dafür digitalen Schulen, die vor allem den schwachen Schülern schaden; viele Menschen leiden unter einer existenziellen Bedrohung durch Laden- und Werksschließungen, unter dem Verlust des Arbeitsplatzes, unter Kurzarbeit und weiteren vielfältigen wirtschaftlichen Folgen.

Bei der Corona-Krise geht es vor allem um Menschen und erst in zweiter Linie um das Virus. Genau deswegen ist neben dem Virologen und dem Epidemiologen auch der Psychologe und Psychiater herausgefordert.

Können Sie sich noch an den Tag erinnern, an dem Sie sich zum ersten Mal über das Corona-Virus und dessen Auswirkungen auf Ihr Leben ernsthaft Gedanken gemacht haben? Ich schon. Es war am Sonntag, dem 15. März. Per Mail hatte ich am Vorabend einen Übersichtsartikel erhalten, den ich am Sonntagmorgen zuerst langsam und gemütlich und dann immer schneller gelesen habe, denn es wurden mit klarer Sprache Inhalte angesprochen, die mir in dieser Deutlichkeit noch nicht bekannt und äußerst ungemütlich waren. Sofort wurde mir auch die Bedeutung der Sache für mich als Klinikchef deutlich, denn ein »weiter wie bisher« konnte es nach allem, was ich gelesen hatte, in der Klinik nicht geben.

Dann ging alles ganz schnell: Am Montag wurden die ersten Maßnahmen getroffen, und ab Dienstag war ich Teil der Umsetzungsgruppe des Universitätsklinikums Ulm, in deren regelmäßigen Treffen darüber beraten wurde, wie die Pläne und Vorkehrungen der Corona-Task-Force des Klinikums (auch dieses Gremium tagte täglich) zur Begegnung der Pandemie praktisch realisiert werden könnten. Ab Mittwoch (18. März) trugen alle Ärzte, Krankenpfleger und Patienten im Krankenhaus einen Mundschutz, und Gruppenaktivitäten fanden nicht mehr statt. Um als psychiatrisches Akutkrankenhaus weiter zu funktionieren, mussten wir die Psychiatrie neu erfinden. Dabei ging es keineswegs um neue große Konzepte, sondern um den ganz konkreten täglichen Lebensvollzug: Das war sehr viel Arbeit.

Zugleich betraf mich »die Krise« noch auf eine andere Weise: Weil ich vor einem guten Jahr ein Buch über Einsamkeit publiziert hatte, war ich für viele nun »der Experte« für die Folgen der Maßnahmen der sozialen Isolation. Zwar ist Einsamkeit nicht das Gleiche wie soziale Isolation, wie auch körperlicher Abstand nicht das Gleiche ist wie sozialer Abstand, aber genau das musste ja erst einmal jemand deutlich machen. Und der war ich – in unzähligen Interviews in den verschiedensten Medien.

Alles zusammen – der klinische Alltag, die Zusammenarbeit mit den Kollegen in der Umsetzungsgruppe und die vielfältige Kommunikation – hatte zur Folge, dass ich mich in den Wochen seit Mitte März mit kaum etwas anderem als

Corona beschäftigt habe, ganz einfach, weil es sein musste. Und dabei habe ich sehr viel gelernt. Morgens vor und abends nach der Arbeit (bis mir die Augen zufielen) las ich über Corona – nicht nur im Netz die neuesten Nachrichten, Zahlen und Schaubilder, sondern vor allem in den wissenschaftlichen Fachblättern, weil das seit Jahrzehnten sowieso zu meinem Job gehört und ich das daher so gewohnt bin. Andere lesen Krimis; ich dagegen finde die Wissenschaft viel spannender. (Man muss das mögen, oder wie die Engländer sagen: *It's an acquired taste.*)

Immer wieder brachte ich in diesem Zusammenhang gelegentlich meine Gedanken zu Papier, weil man sie dabei besser ordnen kann als beim bloßen Denken (bzw. weil man das beim Schreiben tun *muss*). Auch das mache ich (angestoßen durch das tägliche Schmökern in Fachblättern) seit Jahrzehnten – und gelegentlich wird dann ein Buch aus diesen geschriebenen Gedanken. Die Idee zu *diesem* Buch entstand im April. Die Ruhe dazu fand ich an den Wochenenden, die ich glücklicherweise nicht mehr in der Bahn oder auf der Autobahn verbringen musste, waren doch seit Mitte März alle Vorträge und Tagungen etc. bis auf Weiteres abgesagt worden. (März und April sind neben Oktober und November normalerweise Tagungshochsaison, aber die Frühjahrssaison fiel dieses Jahr komplett aus.)

Man kann sich ein Sachbuch wie ein riesiges Puzzle vorstellen. Viele interessante Einzelteile ergeben noch lange kein Gesamtbild. Die Teile müssen ineinandergreifen, sich ergänzen, einen »Sinn« ergeben, der viel mehr ist als die Summe der Teile. Sonst bräuchte man das Buch nicht, denn eine nahezu unendliche Menge von Einzelinformationen findet man ja schon längst in der »Cloud«. Das Gesamtbild ergibt sich aus genau den wichtigen für dieses Bild nötigen Verbindungen relevanter Einzelheiten – darum geht es beim Puzzle wie beim Sachbuch.

An einem Puzzle arbeitet man am besten in Ruhe und nicht auf dem Rücksitz eines fahrenden Autos oder in einem ruckelnden Zug. Und zudem mit der nötigen inneren Muße, die man braucht, um Zusammenhänge und Muster zu erkennen, zu bewerten, einzuordnen und zu einem Ganzen zu formen. Damit verglichen, war die Arbeit an diesem Buch für mich eine ganz neue Erfahrung, denn sie glich eher dem Zusammenzimmern eines Floßes in einem reißenden Strom, während man das entstehende Floß auch noch um Hindernisse steuern muss. Das war nötig, denn es war klar, dass das Buch niemandem nützt, wenn es in einem halben Jahr erscheint. Genau um diesen Nutzen geht es mir eigentlich in jedem meiner Bücher: Ich schreibe sie nicht zur »Erbauung« des Lesers, sondern weil ich aufklären, etwas bewirken will. Zwar enthält dieses Buch viel Allgemeingültiges und Prinzipielles (was auch in zehn Jahren noch richtig ist), aber seine Motivation, sein Bezug, seine praktischen Folgen und seine Daseinsberechtigung und sein gesamtes *Momentum* ist die Krise, in der wir uns gerade befinden.

Selten habe ich so fieberhaft an einem Buchprojekt gearbeitet. Das lag nicht daran, dass ich an Fieber erkrankt wäre, sondern daran, dass die Situation der jetzigen Krise für mich – wie für alle anderen ja auch – völlig neu war und noch immer ist. Im Gegensatz zu den meisten meiner Mitmenschen bin ich Arzt und Wissenschaftler, mit (hippokratischem) Eid, Kranken zu helfen, und (baden-württembergischem) Eid, dem Land zu dienen. Ich habe diese Aufgaben immer ernst genommen und mich zuweilen genau damit auch unbeliebt gemacht.

Vielleicht gibt es nach dem Erscheinen dieses Buchs wieder einen Shitstorm, zum Beispiel von Leuten, die Impfen für Teufelswerk, die Pandemie für harmlos und zugleich für eine Erfindung von bösen Mächten zur Auslöschung oder zumindest zur Versklavung der Menschheit halten. Da ich das alles schon erlebt habe, sehe ich alldem mit Gelassenheit entgegen. Schließlich werde ich demnächst 62 Jahre.

Ein Letztes: Ich *glaube* fest daran, dass diese Krise, unter der wir alle gerade sehr leiden, auch etwas Gutes haben kann und von uns als – wenn auch sehr steiniger – Weg in eine bessere Zukunft genutzt werden kann. Denn es spricht sich gerade herum, dass wir danach nicht genau da weitermachen dürfen, wo wir zuvor aufgehört haben. Wenn wir uns auf unser Miteinander neu besinnen und bei allem ablenkenden Gewusel (Konsum, Reisen, Events) den Sinn unseres Daseins – glückendes Miteinander (früher hätte man einfach gesagt: *Liebe*) – neu für uns erkennen, dann wäre das schon sehr viel. Wenn als Nebeneffekt aus der Krise mehr *Nachhaltigkeit* resultiert, wenn also der Globus verschnauft, weil wir Menschen eine Erkrankung des Atmens zu vermeiden suchen, ist das zumindest für Mutter Erde gut. Je mehr neue Erfahrungen wir dabei machen und zudem die Zeit haben, darüber nachzudenken, desto eher können wir auch *hoffen*, dass sich etwas zum Guten wendet. Um Aufklärung sowie Glaube, Liebe und Hoffnung für uns Menschen, verbunden mit mehr Nachhaltigkeit für unsere Erde (es gibt nur diese eine), darum geht es mir in diesem kleinen Buch.

Ulm, am Muttertag, 10.5.2020   Manfred Spitzer

1.

IN DER KRISE – DER NEUE NORMALZUSTAND?

Das Leben mit Corona sei die neue Normalität, lernte man in der Tagesschau vom 7. Mai 2020. Das augenfälligste Zeichen dieser neuen Normalität sind wohl die Masken, die wir jetzt alle tragen: Ob aus Kaffeefiltern gebastelt, aus Stoff genäht, als OP- oder vielleicht sogar als Sicherheitsmaske der Klasse FFP2 oder FFP3 gekauft: Masken sind das neue normale Bekleidungsstück. Aber helfen sie auch? Ein Blick ins *Deutsche Ärzteblatt* könnte weiterhelfen: Dort wurde am 6. April online publiziert, dass auch die einfachsten medizinischen (chirurgischen) Gesichtsmasken das Coronavirus zurückhalten können. Man bezog sich dabei auf eine im Fachblatt *Nature Medicine* drei Tage zuvor publizierte Studie[3], in der dies experimentell gezeigt worden war.

Nur einen Tag später las man – erneut im *Deutschen Ärzteblatt* online – das genaue Gegenteil, denn eine Arbeitsgruppe aus Südkorea hatte am 6. April im Fachblatt *Annals of Internal Medicine* eine Studie publiziert, bei der vier Patienten mit Masken husten sollten, während vor ihnen eine Schale stand, die danach auf Viren untersucht wurde.[4] Die Masken hatten in diesem Experiment nicht nur keinen abhaltenden Effekt, man fand an ihnen *außen* sogar mehr Viren als innen! Das Ergebnis war also nicht nur enttäuschend, sondern sogar erschreckend!

Die Experten halfen in dieser Situation wenig. Die WHO empfahl Gesichtsmasken zunächst nicht, das Robert Koch-Institut auch nicht. Erst mit der Zeit bröckelte die Abwehr, und immer mehr sprachen sich für Gesichtsmasken aus. Wie kam das?

To mask or not to mask?

Frei nach Shakespeare formuliert[5], wird die Frage nach dem Gebrauch von Masken gegenwärtig heftig diskutiert. »Unnötiger Aufwand« und »gefährliches In-Sicherheit-Wiegen« sagen die einen, »sinnvoller Schutz« sagen die anderen. Glücklicherweise gibt es zu dieser Frage mittlerweile nicht nur Meinungen (und die oben genannten nicht besonders aussagekräftigen Studien), sondern durchaus auch wissenschaftliche Erkenntnisse, die diesen Namen verdienen.

Wissenschaftler aus den USA haben am 21. April 2020 ein mathematisches Modell entworfen und damit Daten aus zwei US-Bundesstaaten (New York und Washington) zur Dynamik der Übertragung der Krankheit COVID-19 durchgerechnet. Dabei kam heraus, dass Gesichtsmasken deutlich mehr bringen, als man zunächst vermuten könnte. Ihr Nutzen für die Gesamtbevölkerung ist umso größer, je früher die Masken im Verlauf einer Epidemie oder Pandemie eingesetzt werden. Weiterhin wurde deutlich: Der Effekt von Gesichtsmasken lässt sich recht gut als Produkt aus Maskenwirksamkeit einerseits und dem Prozentsatz der Bevölkerung, der die Masken nutzt, andererseits abbilden. Zudem gilt: Auch wenn sie als alleinige Maßnahme unter bestimmten Umständen nur einen geringen Einfluss auf die Epidemie haben, verringern sie dennoch die effektive Übertragungsrate. Masken können also mit anderen Maßnahmen, einschließlich hygienischer Maßnahmen (Händewaschen) und sozialer Distanzierung (Abstandhalten, Ausgangsbeschränkungen, Schließungen von Cafés, Restaurants, Kindergärten und Schulen etc.), kombiniert werden, um letztlich zu einem Rückgang der Infektionsraten und damit der Belastung des Gesundheitssystems beizutragen. Gesichtsmasken sind gewiss kein Allheilmittel und sollen auch nicht anstelle anderer Maßnahmen eingesetzt werden. *Zusammen* mit anderen Maßnahmen sind sie jedoch wirksamer, als man denken könnte. Betrachten wir einige Ergebnisse der Studie etwas genauer.

Unter der Annahme einer festen Übertragungsrate vermindern Gesichtsmasken, die von 80% der Bevölkerung getragen werden und zu 50% effektiv sind (also 50% der Viren abfangen), im US-Bundesstaat New York 15–47% der Todesfälle innerhalb von zwei Monaten. Hierbei würden vor allem die Spitzen abgefangen, die um 34–58% reduziert werden. Damit sind Gesichtsmasken ein wirksames Mittel, Intensivstationen vor Überlastung zu bewahren (siehe Kapitel 6, Abschnitt »Flattening the curve«). Sogar Masken mit einer Effektivität von nur 20% sind noch nachweislich wirksam und können die Zahl der Todesfälle vermindern.[6]

Es überrascht nicht, dass dieser Nutzen von Gesichtsmasken größer ist, wenn ein größerer Anteil der Infizierten asymptomatisch ist, das heißt keine Infektionssymptome zeigt. Denn die Masken verhindern, dass jemand, ohne es zu wissen, einen anderen ansteckt. Aber Masken sind keineswegs nur in diesen Fällen hilfreich, wie die Wissenschaftler herausfanden. Sie bieten vielmehr auch dann einen Nutzen, wenn sie von (wirklich) gesunden Menschen zur Prävention einer Infektion getragen werden. »Zusammenfassend legen unsere Ergebnisse nahe, dass der Gebrauch von Gesichtsmasken durch einen möglichst großen Teil der Bevölkerung (das heißt landesweit) erfolgen und unverzüglich umgesetzt werden sollte, *selbst wenn die meisten Masken hausgemacht und von relativ geringer Qualität sind.* Die Maßnahme kann zur Eindämmung der COVID-19-Pandemie beitragen, wobei der Nutzen *in Verbindung mit anderen nicht pharmazeutischen Interventionen,* die die Übertragung in der Gemeinschaft reduzieren, am größten ist«, betonen die Autoren am Ende ihrer Arbeit.[7]

Trotz der Ungewissheit über den Effekt von Masken ist deren Nutzen also zumindest der Möglichkeit nach groß und der Schaden durch sie vergleichsweise klein. Dies wird auch von anderen Autoren so gesehen.[8] In Hongkong trugen etwa 96% der Bevölkerung Gesichtsmasken, und die Krankheit COVID-19 war mit 129 Fällen pro einer Million Einwohner sehr gering. In anderen Ländern ohne Gesichtsmaskenpflicht lag diese Zahl bei 2983 Fällen pro einer Million Einwohner (Spanien), bei 2251 Fällen (Italien) oder bei 1242 Fällen (Deutschland). Diese Unterschiede sind allesamt nicht nur statistisch, sondern auch klinisch sehr bedeutsam, wie Vincent Cheng und Mitarbeiter am 30. April 2020 publizierten.

Die Nebenwirkungen von Gesichtsmasken sind vor allem Kopfschmerzen, die jedoch in der Allgemeinbevölkerung kaum auftreten, sondern vor allem beim medizinischen Fachpersonal, wie im Rahmen einer Querschnittsstudie an Gesundheitspersonal, das während der COVID-19-Pandemie in Hochrisiko-Krankenhausbereichen tätig war, gezeigt werden konnte. Insgesamt 158 Beschäftigte nahmen an der Studie, die im Mai 2020 publiziert wurde, teil und füllten einen Fragebogen aus. Die Mehrheit (126, das heißt 77,8%) war zwischen 21 und 35 Jahre alt. Zu den Teilnehmern gehörten Krankenschwestern (102, das heißt 64,6%), Ärzte (51, das heißt 32,3%) und »paramedizinisches« Personal wie Rettungssanitäter oder Therapeuten (5, das heißt 3,2%). Bei etwa einem Drittel (46, das heißt 29,1%) der Befragten lag eine vorbestehende primäre Kopfschmerzdiagnose vor. Und diejenigen, die in der Notaufnahme arbeiteten, hatten eine höhere durchschnittliche tägliche Dauer des Maskengebrauchs im Vergleich zu denjenigen, die auf Isolierstationen oder auf der medizinischen Intensivstation arbeiteten. Von den 158 Befragten entwickelten 128 (81,0%) neue, das heißt zuvor nicht vorhandene Kopfschmerzen durch das Tragen von persönlicher Schutzausrüstung wie N95-Gesichtsmaske und Schutzbrillen. Eine vorbestehende primäre Kopfschmerzdiagnose oder ein Gebrauch der Schutzmasken und -brillen über mehr als vier Stunden pro Tag waren unabhängig voneinander mit einem etwa vierfach erhöhten Risiko des Auftretens neuer Kopfschmerzen assoziiert. Seit Ausbruch von COVID-19 äußerten sich 42 der 46 (91,3%) Befragten mit bereits bestehenden Kopfschmerzen zur Frage, ob die verstärkte Benutzung von Schutzmasken und -brillen zu einer Verschlechterung ihrer Kopfschmerzen geführt hatte, entweder mit »stimme zu« oder mit »stimme sehr zu«. Diese Kopfschmerzen hatten auch Auswirkungen auf ihre Arbeitsleistung.[9]

Halten wir fest: Das Tragen von Gesichtsmasken ist hierzulande im Gegensatz zu manchen asiatischen Ländern kulturell noch nicht eingeübt. Dabei tragen sie sowohl zum Schutz der anderen als auch zum Eigenschutz bei. Sie wirken am besten, wenn sie von *allen* getragen werden.

Ein instruktives, lehrreiches Beispiel hierfür lieferte die Stadt Jena. Dort waren Mitte März die Infektionszahlen steil nach oben gegangen und lagen höher als in allen anderen thüringischen Städten und Landkreisen. In dieser Situation rauften sich die Stadt und die Universitätsklinik zusammen und sprachen für Jena als erste deutsche Großstadt eine allgemeine Verpflichtung zum Tragen einer Gesichtsmaske aus. Nach dem Motto »Keine Maske ist schlechter als irgendeine Maske« waren auch Schals und selbst gebastelte oder genähte Masken erlaubt. Und so kam es, dass seit Anfang April die Menschen in Jena im öffentlichen Nahverkehr, in allen Verkaufsstellen und in Gebäuden mit Publikumsverkehr einen Mund-Nasen-Schutz tragen müssen. Vierzehn Tage später wurden Schutzmasken auch in Büros vorgeschrieben, wenn mehr als eine Person im Raum ist. Und siehe da: Am 16. April vermeldete die Stadt, dass es in den vergangenen acht Tagen keine einzige Neuinfektion in Jena gegeben hatte.

Mittlerweile gilt eine Gesichtsmaske als geeignetes Mittel, um die Corona-Epidemie zu verlangsamen. Am 15. April wurde eine entsprechende *dringende Empfehlung*, Masken in Geschäften und im öffentlichen Nahverkehr zu tragen, von der Kanzlerin und den Ministerpräsidenten der Länder verabschiedet, und bis Ende April wurde daraus in allen Bundesländern eine *Tragepflicht*.

Kurze Besinnung

Warum beginne ich ein Buch über die Corona-Pandemie mit einer Diskussion über Gesichtsmasken? Müsste man nicht erst einmal erklären, was Corona ist, was man über das Virus und die Krankheit weiß und wie sich alles entwickelt hat? »Vor die Therapie haben die Götter die Diagnose gesetzt.« An diesen viel zitierten medizinischen Leitsatz werden meine Kollegen vielleicht denken.

Klar, man könnte ein Buch auch am Anfang anfangen: erst einleiten, dann alles klarstellen und am Ende die Schlussfolgerungen ziehen. Das hat jedoch einen ganz entscheidenden praktischen Nachteil: Sehr viele Leute lesen Bücher nicht zu Ende, sondern geben irgendwann zwischen Anfang und Ende auf. Dieses Faktum ist ebenso bekannt wie von Autoren verdrängt und gehasst. Aber es bleibt eben ein Faktum. Und weil ich mit diesem Buch keine Erbauung erzeugen, sondern vor allem Gutes bewirken will, schreibe ich das Wichtigste gleich hier am Anfang: *Leute, lasst euch nicht kirre machen von denjenigen, die etwas anderes behaupten: Tragt Masken, solange die Pandemie läuft!*

Es gibt noch einen zweiten, systematischen Grund, warum ich gleich am Anfang über Masken spreche: Man kann daran schön zeigen, warum es in der Wissenschaft durchaus vorkommt, dass nicht alle einer Meinung sind. »Wenn sich schon die Experten streiten, was soll man dann noch glauben?«, hört man derzeit immer wieder. Oder vermeintlich noch schlimmer: »Der Experte X ändert seine Meinung. Wie soll man dem noch glauben?«

Die Menschen vergessen dabei, dass es keine ewig gleiche Realität gibt, sondern Realität sich verändert. Realität ist immer auch das, was wir jeweils wahrnehmen, und nie völlig davon zu lösen (was bliebe übrig?). Eine Pandemie ist kein Ding, sondern ein dynamischer Prozess, eine »Zeitgestalt«, die wir erst voll erkennen können (auch und gerade in wissenschaftlicher Hinsicht!), wenn sie vorbei ist. Dennoch brauchen wir die Wissenschaft schon jetzt, in vollem Bewusstsein der Tatsache, dass unsere Erkenntnisse nicht abgeschlossen und vollständig, sondern vorläufig und unvollständig sind.

Aber dennoch: Haben Sie etwas Besseres als die Wissenschaft? Wollen Sie lieber jemanden fragen, der *kein* Experte ist? Als Mediziner ist man gewohnt, (noch) nicht »alles« zu wissen, und muss dennoch täglich Entscheidungen fällen, bei denen es durchaus um Leben und Tod gehen kann. Manchmal wird daher in der Medizin auch eine »zweite Meinung« eingeholt, meistens von den beteiligten Medizinern selbst, ohne groß Aufhebens darüber zu machen. Denn das ist in der Medizin normal. Ebenso normal ist, dass sich unsere Kenntnisse, also die Fakten, ändern. Und wenn sich die Fakten ändern, dann ändere ich meine Meinung. Was würden Sie tun?

Mein Leben mit Corona

Am 13. März hatte Bundesgesundheitsminister Jens Spahn in einem Brief an die Krankenhäuser dazu aufgefordert, alle aus medizinischer Sicht nicht notwendigen, also »elektiven«, Eingriffe zu stoppen, um mehr Behandlungskapazitäten für COVID-19 Patienten zu schaffen. Das Besondere an diesem Brief ist, dass der Gesundheitsminister des Bundes den Krankenhäusern (die sind Ländersache) eigentlich gar nichts zu sagen hat. Dennoch sind sie der Aufforderung nachgekommen.

Die Corona-Pandemie hat seit Mitte März 2020 das Leben und die Arbeit in der Medizin verändert. Das betrifft nicht nur die Infektions- und Intensivstationen in der inneren Medizin, Anästhesie und Chirurgie, sondern auch mein Fachgebiet, die Psychiatrie. Das gesamte Universitätsklinikum Ulm (UKU) befand sich, wie andere entsprechende Krankenhäuser der Maximalversorgung auch, seit etwa Mitte März im Corona-Notfall-Modus: Verschiedene Teams planten die Versorgung von zu erwartenden künftigen Kranken. Ich selbst war und bin noch immer – wie schon erwähnt – seit dem 17. März in der Umsetzungsgruppe, die täglich direkt im Anschluss an die Krisen-Task-Force zusammenkommt und überlegt, wie man praktisch umsetzt, was zuvor von der Task-Force prinzipiell beschlossen wurde. »Station XY zieht von A nach B um, damit A Intensivstation werden kann.« Das sagt sich leicht, verursacht aber etwa so viel Zusatzaufwand wie ein kleines Erdbeben.

Die Arbeit in der Umsetzungsgruppe brachte mich in direkten Kontakt mit Kollegen und anderen Mitarbeitern des Klinikums, die mit den Vorbereitungen des UKU auf die Pandemie befasst waren. Die Treffen begannen immer mit den Fallzahlen: »Gestern neun, heute 13 positiv getestet«, hieß es am 17. März.

Am 18. März wurde der Höhepunkt der Pandemie für den 28. April vorhergesagt, zugleich mit schlechten Nachrichten: Es würden im schlimmsten Fall (Worst-Case-Szenario) mehrere hundert Betten fehlen – allein in Ulm.

19. März: In einer der uralten Kasernen in Ulm werden Medikamente und Schutzkleidung jetzt bewacht, weil die gerade knapp sind und in der gesamten Republik immer wieder gestohlen werden, vor allem nachts und in Kliniken. »Wir beschaffen, was wir kriegen können … 65 Fälle in unserem Ein-

zugsgebiet.« Und: »Die Sterblichkeit der über 70-Jährigen liegt bei 12,5%.« Das klang nicht gut!

Am 23. März erfuhr ich, dass die Patienten der Hals-Nasen-Ohren-Klinik auf den Balkonen – Gott bewahre! – *rauchen* dürfen, weil es sonst nirgends geht. Am gleichen Tag durften sie das dann auch in der Psychiatrie. »Masken und Schutzkleidung sind jetzt genügend da. Auch die *Mondanzüge*.« Bei Kontakt mit Infizierten muss nun aus arbeitsrechtlichen Gründen ein bestimmtes Hygiene-Formular ausgefüllt werden. »Höhepunkt erst am 30. April.«

24. März: »Derzeit 14 Coronapatienten, sechs davon auf Intensiv.« Umzugschaos. Der Höhepunkt kommt erst am 5. Mai. »Haben die Bestatter genügend Kapazität?« Und dann ging es noch um die Frage, ob Laborkapazitäten von wissenschaftlichen Projekten, die von der Deutschen Forschungsgemeinschaft (DFG) oder dem Bundesministerium für Bildung und Forschung (BMBF) finanziert werden, für Coronatests verwendet werden dürfen. Für den einen ist das ethisch geboten, für den anderen Diebstahl. »Am besten dort nachfragen!«

25. März: COVID-19 diagnostiziert man schneller und zuverlässiger mit einem Computertomografen (CT) als mit einem Labortest. »Wo kriegen wir jetzt schnell einen her?« Mundschutzplicht für alle im Klinikum. »Das Umkleiden besser organisieren.« Zwei Personalgruppen bilden – A und B; wenn einer infiziert sein sollte, muss die Gruppe in Quarantäne, aber man hat dann noch immer wenigstens die Hälfte des Personals! »Höhepunkt erst für den 22. Mai berechnet. Mit 580 Patienten.«

26. März: Video über Corona auf Klinik-Webseite.

27. März: 250 Bodybags (neudeutsch für: Leichensäcke) bestellt.

Und so ging es weiter. Was jedes Mal gesagt wurde, habe ich weggelassen: »Guten Tag«, »Auf Wiedersehen und bleiben Sie gesund« und irgendwann dazwischen immer: »Wir brauchen mehr Tests.« Wir beschäftigten uns mit immer neuen alltäglichen, aber dennoch wichtigen Problemen. Wie gehen wir mit Besuchern der Patienten um (Besuch verbieten, testen, begrenzt zulassen? Wie Besuch handhaben in der Kinderklinik, in der Frauenklinik, in der Psychiatrie?)? Soll es Passierscheine geben? Was ist mit den Heimen in der Umgebung (»tickende Zeitbomben?«)? Wer koordiniert die Arbeit der Klinikseelsorger? Wie bringt man die Mitarbeiter dazu, in den Pausen die Masken auf- und den Abstand beizubehalten? Die Fallzahlen – auch die der Intensivpatienten mit Beatmung – stiegen derweil weiter.

Dann irgendwann in einer Sitzung der Knaller: Der Höhepunkt in Ulm *war schon.*

Das war Mitte April. Und das lag definitiv *nicht* daran, dass irgendjemand etwas falsch gemacht, also beispielsweise falsch beobachtet oder falsch gerechnet hätte. Die Berechnungen waren ja richtig, aber die Fakten, auf denen sie beruhten, hatten sich geändert. Corona erwies sich als ein ungemein bewegliches Ziel.

Psychiatrie unter Corona

Währenddessen erfanden wir in der Psychiatrischen Klinik ab dem 16. März täglich die Psychiatrie neu, um unter sich ständig verändernden Bedingungen das tun zu können, was wir immer tun: unsere Patienten so gut wie möglich zu versorgen. Gewisse Veränderungen im Klinikalltag mussten sein, denn die von

Kanzlerin Merkel am Donnerstag, den 12. März, zu Recht geforderte und in ihrer Rede an die Nation am 18. März nochmals eindringlich angemahnte soziale Distanzierung (siehe hierzu Kapitel 6) passte nicht zu Gruppentherapien, die in den Bereichen Sport, Musik, Kunst, manuelles Arbeiten mit verschiedenen Materialien und Zielen sowie im psychotherapeutischen Bereich zum Standard der Versorgung stationärer Patienten gehören. Denn seit mehr als 200 Jahren (der Zeit der Aufklärung) wissen wir, dass psychische Krankheit mit einem Verlust des Gemeinschaftssinns *(sensus communis)* einhergeht, das heißt, dass folglich sehr viele Probleme beim alltäglichen Miteinander auftreten. Nicht zuletzt deswegen bildet die »therapeutische Gemeinschaft« in der Klinik das Rückgrat unseres Tuns.

Da nun aber bestimmte Klinikangebote einfach nicht mehr möglich waren – der plötzliche Wegfall aller Gruppenaktivitäten und deren Ersatz durch Einzeltherapie führte dazu, dass den Patienten deutlich weniger Aktivitäten zur Therapie und zur Tagesstrukturierung angeboten werden konnten –, war es für manche Patienten besser, die Krankheit zu Hause bei häufigen Kontakten zum Behandlungsteam in der Klinik zu überstehen, anstatt im Krankenzimmer sehr viel Zeit allein verbringen zu müssen. Dort mussten seit Mitte März sogar die Mahlzeiten eingenommen werden (und nicht mehr im Gemeinschaftsraum). Einige Patienten aber brauchten den mehrfach täglichen intensiven Kontakt zum Behandlungsteam dringender als alles andere und blieben in der Klinik.

Psychiatrische Notfälle (schwere Depression mit akuter Suizidalität oder nach erfolgtem Suizidversuch, akute Belastungsreaktion mit Erregungszustand, Psychose unklarer Ursache ohne Krankheitseinsicht, Bewusstseinstrübung bei Intoxikation mit

Alkohol oder illegalen Drogen etc.) kümmern sich weder um Tageszeit, Werk-, Sonn- oder Feiertage noch um eine weltweite Pandemie. Manche Patienten reagierten jedoch auf die Maßnahmen der sozialen Isolation mit Verunsicherung, Angst, Depression oder gar Suizidalität und brauchten zusätzliche Hilfe.

Worum es geht und was wir wissen

Unter Epidemiologen gibt es den Ausspruch: »Wenn Sie eine Epidemie gesehen haben, dann haben Sie *eine* Epidemie gesehen« – also keineswegs *alle* Epidemien, wie das bekannte Diktum zum Schließen von nur einem Fall auf alle Fälle nahelegt. Denn Epidemien können, je nach den Eigenschaften des Erregers und der (nicht nur menschlichen) Gesellschaft, auf die er trifft, ganz unterschiedlich ablaufen. Weil beide – Erreger und betroffene Population – sehr verschieden sein und unabhängig voneinander variieren können, multiplizieren sich diese Verschiedenheiten. Dennoch kann man aus der Geschichte manches lernen – wenn nicht über das Virus, dann wenigstens über uns selbst in Zeiten einer Pandemie. Zudem gibt es wissenschaftliche Erkenntnisse zur Entstehung von Krankheit – physisch wie psychisch – durch Stress, beim Einzelnen, aber auch bei Paaren und in Gemeinschaften. In systematischer Hinsicht folgt daraus, dass die Erkrankung von vielen – Epidemie oder Pandemie – Stress erzeugt und der wiederum krank macht. Hierdurch entstehen Teufelskreise und Widersprüche, inmitten derer politische Entscheidungen gefällt werden müssen. Diese wiederum können gar nicht unabhängig von kulturellen Gegebenheiten sein, was die Sache nochmals komplexer macht.

Obwohl im folgenden Kapitel erst einmal ein paar Fakten über Corona geklärt werden, geht es in diesem Buch gar nicht in erster Linie um das Virus SARS-CoV-2 oder die von ihm verursachte Krankheit COVID-19, sondern um *uns* – um unser Erleben, Fühlen, Bewerten, Entscheiden und Handeln in Zeiten der Krise – als Einzelne, als Gruppe und als Gesellschaft. Unsere Verhaltensweisen und Reaktionen auf das Virus sind für die Bewältigung der Krise mindestens ebenso wichtig wie das Virus selbst.

Was also wissen wir? Nicht erst seit Corona durchaus eine ganze Menge!

Was bringt uns dieses Wissen? Lesen Sie weiter, und sehen Sie selbst!

2.

CRASHKURS CORONA, SARS-COV-2 UND COVID-19

Coronaviren kennt man seit über 50 Jahren. Sie sind genetisch sehr variabel und verursachen bei Wirbeltieren wie Säugetieren, Vögeln und Fischen sehr unterschiedliche Erkrankungen. Sie können auch den Menschen befallen, wenn sie die sogenannte Artenbarriere überwinden (siehe unten). Übertragen werden können Coronaviren durch Kontakt, Schmierinfektion (»Türklinke«), Tröpfchen (Husten, Niesen) und auch über weitere Strecken und Zeiten durch die Luft in Form ganz kleiner Teilchen (Aerosol).

Bis zu 30% aller Erkältungen werden von vier »harmlosen« Coronaviren verursacht, die mit den Namen HCoV-229E, HCoV-HKU1, HCoV-NL63 und HCoV-OC43 bezeichnet werden (wobei HCoV für »Human Corona Virus« steht). Bekannt wurden Coronaviren erstmals als Verursacher der schweren Lungenkrankheiten SARS und MERS sowie durch die jetzige Pandemie, verursacht durch das Coronavirus mit dem Namen SARS-CoV-2.

Coronaviren sind rundlich und haben einen Durchmesser von etwa 100 Nanometern, das heißt einem zehntausendstel Millimeter. Anders gesagt: 10.000 Coronaviren nebeneinander wären 1 mm lang. Zum Vergleich: Zwölf bis 20 menschliche Haare (je nach Dicke) nebeneinander sind auch 1 mm breit. Coronaviren sind zu klein, um sie mit einem Lichtmikroskop sehen zu können. Bilder von ihnen können daher nur mit einem Elektronenmikroskop gemacht werden (siehe Abb. 2.1). Diese Bilder sind prinzipiell schwarz-weiß, weswegen die Frage, welche Farbe Coronaviren haben, falsch gestellt ist: Nur Licht hat Farben, aber mit Licht kann man keine Bilder von Coronaviren machen.

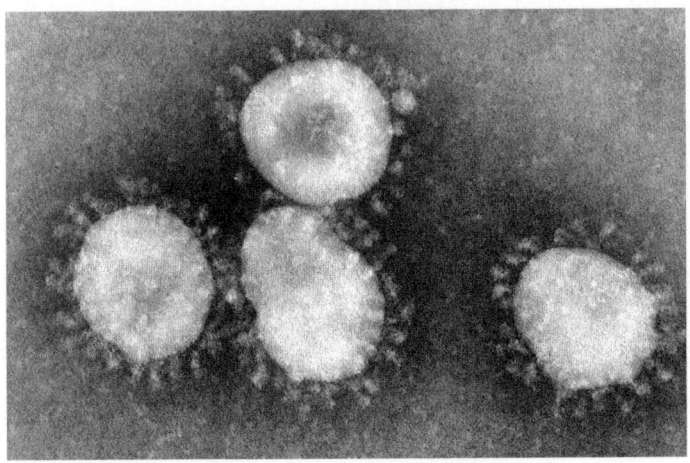

Abb. 2.1: Aufnahme von Coronaviren mit dem Elektronenmikroskop (© wiki commons)

Ihren Namen verdanken Coronaviren der Tatsache, dass sie kleine, etwa 20 Nanometer lange keulenförmige Fortsätze haben, die im elektronenmikroskopischen Bild den Eindruck eines Kranzes (lateinisch: Corona) um das Virus erzeugen. Solche nach außen ragenden Eiweißkörper einer Virushülle, »Peplomere« genannt (im Englischen ist einfach von »Spikes« die Rede), spielen bei der Bindung des Virus an die zu infizierende Zelle eine wichtige Rolle.

Im Inneren der Virushülle (vgl. Abb. 2.2) befindet sich der Bauplan, das heißt das Genom des Virus. Bei Coronaviren ist dies ein RNA-Einzelstrang von 27.600 bis 31.000 Nukleotiden (Buchstaben des genetischen Codes). Viele andere Viren wie beispielsweise das humane Immuninsuffizienzvirus (HIV) mit 9600 Nukleotiden haben ein kleineres Genom. Zum Vergleich: Das Kolibakterium in unserem Darm hat ein Genom der Größe von 4,6 Millionen Nukleotiden, bei der Fruchtfliege *Drosophila melanogaster* sind es 200.000 und beim Menschen 3,4 Milliarden. (Man sollte sich auf die Größe seines Genoms allerdings nicht viel einbilden: Beim von der Deutschen Gesellschaft für Herpetologie und Terrarienkunde (DGNT) zum »Lurch des Jahres 2010« ausgerufenen Teichmolch *Triturus vulgaris* hat das Genom eine Größe von 25 Milliarden Nukleotiden.)

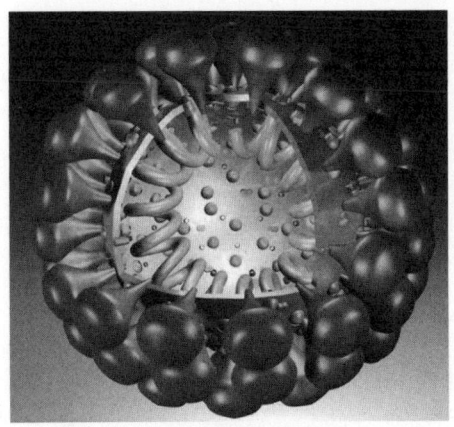

Abb. 2.2: Schematische Darstellung eines Coronavirus mit teilweise entfernter Hülle und Blick ins Innere mit spiraliger RNA (© wiki commons)

Wie auch das Virus SARS-CoV-1 ist das neue Coronavirus SARS-CoV-2 physikalisch ziemlich stabil und damit deutlich stabiler als andere Viren. In einer am 17. März 2020 publizierten, viel beachteten Studie wurde in zehn Experimenten (die jeweils dreimal durchgeführt worden waren) gemessen, wie lange jedes der beiden Viren (1) in der Luft (als Aerosol) sowie auf verschiedenen Oberflächen wie (2) Stahl, (3) Kunststoff, (4) Kupfer und (5) Karton stabil ist.[10] Es kam heraus, dass beide Viren etwa gleich stabil sind, das neue Virus sich jedoch auf Karton signifikant länger hält und dass es auf einer Stahloberfläche noch nach drei Tagen nachweisbar ist. Das führte zu einer Flut von Pressemeldungen, dass man sich vor Paketsendungen fürchten müsse, vor Oberflächen (Tischen und Türklinken!) aus Plastik und Stahl und auch vor dem Virus in der Luft. Wie in der weiteren Diskussion jedoch klargestellt wurde (unter anderem in fünf Kommentaren zur Arbeit, die im gleichen Journal am 13. April publiziert worden waren), sind die Experimente nur mit einiger Vorsicht auf die reale Welt im Krankenhaus übertragbar. Eine Maschine, die Flüssigkeiten vernebelt, produziert ganz andere Tröpfchen als ein Patient beim Husten; die Zeit dieser Tröpfchen in der Luft ist daher auch anders, und die Zeit, in der sich Virusmaterial an einer Oberfläche nachweisen lässt, ist nicht notwendig mit der Zeit identisch, innerhalb der man sich an dieser Oberfläche noch anstecken kann.[11]

Weitere am 23. April publizierte Experimente zeigten, dass Tröpfchen in Innenräumen über Distanzen von bis zu zehn Meter weit fliegen und infektiös sein können. Feldstudien in Wuhan in Krankenhäusern und um diese herum machten deutlich, dass Luftproben das Virus enthalten konnten.[12] Die hohen Infektionsraten in Norditalien, einer der am dichtesten besiedelten Gegenden Europas, finden in dieser Tatsache zumindest teilweise eine Erklärung. Die Autoren weisen am Ende ihrer Arbeit noch darauf hin, dass der geforderte Abstand von zwei Metern durchaus sinnvoll ist, sofern jeder eine Gesichtsmaske im Alltag trägt.

SARS und MERS

Coronaviren kommen vor allem in Fledermäusen und Flughunden vor, wobei es sich um weltweit sehr verbreitete Hautflügler handelt. Durch Mutation können sich die Eigenschaften der Coronaviren ändern, was wiederum zur Folge haben kann, dass sie auf andere Arten übertragen werden. Beispielsweise auf Zibetkatzen, wie die in China und anderen südostasiatischen

Ländern verbreiteten, auf Bäumen lebenden Schleichkatzen genannt werden. Über diese wiederum kann – nach dort erfolgenden weiteren Mutationen – die Übertragung auf den Menschen geschehen. In der Epidemiologie sind diese Geschehnisse sehr wichtig, denn sie bestimmen darüber, wer (also welche Art) krank werden kann und wer nicht. Die Eigenschaft von Krankheitserregern, nur Tiere einer Art infizieren zu können, wird in der Epidemiologie als »Artenbarriere« bezeichnet. Sie ist die Folge von Veränderungen des Erbguts des Erregers (Mutationen), die ein besseres Andocken an Zellen im infizierten Tier ermöglichen.

Durch die Überwindung dieser Artenbarriere infizierte ein Coronavirus in den Jahren 2002 und 2003 erstmals Menschen und löste damit eine weltweite Pandemie aus, an der 774 Menschen von den 8096 infizierten Personen verstarben. Das Virus wurde nach der von ihm verursachten Krankheit »SARS« und der Abkürzung »CoV« für Coronavirus später als SARS-CoV bezeichnet. »SARS« ist ein Akronym und bedeutet »Severe Acute Respiratory Syndrome«, zu Deutsch: »Schweres Akutes Atemwegssyndrom«, womit auch schon beschrieben ist, dass es sich um eine schwere Lungenkrankheit handelt.

Ein anderes Coronavirus, MERS-CoV, ist der Erreger des »Nahost-Atemwegssyndroms« (Middle East Respiratory Syndrome, MERS). Es wurde bei einem Patienten aus Saudi-Arabien entdeckt, der im Juni 2012 in London an Lungenentzündung und Nierenversagen verstarb. Drei Monate später erkrankte ein zweiter Patient in Qatar, der sich kurz zuvor in Saudi-Arabien aufgehalten hatte, ganz ähnlich und wurde daher zur Weiterbehandlung nach London verlegt. Bei diesem Patienten wurde das Virus MERS-CoV ebenfalls gefunden.

Bis Ende November 2012 waren neun Erkrankungsfälle mit dem neuen Virus bekannt (alle aus dem Nahen und Mittleren Osten), von denen fünf bereits verstorben waren. Im März 2013 waren es dann 17 Fälle (elf davon verstorben) und im Mai 50 Fälle (30 davon verstorben), wobei neben der Arabischen Halbinsel und dem Nahen Osten nun auch England, Frankreich und Italien betroffen waren. Mittlerweile hatte sich gezeigt, dass die Krankheit auch von Mensch zu Mensch übertragen werden konnte, jedoch nur einmal, also vom sogenannten Indexpatienten (durch Tierkontakt infiziert) auf eine Kontaktperson (man spricht von »Erstpassage«), aber nicht von dieser (durch einen Menschen angesteckten) Person auf weitere Personen in deren sozialem Umfeld (»Zweitpassage«). Zum Glück! Denn dadurch breitete sich die in etwa 50% der Fälle tödlich verlaufende Erkrankung nie rasch aus. Es gab und gibt zwar noch immer in vielen Ländern MERS-Fälle, aber MERS wurde keine Pandemie. Ende Februar 2020 zählte die WHO 2519 MERS-Erkrankte, von denen 866 verstorben waren.[13]

SARS-CoV-2 und COVID-19

Eines gleich vorweg: Das *Virus* heißt *SARS-CoV-2* und die von ihm verursachte *Krankheit* hat den Namen *COVID-19*. Das wird oft durcheinandergebracht wie zum Beispiel in der Tagesschau vom 12.5.2020, in der vom »COVID-19-Virus« die Rede war. Das gibt es nicht.

Wahrscheinlich im November 2019, vielleicht aber auch schon Ende September 2019[14], kam es zu einem Übergang eines neuen Coronavirus von Fledermäusen über Schuppentiere auf den Menschen.[15] Dies wurde vermutlich dadurch begünstigt, dass es in China Märkte für alle möglichen Tiere gibt, die – noch lebendig – zum späteren Verzehr angeboten werden. So kam es erneut zu einem Überspringen der Artenbarriere, also dazu, dass Mutationen im Erbgut des Virus – während er in Fledermäusen lebte – sein Überspringen auf andere Arten (Schuppentiere, Pangolin) möglich machten. Weitere Mutationen während des Verweilens des Virus in Schuppentieren ermöglichten dann sein erneutes Überspringen auf den Menschen. Die Methoden der Molekulargenetik erlauben heute die genaue Untersuchung des genetischen Codes einzelner Organismen und ganzer Arten, durch deren Vergleich man evolutionäre Stammbäume erstellen kann, die anzeigen, welche Viren in welchen Tieren wie eng miteinander verwandt sind, und vor allem, innerhalb welchen räumlichen Gegenden und zeitlichen Abfolgen sich diese dynamischen evolutionären Entwicklungen abgespielt haben. Für einen Virologen ist Evolution also nicht graue Theorie über die Vergangenheit, sondern Verstehensgrundlage für das, was *jetzt* geschieht.

Es sei an dieser Stelle angemerkt, dass mittlerweile in wissenschaftlichen Fachblättern ein komplettes Verbot des Verkaufs von vielerlei »Wildtieren« auf entsprechenden Märkten zum Verzehr in ganz China diskutiert wird.[16] Und noch eine Anmerkung: Durch molekulargenetische Untersuchungen ließ sich bislang ausschließen, dass Machenschaften in einem chinesischen Hochsicherheitslabor in Wuhan das Virus hervorgebracht hätten[17], wie manche Verschwörungstheoretiker meinen (siehe Kapitel 5). Das Virus ist vielmehr durch evolutionäre Zufälle entstanden.

Das »neue Coronavirus«, wie das Virus SARS-CoV-2 damals noch genannt wurde, breitete sich bekanntermaßen zunächst in der Stadt Wuhan in der chinesischen Provinz Hubei aus. Der erste Fall der Krankheit COVID-19 wurde im Dezember 2019 von dem 33-jährigen Augenarzt *Li Wenliang* beschrieben, der über *Weibo*, das chinesische Analogon zu Twitter, seine Kollegen warnen wollte. Dafür wurde er von der Polizei verprügelt und für einige Tage inhaftiert. Erst im Januar schwenkte die chinesische Regierung ihre Strategie von »Vertuschung« auf »rigorose Maßnahmen zur Eindämmung« um: Am 23. Januar 2020 wurden in Wuhan und einen Tag später in 14 weiteren Städten drakonische Maßnahmen zur Abriegelung eingeführt, die in der Folge die Verbreitung des Virus eindämmten, sodass es am 18. März 2020 erstmals keinen einzigen Neuerkrankten in China gab. Bereits am 7. Februar war Li Wenliang, 33-jährig, verstorben. Er hinterließ Kind und Frau, die im Juli 2020 das zweite Kind erwartet.

Tote zu zählen, ist gar nicht so einfach

Die Gefahr bzw. Wahrscheinlichkeit, an einer Krankheit zu versterben, wird als deren *Letalität* bezeichnet (lateinisch *letalis*: tödlich). Letalität wird nicht selten mit *Mortalität* (lateinisch *mortalitas:* Sterblichkeit) verwechselt, vielleicht weil beide Größen meist in Prozent angegeben werden und sich irgendwie auf den Anteil der Toten beziehen. Bei der Mortalität – einem Begriff aus der Demografie – geht es jedoch um die Beschreibung der Zahl der Toten bei einer Population in einem bestimmten Raum und einem bestimmten Zeitraum. Die Anzahl der Todesfälle in einem Jahr pro 1000 Personen in Deutschland wird als »rohe Mortalität« bezeichnet. Interessanter ist oft die altersspezifische Mortalität (zum Beispiel die Kindersterblichkeit), welche die Todesfälle pro Altersklasse pro Zeit angibt. Die Letalität beschreibt also die Eigenschaft einer Krankheit (wie viel Prozent der Menschen, die sie haben, daran sterben), die Mortalität hingegen beschreibt eine Eigenschaft einer Gruppe von Menschen (zum Beispiel, wie viel Prozent der Zehnjährigen oder der 60-Jährigen versterben).

Achtung: Man kann auch von der Mortalität einer Gruppe von Menschen mit einer bestimmten Krankheit sprechen, meint aber dann wiederum nicht wirklich die Krankheit, sondern die Anzahl der Leute, die sowohl *an* als auch (nur) *mit* dieser Krankheit (während eines bestimmten Zeitabschnitts) gestorben sind, bezogen auf die Gesamtzahl der Personen mit dieser Krankheit. Die Letalität einer bestimmten Krankheit berücksichtigt dagegen nur die Toten, die tatsächlich *an* dieser Krankheit verstorben sind. Die Begriffe sind also schon kompliziert genug. Deren praktische Anwendung erst recht.

Will man herausfinden, wie tödlich eine Krankheit ist, so scheint das auf den ersten Blick einfach zu sein: Man zählt die Kranken, zählt die Verstorbenen und setzt die zweite Zahl zur ersten ins Verhältnis. Was einfach und logisch klingt, ist *in der Praxis* nicht leicht; vor allem nicht (1) bei einer Pandemie, die gerade läuft, (2) einer Krankheit, die man noch nicht genau kennt, und die man nur mit Sicherheit diagnostizieren kann, wenn man das Virus mittels eines Tests nachweist, den (3) es in ausreichender Anzahl erst wenige Wochen gibt. Wenn es dann die Krankheit noch (4) in den meisten Ländern erst einige Wochen gibt und (5) die Zahl der Fälle so schnell steigt, dass in den meisten Ländern die meisten Kranken noch leben, auch wenn sie schwer krank sind, dann kann man ermessen, wie schwer die Frage zu beantworten ist, wie gefährlich das Virus SARS-CoV-2 und die von ihm verursachte Krankheit COVID-19 tatsächlich sind.

Das oben schon beschriebene Verhältnis von Toten zu Fällen wird in der Epidemiologie als *Fall-Verstorbenen-Anteil* (englisch: *case fatality rate, CFR*) bezeichnet: Man teilt die Zahl der *gemeldeten verstorbenen* Fälle durch die Zahl der *gemeldeten* Fälle in einer Region, zum Beispiel in Deutschland. Man kann die Zahl der Verstorbenen auch durch die Zahl der Fälle »mit bekanntem Endpunkt« (genesene und verstorbene Fälle) teilen. Das erste oben genannte Verhältnis (Quotient aus gemeldeten Verstorbenen und allen gemeldeten Fällen) *unterschätzt* die Tödlichkeit, weil noch nicht von allen Patienten bekannt ist, wie die Krankheit verlaufen wird und weil gerade Fälle mit längerem Krankheitsverlauf häufiger tödlich enden. Das zweite Verhältnis (Quotient aus Zahl der gemeldeten Verstorbenen und Zahl genesener und verstorbener Fälle) *überschätzt* die Tödlichkeit, weil die Toten früher gemeldet werden als die (nach langem Verlauf schließlich wieder) Genesenden. Eines ist klar: Über die Zeit hinweg nähern sich die Quotienten einander an (siehe Abb. 2.3), weil von immer mehr gemeldeten Fällen klar wird, wie sie ausgehen.

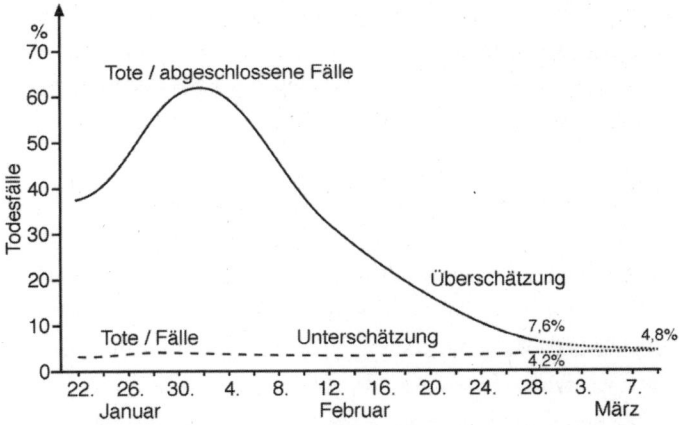

Abb. 2.3: Wie man den Anteil der an einer Pandemie versterbenden Menschen schätzt während die Pandemie gerade läuft: Zwei Kurven zeigen Todesfälle in der Region Hubei, China (vom 22.1. bis 28.2., extrapoliert bis 8.3.) bezogen auf die (abgeschlossenen) Fälle, also die Fälle, deren Verlauf schon bekannt ist (genesen oder tot; durchgezogene Linie), und Todesfälle bezogen auf alle Fälle, also einschließlich der Fälle mit noch nicht bekanntem Ausgang (gestrichelte Linie). In der oberen Kurve fehlen noch diejenigen Patienten, die künftig wieder gesund werden, in der unteren Kurve fehlen dagegen diejenigen Patienten, die künftig noch versterben werden. Der Trick ist, dass man in die Zukunft blicken kann, wenn man beide Kurven zeitlich extrapoliert (gepunktete Linie) und schaut, wo sie sich etwa schneiden werden. Dieser Wert ist dann zu einem bestimmten Zeitpunkt die beste Schätzung der »wahren Tödlichkeit« einer Krankheit.[18]

Die Letalität von COVID-19 wird vom *Europäischen Zentrum für die Prävention und die Kontrolle von Krankheiten* (Englisch: European Centre for Disease Prevention and Control; ECDC), einer seit 2004 bestehenden Agentur der Europäischen Union zur Verhütung und Kontrolle übertragbarer Krankheiten, für Europa auf knapp 10% geschätzt. In Deutschland liegt der Wert deutlich niedriger, bei etwa 4,5%. Allgemein gilt: je schwerer der Verlauf, desto tödlicher die Krankheit. Viele Menschen merken überhaupt nicht, dass sie krank sind, und versterben auch nicht. Manche dagegen kommen auf die Intensivstation, und von diesen Menschen verstirbt ein erheblicher Anteil, der je nach Studie bei über 20% liegen kann.

Das Risiko zu sterben hängt zudem vom Alter, Geschlecht, Gesundheitszustand und von der medizinischen Versorgung ab, die man erhält. In Großbritannien lag die geschätzte COVID-19 Letalität bei rund 9%, in Italien bei fast 12%. In Brasilien wird man diese Zahl nie wirklich herausfinden, denn dort versterben sehr viele Menschen, ohne dass überhaupt eine Diagnose eindeutig gestellt wird. Dies liegt daran, dass man aus Mangel an Tests die Toten gar nicht testet. In Italien sind die Zahlen hoch, weil man viel testet, viele Patienten zudem sehr alt waren und daher eher *mit* dem Virus als *an* dem Virus verstorben sind.

Aufgrund der Altersabhängigkeit des Erkrankungsrisikos hängt die Letalität des Virus auch von der Demografie der Bevölkerung ab, um die es geht. So wurde berechnet, dass die Letalität in Nigeria mit seiner recht jungen Bevölkerung nicht einmal halb so groß sein dürfte wie die in Italien. Schließlich ist noch die Frage ungeklärt, wie viele Infizierte mit leichten oder keinen Symptomen bei diesen Berechnungen übersehen werden. Wenn es viele sind, wird die Letalität aller mit SARS-CoV-2 Infizierten viel niedriger sein als die Letalität von CO-VID-19, also von an der Krankheit leidenden Menschen. Wir wissen, dass Großbritannien nur schwerkranke Menschen testet und damit viele leichte oder symptomlose Fälle nicht berücksichtigt, was die Prozentzahl der Todesfälle erhöht. Südkorea und Deutschland hingegen führen viele Tests durch, auch bei »Gesunden«, was die Chance erhöht, viele Leichtkranke oder symptomlose Virenträger in die Statistik aufzunehmen. Unter anderem ist daher die Letalität in diesen Ländern geringer.[19]

Übersterblichkeit

Das alles klingt nicht nur ziemlich kompliziert, es ist es auch. Daher gibt es noch eine ganz andere Art, die Frage zu beantworten, wie viele Menschen an einer neu aufgetretenen, weit verbreiteten Krankheit sterben. Man vergleicht einfach die Zahl der Sterbefälle während einer bestimmten Zeitspanne mit der Zahl der in derselben Zeitspanne in den Jahren davor ermittelten Sterbefälle. Wenn sich positive Unterschiede ergeben, nennt man dies dann die »Übersterblichkeit« oder »Exzessmortalität« (englisch: excess mortality). Sie wird in 24 Ländern Europas von EuroMOMO, einem Informationsnetzwerk zum Monitoring der Mortalität in Europa, erfasst. Für Deutschland sind nur Hessen und Berlin dabei, weil es nur in diesen beiden Bundesländern eine zeitnahe Erfassung von Todesfällen gibt.

So verstarben beispielsweise von der 10. bis zur 19. Kalenderwoche in den 24 EU-Ländern, in denen diese Größe gemessen wird, in den vergangenen Jahren etwa 50.000 Menschen. Diese Zahl hat sich dieses Jahr auf 152.000 erhöht. Diese überhöhte Gesamtmortalität ist auf eine sehr hohe Übersterblichkeit in einigen Ländern zurückzuführen, während in anderen Ländern bislang keine Übersterblichkeit zu verzeichnen war. Der Mortalitätsüberschuss ist mit 140.000 zusätzlichen Todesfällen vor allem in der Altersgruppe der über 65-Jährigen zu beobachten, aber mit 12.000 zusätzlichen Todesfällen auch in der Altersgruppe der 15- bis 64-Jährigen. Der Zeitraum (10.

bis 19. Kalenderwoche) umfasst sowohl einen Teil der Grippe-saison als auch den Beginn der COVID-19-Pandemie.

Vergleicht man die »offiziellen« Fallzahlen der an COVID-19 Verstorbenen mit der Exzessmortalität, so fallen Unterschiede auf, die je nach Land erheblich sein können. So lag in Italien am 18. April und in Großbritannien am 21. April die Exzessmor-talität mindestens doppelt so hoch wie die Zahl der gemeldeten Coronatodesfälle. Nach Angaben des Büros für nationale Sta-tistik in Großbritannien sind deutlich mehr als zwei Drittel der am 21. April verzeichneten 45.000 zusätzlichen Todesfälle auf das Coronavirus zurückzuführen. Die »offizielle« Zahl der be-stätigten Coronatodesfälle lag zu diesem Zeitpunkt jedoch bei nur 17.000.[20] Die Frage, woran denn die übrigen zusätzlichen Toten verstorben sind, ist keineswegs leicht zu beantworten. Ei-nige davon könnten Coronafälle ohne charakteristische Symp-tome gewesen sein oder Fälle, bei denen sich die Ärzte nicht sicher genug waren, um COVID-19 auf den Totenschein zu erwähnen. Weitere unerklärte überzählige Todesfälle könnten auf das Konto von Herzinfarkten oder Schlaganfällen gehen, nach denen die Patienten aus Angst vor dem Coronavirus keine medizinische Hilfe aufgesucht und genau deswegen verstorben sind. Die Patientenzahlen in den Notaufnahmen der Kranken-häuser gingen im März und April nachweislich deutlich (teil-weise bis auf die Hälfte) zurück. Nach neuesten Erkenntnissen könnten zusätzliche Herzinfarkte oder Schlaganfälle aber auch durch COVID-19 verursacht gewesen sein. Hinzu kommen noch Patienten, die nicht behandelt werden konnten, weil die Intensivbetten durch Corona-Patienten alle schon belegt waren.

Halbwegs genau werden wir diese Fragen erst in den nächs-ten Jahren beantworten können, ganz genau in vielen Ländern wahrscheinlich nie. Ein Lichtblick: In den letzten Wochen scheint die Übersterblichkeit in allen Ländern ihren Höhepunkt erreicht zu haben und ist mittlerweile rückläufig.[21] Hoffen wir, dass es so bleibt.

Viren, Wetter und Verhalten

Schon die alten Griechen kannten den Zusammenhang zwischen Wetter und Krankheit. Dieser ist bei Grippeerkrankungen durch Influenzaviren bereits gut untersucht und hat systematisch betrachtet drei Komponenten: das Immunsystem der Kranken, das Virus und das Verhalten der Menschen insgesamt.[22]

Kälte schwächt unser Immunsystem, weil die Durchblutung zum Wärmesparen reduziert wird und damit die zur Virusbekämpfung nötigen Zellen in geringerer Zahl vorhanden sind. Trockene Luft reduziert zudem die Aktivität der Zilien in den Luftwegen, also der kleinen Härchen, die eingedrungene Partikel durch rhythmisches Schlagen in den Mund transportieren, wo sie geschluckt und damit schadlos werden. In der kalten Jahreszeit ist es auch dunkel, sodass Vitamin-D-Mangel auftreten kann, der das Immunsystem ebenfalls schwächt.

Viren verbreiten sich besser, wenn es kalt und trocken ist. Ist die Luft feucht, trocknen Tröpfchen schlechter, bleiben dadurch schwer und fallen eher zu Boden, als weit zu fliegen. Schließlich gehen die Viren bei zunehmender Temperatur und Luftfeuchte schneller zugrunde. Nach einer bereits vor gut zehn Jahren erschienenen Studie erklärt die absolute Luftfeuchtigkeit sowohl das Überleben des Virus als auch dessen Ansteckungsfähigkeit besser als die Temperatur und die relative Luftfeuchte jeweils für sich.[23]

Wenn es sehr kalt ist, bleiben die Menschen eher zu Hause, haben weniger Kontakt mit anderen und stecken sich daher seltener an. Beim Verhalten kommt auch die Schule ins Spiel: Die Schul- und Ferienzeiten beeinflussen das Auftreten der sehr infektiösen Masern nachweislich. Ferien senken die Übertragung von Grippe bei Kindern um etwa 25%.[24]

Was die Effektivität von Schulschließungen anbelangt, so muss leider gesagt werden, dass nach einer am 25. April 2020 hierzu publizierten Metaanalyse Folgendes gilt: Je älter die Kinder sind, desto weniger halten sie sich an Kontaktbeschränkungen, die ja sein müssen, weil Schulschließungen nur dadurch überhaupt wirken. Zweitens wurde herausgefunden, dass Eltern ihre Fähigkeiten zur Einschränkung der Kontakte ihrer Kinder während der Schulschließungen deutlich überschätzen. Und drittens zeigen die Daten, dass alle Beteiligten (also Kinder und Eltern) einige Wochen Schulschließung aushalten und mitmachen, einige Monate hingegen eher nicht.[25]

Welche Auswirkungen die Schließungen von Schulen auf die Corona-Pandemie haben, werden erst Studien zu den jetzt gerade wieder gelockerten oder aufgehobenen Maßnahmen zeigen. Gerade weil die Ansteckung und Übertragung von SARS-CoV-2 bei Kindern noch nicht abschließend geklärt ist, dürften die Ergebnisse dieser Studien besonders interessant sein.

Bei den Auswirkungen des Wetters auf die Corona-Pandemie ist man glücklicherweise schon etwas weiter. Im Lichte der oben angeführten Fakten zu bekannten Viruserkrankungen wundert es nicht, dass auch für das neue Coronavirus eine Abhängigkeit der Übertragung vom Wetter gefunden wurde. Eine am 28. April 2020 online publizierte Studie, bei der in 166 Ländern der Erde (ohne China) das Wetter mit der Zahl der neu Infizierten und der Toten durch COVID-19 in Beziehung gesetzt wurde, ergab einen klaren Effekt von Lufttemperatur und Luftfeuchtigkeit.[26] Eine um 1 °C höhere Temperatur ging mit einer Reduktion der täglichen Neuinfektionen um 3,08% (95%-KI: 1,53% – 4,63%)[27] einher sowie mit einer Verminderung der täglichen Todesfälle um 1,19% (95%-KI: 0,44% – 1,95%). Eine um 1% höhere Luftfeuchtigkeit ging mit einer Reduktion der täglichen Neuinfektionen um 0,85% (95%-KI: 0,51% – 1,19%) sowie mit einer Verminderung der täglichen Todesfälle um 0,51% (95%-KI: 0,34% – 0,67%) einher.

Möglicherweise ist das jedoch nicht die ganze Wahrheit zum Einfluss des Wetters, denn wenn es sehr kalt war, dann führen darauffolgende wärmere Temperaturen zu mehr Infektionen. Hierbei spielt wahrscheinlich das Verhalten der Menschen die Hauptrolle: Man geht mal wieder raus und trifft daher auf mehr Menschen. Dieser Zusammenhang ließ sich anhand von Daten aus China und 26 anderen Ländern zeigen, die schon am 25. Februar publiziert worden waren.[28] Diese nicht lineare, umgekehrt-U-förmige Beziehung zwischen Temperatur und Virusausbreitung (siehe Abb. 2.4) hat zur Folge, dass es ein Temperaturoptimum für die Ausbreitung geben könnte, was in gemäßigten Klimazonen im Frühjahr und Herbst anzusiedeln wäre.

Die Effekte des Wetters auf das Virus, das Immunsystem und das Verhalten des Menschen können sich gegenseitig beeinflussen, was wahrscheinlich auch manche Studienergebnisse erklärt, die keinen Zusammenhang zwischen Temperatur und Pandemie fanden.[29]

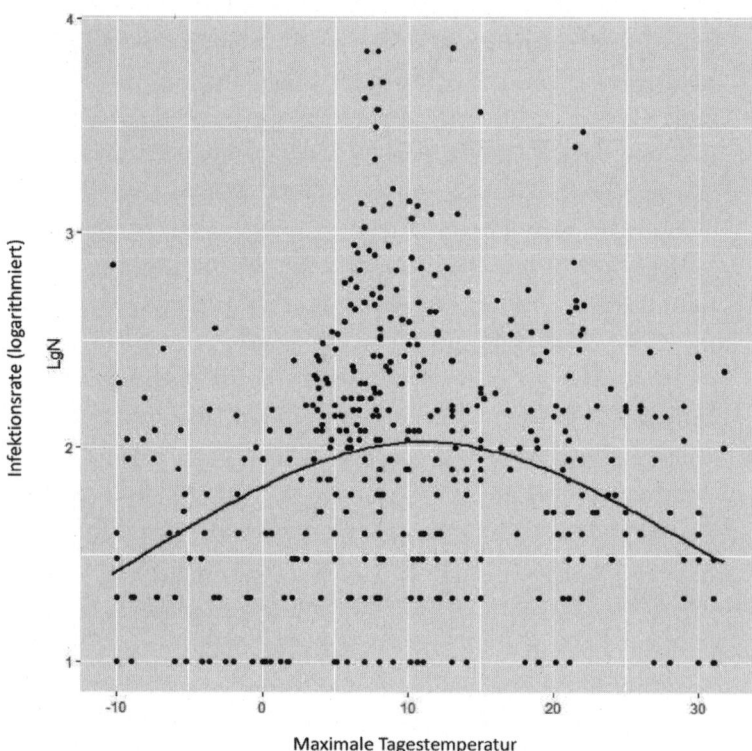

Abb. 2.4 Umgekehrt-U-förmiger Zusammenhang zwischen Tagestemperatur (Maximalwert) und Infektionsrate (logarithmiert). Die Daten stammen aus 429 Städten und Regionen, davon 403 in China, in denen die Temperaturen vom 1. bis 30. Januar und die kumulierten bestätigten Neuinfektionen in der Zeit vom 20. Januar bis 4. Februar 2020 erfasst wurden.[30]

Ob die Ausbreitung des neuen Coronavirus mit der in Wuhan und Oberitalien bekanntermaßen vorhandenen schlechten Luft in Zusammenhang steht und sich das Virus gleichsam im Huckepack auf Feinstaubpartikeln in die Lunge begibt[31], ist bislang ungeklärt. Im Lichte früherer Arbeiten[32] gibt es hier zwar eine gewisse Plausibilität, aber eine Reihe epidemiologischer Befunde (Ausbreitungsnester in Gegenden mit besonders sauberer Luft) sprechen auch dagegen. Definitiv falsch ist die Meinung, die Erkrankung COVID-19 sei im Grunde gar nicht durch das Virus SARS-CoV-2, sondern durch Luftverschmutzung verursacht.

Was bisher geschah

In Deutschland begann die COVID-19-Pandemie am 27. Januar 2020. Das Risiko für die deutsche Bevölkerung wurde vom Robert Koch-Institut (RKI) zunächst (28. Februar) als *gering bis mäßig*, seit dem 17. März als *hoch* und – für Risikogruppen – seit dem 26. März als *sehr hoch* eingestuft. Den Verlauf der Pandemie in Deutschland, Frankreich, Großbritannien, Italien und Spanien zeigt Abb. 2.5., in Abb. 2.6 sind die gleichen Daten und zusätzlich die Daten für die USA zu sehen.

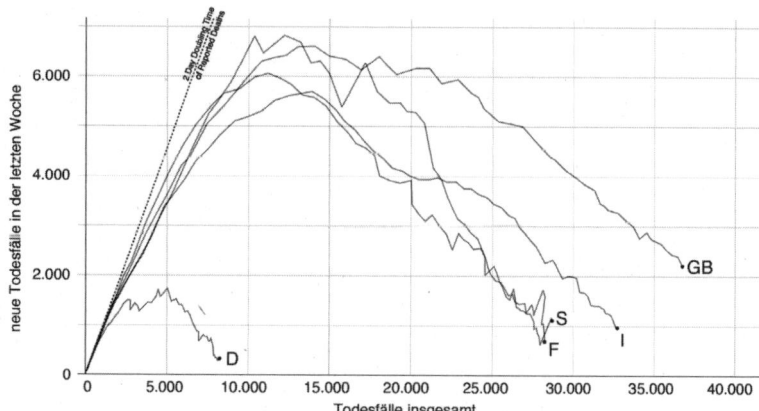

Abb. 2.5: Der Verlauf der COVID-19-Pandemie in Deutschland (83 Millionen Einwohner), Frankreich, Großbritannien (Beide Länder haben jeweils etwa 67 Millionen Einwohner), Italien (60 Millionen Einwohner) und Spanien (47 Millionen Einwohner), vom jeweiligen Beginn bis zum 23.5.2020. Auf der x-Achse ist die Anzahl der Toten und auf der y-Achse die Zunahme der Toten pro Woche eingetragen, sodass die Kurve gleich zwei Variablen (die absolute Anzahl und deren wöchentliche Veränderung) über die Zeit hinweg ausdrückt und so eine Vorstellung von der Dynamik des Geschehens vermittelt. (Nach: https://aatishb.com/covidtrends/; abgerufen am 23.5.2020)

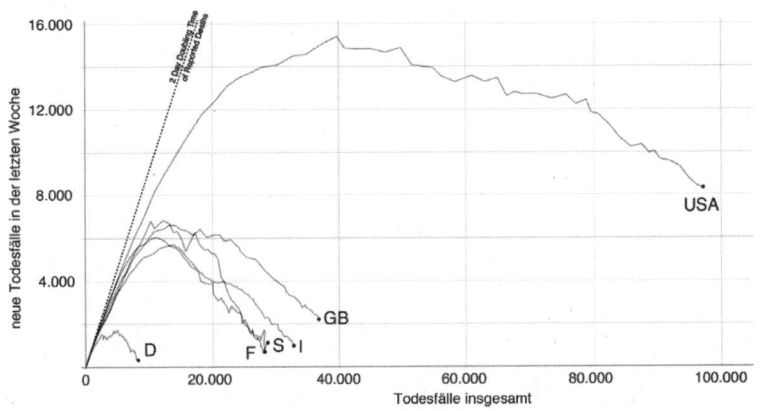

Abb. 2.6: Wie Abb. 2.5, jedoch einschließlich der Daten aus den USA , vom jeweiligen Beginn bis zum 23.5.2020. Die USA und Großbritannien haben bislang nur, vorsichtig ausgedrückt, sehr halbherzig auf die Pandemie reagiert, Italien, Spanien und Frankreich haben zu spät reagiert, und alle fünf genannten Länder haben ein Gesundheitssystem, über dessen Qualität viel geschrieben wurde. (Nach: https://aatishb.com/covidtrends/; abgerufen am 23.5.2020)

Der Vergleich der Länder kann nicht direkt erfolgen, sondern muss natürlich deren Einwohnerzahl mit berücksichtigen. Die Lage pro Kopf der Bevölkerung ist also in den USA mit etwa 330 Millionen sogar besser als in Großbritannien mit seinen etwa 67 Millionen Einwohnern. Nach der Bevölkerungszahl (83 Millionen) liegt Deutschland auf dem zweiten Platz, d. h. schneidet noch besser ab als die Abbildung andeutet.

Beim Betrachten der Abb. 2.5 und 2.6 versteht man diejenigen, die hierzulande seit Anfang Mai auf die Straße gehen und zum Teil gewaltbereit gegen die Regierung demonstrieren, wirklich nicht: Mehr Ignoranz geht kaum!

Was bisher getan wurde,
und welche Effekte es hatte

Die Bundesregierung hat seit der Einführung der Meldepflicht für COVID-19 nach dem deutschen Infektionsschutzgesetz am 31. Januar eine Reihe von Maßnahmen zur Eindämmung der Pandemie implementiert: Am 8. März erging die Empfehlung, Veranstaltungen mit mehr als 1000 Teilnehmern abzusagen; am 17. März erließ die Regierung einen Einreisestopp für Personen aus Nicht-EU-Ländern, eine weltweite Reisewarnung, eine Beschränkung nicht unbedingt notwendiger Reisen in die EU sowie die Schließung zahlreicher Geschäfte. Am 22. März verfügte sie Kontaktbeschränkungen, aber keine Ausgangssperren.

Auch die für viele Lebensbereiche prinzipiell zuständigen Bundesländer erließen ab dem 13. März eine Reihe von Maßnahmen, insbesondere die Schließungen von Kindertagesstätten, Schulen und Hochschulen. Die Effektivität dieser Maßnahmen wurde und wird noch immer in unserer Gesellschaft heftig diskutiert, wobei die Meinungen von »viel zu locker« bis »völlig überzogen« reichen und sich vor allem ständig ändern: Überwogen vor einigen Wochen noch die Angst und die Vorsicht, geht einer zunehmenden Zahl von Menschen, so scheint es jedenfalls, die Aufhebung der Beschränkungen mittlerweile nicht rasch genug.

Was weiß man hierzu, und woher weiß man das?

Zunächst einmal weiß man schon länger durch Untersuchungen zum Verlauf früherer Pandemien wie der Spanischen Grippe oder der SARS-Pandemie, dass sogenannte nicht pharmakologische Maßnahmen (Englisch: non-pharmaceutical interventions; NPIs) zur Eindämmung tatsächlich deutlich wirken können.[33] Maßnahmen von Regierungen zur Eindämmung von Pandemien sind hilfreich, vor allem dann, wenn mehrere Maßnahmen kombiniert werden.[34] Solange wir nichts anderes haben als die »Old-Style«-Methoden – Isolation, Quarantäne, Abstandhalten und Einschränkung der Versammlungsfreiheit –, müssen wir eben »die Geißeln des 21. Jahrhunderts mit dem Werkzeugkasten aus dem 14. Jahrhundert bekämpfen«, wie es Martin Cetron und Pattie Simone vom *Center for Disease Control and Prevention (CDC)* in Atlanta, Georgia, schon vor Jahren so schön beschrieben haben.

Neue Studien zur jetzigen Pandemie, die in den vergangenen Tagen und Wochen erschienen, zeichnen bislang ein uneinheitliches Bild.

Eine im Fachblatt *The Lancet Child & Adolescent Health* elektronisch am 6. April publizierte Studie von Russel Viner und Mitarbeitern wertete 16 Publikationen zu Schulschließungen während der SARS-Pandemie aus. Das Ergebnis war sehr mager und bestand letztlich in wenig mehr als dem Statement, dass man im Grunde nichts wisse und dringend mehr Wissen generieren sollte.

Eine am 21. April publizierte Studie der ETH Zürich mithilfe von Daten aus der Schweiz, den EU-Ländern, Kanada und den USA ergab, dass die Schließung von Restaurants, Geschäften und Kinos durchaus etwas bringt. Nicht so effizient seien dagegen Schulschließungen. Die Streuung der Daten war allerdings groß, weil man annehmen muss, dass die Auswirkungen sich je nach den ökonomischen und auch kulturellen bzw. sozialen Besonderheiten anders verhalten.[35]

Am 12. Mai erschien eine Studie vom *Institut für Arbeitsmarkt- und Berufsforschung*, einer Forschungseinrichtung der

Bundesagentur für Arbeit, die aus meiner Sicht zum Besten gehört, was bislang publiziert wurde. Tobias Hartl und Enzo Weber machten sich für diese Untersuchung eine Tatsache zunutze, die gemeinhin eher abfällig als »föderaler Flickenteppich« bezeichnet wird und die man künftig aus meiner Sicht vielleicht allein aus Gründen der Erkenntnisgewinnung kontrollierter und bewusster einsetzen könnte und sollte: Die verschiedenen Eindämmungsmaßnahmen der Pandemie wurden nicht nach einem bundeseinheitlichen Zeitplan umgesetzt, sondern erfolgten je nach Bundesland zu unterschiedlichen Zeitpunkten. Genau diese zeitliche und regionale Variation bei der Einführung der Maßnahmen erlaubt eine Abschätzung der Auswirkungen jeder einzelnen Maßnahme auf die Verlangsamung der Virusausbreitung. Zunächst zeigten sogenannte *Trendbruchanalysen*[36] für den 20. März eine Verminderung der Wachstumsrate der bestätigten Infektionsfälle in Deutschland um 13% und für den 30. März um weitere 8%. Welche konkreten Maßnahmen untersucht wurden, sagt das folgende Zitat aus der Studie:

»[Wir betrachteten] die Schließungen in Branchen des öffentlichen Lebens, Schließungen von Schulen und Kitas, die Einstellung des Profi- und Breitensports, die Schließung der Außengrenzen (am 16. März zu Belgien, Dänemark, Frankreich, Luxemburg, Österreich, Schweiz) sowie die Kontakt- bzw. Ausgangsbeschränkungen. Erstere decken die Bereiche Einzelhandel, Beherbergung, Gaststätten, Bars/Clubs, Kinos, Messen/Veranstaltungen, sonstiger Unterricht, Kunst/Unterhaltung/Erholung und Friseure/Kosmetik ab.«[37]

Denn Beginn der Maßnahmen der Länder zeigt Tab. 2.1.

Tab. 2.1: Durchschnittliches Datum des Inkrafttretens der Maßnahmen zur Eindämmung der COVID-19-Pandemie (und Standardabweichung in Tagen) in den Bundesländern.[38]

Maßnahme	Inkrafttreten (Tag im März)	Standard-abweichung
Schulen & KiTas geschlossen	16,4	0,73
Ausgangsbeschränkungen	22,8	1,17
Profi- und Breitensport entfällt	14,0	*
Einzelhandel geschlossen	18,0	0,82
Beherbergung verboten	18,6	2,22
Gaststätten geschlossen	20,8	1,43
Bars & Klubs geschlossen	16,9	1,57
Kinos geschlossen	17,3	2,35
Messen & Veranstaltungen abgesagt	17,6	1,97
Sonstiger Unterricht abgesagt	17,5	1,03
Kunst, Unterhaltung, Erholung stark eingeschränkt	16,9	1,63
Friseure, Kosmetikstudios geschlossen	22,6	1,37
Außengrenzen weitgehend geschlossen	16,0	0

* Der Profi- und Breitensport wurde weitgehend einheitlich am 13. bzw. 14. März eingestellt. In den Analysen führten beide Tage zu ähnlichen Ergebnissen.

Gemessen wurden die Auswirkungen dieser Maßnahmen auf die Anzahl der Fälle, das heißt auf die vom RKI bestätigten Infektionsfälle mit SARS-CoV-2 in den einzelnen Bundesländern. Hierbei ergab sich, dass die Schul- und Kitaschließungen den größten Effekt unter den Maßnahmen zur Eindämmung der COVID-19-Pandemie in Deutschland hatten. Diese Maßnahme hat die Wachstumsrate der bestätigten Coronainfektionen um 8% verringert. Die Ausgangsbeschränkungen brachten 4,3% und die Einstellung des Profi- und Breitensports 3,4% Wachstumsratenverringerung. Kaum nachweisbare Wirkungen hatten dagegen die Schließungen in den Bereichen Einzelhandel, Gastgewerbe oder Friseure und Kosmetik (siehe Tab. 2.2).

Die Autoren kommentieren ihre Ergebnisse wie folgt: »Wir schätzen auf Basis empirischer Daten die Wirkungen verschiedener Eindämmungsmaßnahmen auf das Corona-Infektionswachstum in Deutschland ab. Die Ergebnisse weisen darauf hin, dass die Abflachung der Infektionen vor allem mit den Schul- und Kitaschließungen, den Ausgangsbeschränkungen und mit der Einstellung des Profi- und Breitensports verbunden ist. Für die Schließungen der Dienstleistungsbranchen des öffentlichen Lebens finden sich dagegen kaum zusätzliche Effekte.«[39] Sie plädieren mit Recht dafür, dass die Auswirkungen der geplanten Maßnahmenlockerungen empirisch untersucht werden, und zwar erneut unter Ausnutzung von deren »unterschiedlicher regionaler Ausgestaltung«, wie sie es formulieren. Wer hätte gedacht, dass der »föderale Flickenteppich« einmal wissenschaftlich so groß herauskommt?

Tab. 2.2: Einfluss der Maßnahmen zur Eindämmung der COVID-19-Pandemie auf deren Wachtumsrate in Prozent; ein negativer Wert bedeutet eine Abnahme der Wachstumsrate, also einen gewünschten Effekt (***: $p < 0{,}0001$, **: $p < 0{,}001$).[40]

Maßnahme	Koeffizient (%)
Schulen & KiTas geschlossen	−8,0***
Ausgangsbeschränkungen	−4,3**
Profi- und Breitensport entfällt	−3,5***
Einzelhandel geschlossen	2,2
Beherbergung verboten	−1,6
Gaststätten geschlossen	−0,2
Bars & Klubs geschlossen	−2,9
Kinos geschlossen	2,1
Messen & Veranstaltungen abgesagt	−0,3
Sonstiger Unterricht abgesagt	−0,4
Kunst, Unterhaltung, Erholung stark eingeschränkt	2,3
Friseure, Kosmetikstudios geschlossen	−0,1
Außengrenzen weitgehend geschlossen	−1,3

Eine am 15. Maivon einer Göttinger Arbeitsgruppe im Fachblatt *Science* publizierte Studie kommt ebenfalls anhand einer Modellierung vorliegender Fallzahlen in Deutschland zu dem Ergebnis, dass die Maßnahmen des Lockdowns Erfolg gehabt haben.[41] Für Fachleute: Ihr Modell beschreibt Ausbreitung und Rückgang von COVID-19 durch ein System von Differentialgleichungen (unter anderem erweitert um eine zeitlich veränderliche Ausbreitungsrate, die bekannten Änderungen hinsichtlich der berichteten Infektionen über die Woche hinweg – montags am wenigsten – und die Verzögerung bis zum Bericht einer Infektion). Mittels des Verfahrens der Monte-Carlo-Simulation (4000 Wiederholungen) wurden Parameter des Modells geschätzt und je nach Ähnlichkeit zwischen Simulation und gemessenen Daten akzeptiert oder verworfen. So wurden Zeitpunkte für Veränderungen (»change points«) im Model gefunden (7., 16. und 24. März), die zu den Zeitpunkten der Vorgaben aus der Politik recht gut passten (9., 16. und 23. März). Wie stark die Ergebnisse von den im Modell getroffenen Vorannahmen und den Beurteilungskriterien abhängen, wird von den Autoren leider ebenso wenig diskutiert wie praktische Schlussfolgerungen für die unmittelbar weiter anstehenden Entscheidungen.

Weitere Untersuchungen zur Frage, was die Maßnahmen gegen die Ausbreitung von COVID-19 bringen und wie deren Lockerung ausgestaltet werden soll, kommen aus den USA. Bereits am 14. April publizierten Kissler und Mitarbeiter eine Studie dazu, wie es bis ins Jahr 2022 weitergehen wird – in Abhängigkeit davon, wie gut die Maßnahmen der sozialen Distanzierung, des gesellschaftlichen Lockdowns und der dadurch erreichten Abflachung der Kurve (siehe oben) implementiert und vor allem von der Bevölkerung durchgehalten werden. Das Ergebnis: Es kann sein, dass wir mit einem »blauen Auge« davonkommen, eine zweite Welle ist jedoch durchaus möglich, und die Maßnahmen werden wahrscheinlich bis ins Jahr 2022 weiter bestehen müssen.

Mit aller Vorsicht schreiben die Autoren: »Unser Modell zeigt eine Reihe von Szenarien im Hinblick auf die Dynamik der Übertragung von SARS-CoV-2 unter ganz bestimmten Annahmen auf. Wegen der wirtschaftlichen Lasten durch längerfristige Distanzierungsmaßnahmen geben wir keinerlei Empfehlungen für das eine oder andere Szenario ab, aber wir weisen auf die möglicherweise katastrophale Belastung für das Gesundheitssystem hin, sollten die Maßnahmen der Distanzierung nur wenig effektiv sein oder nicht lange genug durchgeführt werden.«[42]

Als Letztes möchte ich eine Publikation vom 15. Mai erwähnen, in der die Auswirkungen der Maßnahmen des Abstandhaltens in den USA – (1) Verbote von Großveranstaltungen, (2) Schulschließungen, (3) Schließungen von Vergnügungsstätten, Turnhallen, Bars und Restaurant-Speisebereichen sowie (4) angeordnete Ausgangsbeschränkungen – sehr kleinteilig auf der Ebene von insgesamt 182.004 Neuinfektionen in 3138 Regierungsbezirken (»counties«) im Verlauf der 58 Tage vom 1. März bis 27. April untersucht wurden.[43] Solche auf die lokalen Verhältnisse zugeschnittenen Studien haben die größte Chance auf unmittelbare praktische Relevanz. Die Studie konnte nachweisen, dass Einzelne solcher Maßnahmen die tägliche Wachstumsrate der Ausbreitung nach ein bis fünf Tagen um 5,4 %, nach sechs bis zehn Tagen um 6,8 %, nach elf bis 15 Tagen um 8,2 % und nach 16 bis 20 Tagen um 9,1 % zu senken in der Lage waren. Aus ihren Daten konnten die Forscher beispielsweise berechnen, dass es ohne angeordnete Ausgangsbeschränkungen am 27. April 2020 in den USA zehnmal mehr Infektionen gegeben hätte. Da sich an diesem Tag die Anzahl der Fälle in den USA auf etwa eine Million belief, bedeutet das, dass sie sich auf zehn Millionen Infizierte belaufen hätte, wenn keine Maßnahmen getroffen worden wären. Sofern alle vier Maßnahmen vollständig implementiert und eingehalten worden wären, wäre die Zahl der Infizierten 35-mal kleiner, als sie wäre, wenn gar nichts unternommen worden wäre. Die Autoren heben ganz besonders hervor, wie wirksam die Maßnahmen gerade angesichts des ansonsten exponentiellen Wachstums der Ausbreitung tatsächlich sind.

Halten wir fest: Alle Welt bewundert Deutschland für sein unglaubliches und für viele unverständliches gutes Durchstehen der Corona-Pandemie. (Ein weiteres Wunder nach der Fußballweltmeisterschaft 2006 und der schnellen Erholung im Gefolge der letzten Wirtschaftskrise 2009.) Unsere europäischen Nachbarn beneiden uns[44], und der US-amerikanische, weltweit agierende Nachrichtensender CNN[45] fragte unseren Gesundheitsminister, wie er das denn angestellt habe.

Noch am 16. März 2020 hatten bekannte erfahrene britische Wissenschaftler vom *Imperial College Covid-19 Response Team* für Großbritannien und die USA für die Zeit bis zum 20. August dieses Jahres etwa 510.000 bzw. 2,2 Millionen Todesfälle vorausberechnet.[46] Niemand hatte einen Grund, an diesen Berechnungen zu zweifeln. Dass es selbst in diesen beiden Staaten nicht dazu kam und es Deutschland nochmals um eine bis zwei Größenordnungen besser erging, liegt nicht an falschen

Berechnungen von vor einigen Monaten, sondern am richtigen und beherzten Handeln der Menschen. Es wird behauptet, diese »Logik der Prävention« sei falsch bzw. unwiderlegbar, denn wenn nichts weiter geschieht, dann muss sie ja richtig sein, selbst wenn sie falsch gewesen wäre (und damit sowieso nichts geschehen wäre). Die angeführten Studien zeigen aber, dass dem nicht so ist, denn die örtlichen und zeitlichen Unterschiede der Maßnahmen und ihre Reaktion auf die Pandemie ließen sich sogar Mitte Mai 2020 schon dazu heranziehen, um das Argument der Coronaleugner klar zu widerlegen.

Damit ist die Diskussion von Corona jedoch nicht beendet. Sie hat vielmehr gerade erst begonnen – in diesem Buch jetzt und durch Wissenschaftler auf der ganzen Welt in den nächsten Wochen, Monaten und Jahren.

3.

RISIKOBEWERTUNG, EXPONENTIELLES WACHSTUM UND KOMPLEXE SYSTEME

Risikobewertung

Menschen tun sich schwer dabei, die Bedeutung von kleinen Risiken einzuschätzen.[47] Diese Unfähigkeit liegt letztlich dem Geschäftsmodell von Lotterien und Versicherungen zugrunde.

Wir Menschen verstehen einfache Zusammenhänge: Wenn es regnet, wird die Erde nass – je mehr, desto mehr. Es gibt aber auch andere Zusammenhänge, zum Beispiel quadratische Funktionen wie den umgekehrt-U-förmigen Zusammenhang zwischen Körpertemperatur und Gesundheit: Ein paar Grad zu tiefe oder zu hohe Körpertemperatur, und es geht uns sehr schlecht; noch ein paar Grad, und wir sind tot. Das verstehen die meisten gerade noch.

Exponentielles Wachstum

Exponentielle Zusammenhänge verstehen die meisten Menschen nicht. Machen wir einen Test: Stellen Sie sich bitte einen See vor, auf dem Seerosen wachsen, die sich täglich um das Doppelte vermehren: am ersten Tag eine, am zweiten Tag zwei, am dritten Tag vier usw. Am 30. Tag ist der ganze See bedeckt mit Seerosen. Wie bedeckt war der See einen Tag zuvor?

(A) 99%
(B) 95%
(C) 90%
(D) 75%
(E) 50%

Die meisten Menschen vermuten hier eine Lösung irgendwo im mittleren Bereich (also B bis D), richtig ist jedoch E: Am Tag, bevor der See voller Seerosen ist, war er erst halbvoll! Man spricht hierbei von *exponentiellem* Wachstum.

Betrachten wir noch ein sehr bekanntes Beispiel: Wenn man auf das erste Kästchen eines Schachbretts ein Weizenkorn legt, auf das zweite zwei und auf das nächste vier und so weiter (vgl. Abb. 3.1), auf wie viele Weizenkörner kommt man am Ende?

Die Antwort lautet 2^{63}, das heißt 9.223.372.036.854.775.808 Körner. Da die Tausendkornmasse von Weizen bei etwa 50 Gramm (40 bis 65 Gramm) liegt, ergibt das 461.168.601.842

Tonnen Weizen, oder etwa 5555 Tonnen für *jeden* der 83 Millionen Bundesbürger.

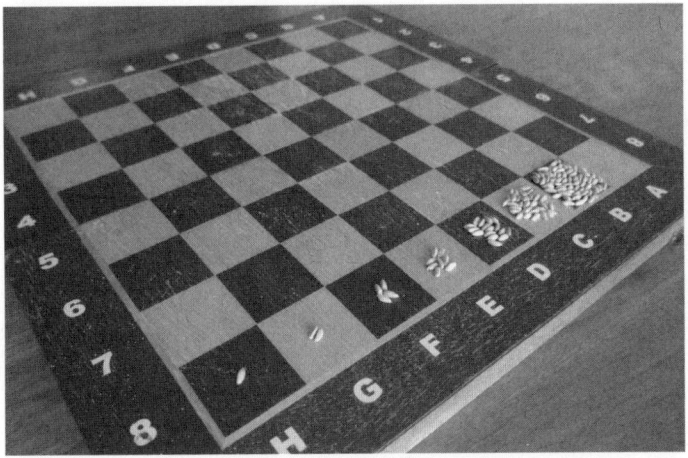

Abb. 3.1: Weizenkörner auf einem Schachbrett. Beginnt man mit einem Korn auf dem ersten Feld und verdoppelt die Zahl auf dem nächsten Feld usw., nimmt die Zahl der Körner exponentiell zu; schon auf das achte Feld passen die Körner nicht mehr. Die numerische Folge ist: 1, 2, 4, 8, 16 etc., die Zahl der Körner folgt also der Formel 2^{n-1}, wobei n die »Nummer« des Feldes ist. Da $2^0 = 1$ ist, $2^1 = 2$ ist, $2^2 = 4$ ist befinden sich auf dem 64. Feld des Schachbretts 2^{63} Körner (© Autor).

Weil wir große Schwierigkeiten beim Verstehen von exponentiellem Wachstum haben, verstehen wir die gegenwärtige Krise so wenig und handeln vielfach so dumm. »Seit es die Coronakrise gibt, sind doch erst 27 Menschen am Virus gestorben – was soll die ganze Panikmache? Im Straßenverkehr sind im gleichen Zeitraum viel mehr Menschen gestorben.« So oder so ähnlich dachten noch vor wenigen Wochen viele Menschen. Aber der

Verkehr wächst nicht exponentiell wie die Seerosen und die Weizenkörner – und die Coronavirusfälle und die Coronatoten!

Wenn man den Verlauf der Pandemie in verschiedenen Ländern betrachtet, wird sofort klar, wie todbringend mathematische Unkenntnis sein kann. Am 20. März 2020 gab es in den USA noch 14.631 infizierte Coronafälle. In Deutschland waren es zum gleichen Zeitpunkt schon 18.361 Fälle und in Großbritannien »erst« 3297. Genau eine Woche später (am 27. März) sahen die Zahlen wie folgt aus: USA: 100.717, Deutschland 50.871 und Großbritannien 14.734. Die Zahl der Fälle war damit innerhalb einer Woche in den USA etwa auf das Siebenfache, in Großbritannien auf das 4,5-Fache und in Deutschland auf das 2,5-Fache angestiegen. Am 10. Mai waren die Zahlen noch einmal ganz andere: In den USA gab es über 1,3 Millionen Infizierte, in Großbritannien mehr als 216.000 und in Deutschland mehr als 171.000 (vgl. Abb. 3.2).

Abb. 3.2 (rechts): Das Online-Dashboard der Johns-Hopkins-Universität ist mit über einer Milliarde Clicks derzeit eine der meist angesehenen Webseiten.[48] Man sieht hier die Daten vom 18. Mai 2020 um 5:32 Uhr aus 188 Ländern: Mehr als 4,7 Millionen Infektionen und über 315.000 Tote. Die Daten werden mehrfach täglich aktualisiert, und man kann sich interaktiv über einzelne Länder informieren. Wenn in diesem Buch keine anderen Quellen für Zahlen genannt werden, dann stammen sie aus dieser Quelle (https://gisanddata.maps.arcgis.com/apps/opsdashboard/index.html#/bda7594740f-d40299423467b48e9ecf6).

COVID-19 Dashboard by the Center for Systems Science and Engineering (CSSE) at Johns Hopkins University (JHU)

Total Confirmed
5.213.557

Confirmed Cases by Country/Region/Sovereignty

1.601.434 US
330.890 Brazil
326.448 Russia
255.544 United Kingdom
234.824 Spain
228.658 Italy
182.015 France
179.710 Germany
154.500 Turkey
131.652 Iran
125.149 India
111.698 Peru
84.081 China
83.947 Canada
67.719 Saudi Arabia
62.527 Mexico
61.857 Chile
56.511 Belgium

Admin0   Admin1   Admin2

Last Updated at (M/D/YYYY)
5/23/2020, 6:32:39 vorm.

188
countries/regions

Global Deaths
338.225

96.007 deaths
US
36.475 deaths
United Kingdom
32.616 deaths
Italy
28.628 deaths
Spain
28.218 deaths
France
21.048 deaths
Brazil
9.212 deaths
Belgium
8.228 deaths
Germany
7.300 deaths

Global Deaths

US State Level
Deaths, Recovered

28.853 deaths, 63.292 recovered
New York US
10.985 deaths, 24.491
New Jersey US
6.228 deaths, recovered
Massachusetts US
5.150 deaths, 28.234 recovered
Michigan US
5.010 deaths, 37.767 recovered
Pennsylvania US
4.715 deaths, recovered
Illinois US
3.672 deaths, recovered
California US
3.637 deaths, 7.127 recovered
Connecticut US

US Deaths, Recovered

Cumulative Confirmed Cases   Active Cases   Incidence Rate   Case-Fatality Ratio   Testing Rate   Hospitalization Rate

Lancet Inf Dis Article: Here. Mobile Version: Here.
Lead by JHU CSSE. Technical Support: Esri Living Atlas team and JHU APL. Financial Support: JHU and NSF. FAQ: Read more in this blog. Contact US.

Data sources: WHO, CDC, ECDC, NHC, DXY, 1point3acres, Worldometers.info, the COVID Tracking Project (testing and hospitalizations), and city, state and national public health departments. Full list of sources available here.

Esri, FAO, NOAA

Confirmed   Logarithmic   Daily Cases

Feb   Mar   Apr   Mai

Es ist durchaus interessant, sich diese Zahlen einmal für drei Länder – Großbritannien, USA und Schweden – genauer anzusehen.

Großbritannien

Der britische Premierminister Boris Johnson folgte seinen Beratern viel zu lange, die gemeint hatte, man müsse nur abwarten, bis Herdenimmunität[49] bestehe, das heißt, bis so viele Menschen die Infektion durchgemacht haben, dass sich die Ausbreitung des Virus von allein verlangsamt. Als britische Wissenschaftler vom *Imperial College COVID-19 Response Team* jedoch am 16. März online publizierten[50], dass diese Strategie zu mehr als einer halben Million vermeidbarer Todesfälle im Land führen würde, änderte Johnson noch am gleichen Tag seine Strategie: »[Er] sagte, man solle alle unnötigen Reisen unterlassen und möglichst von zu Hause aus arbeiten. Kneipen, Klubs und andere soziale Räume sollten gemieden werden, und ganze Haushalte sollten sich selbst vierzehn Tage lang isolieren, falls ein Mitglied Symptome von COVID-19 entwickelt. Besonders für das Virus anfällige Menschen könnten bald gebeten werden, zwölf Wochen zu Hause zu bleiben.«[51] Die oben genannten Zahlen zeigen, dass Johnson zu spät gehandelt hat. Das Land hat mittlerweile weltweit nach den USA die zweitmeisten Toten zu verzeichnen.

USA

Für die USA wurde mit gleicher Methodik berechnet, dass es bei der Strategie des Nichtstuns zu 2,2 Millionen zusätzlichen

Toten kommen würde, was Herrn Trump offenbar wenig beeindruckte. Seine Art des Umgangs mit der Corona-Pandemie[52] dürfte als klassisches Beispiel von komplettem administrativem Versagen in die Geschichte eingehen. Und es ist zu hoffen, dass dies womöglich nach sich ziehen wird, dass er im Herbst nicht wiedergewählt wird.

Einer von vielen Kommentaren hierzu lautete wie folgt: »Das Coronavirus könnte sich als eine Herausforderung erweisen, der Trump in keiner Weise gewachsen ist – und in der sich all seine bisherigen Rezepte und Show-Effekte als wirkungslos erweisen. Der Erreger Sars-CoV-2 schafft Fakten, die sich nicht länger verdrehen lassen. Trump kann die Virus-Krise längst nicht mehr kleinreden. Kein Tweet, keine Mauer kann die Ausbreitung eindämmen. Die Corona-Katastrophe macht vor nichts Halt. [...] Das Virus könnte Trump das Amt kosten. – Wie konnte es so weit kommen? Der fahrlässige Umgang mit der Pandemie-Bedrohung in den USA gilt schon jetzt als Lehrbeispiel für katastrophal schlechtes Krisenmanagement.«[53]

Sowohl Trump als auch Johnson gehören dem konservativen Lager an. Ist das ein Zufall? Interessant ist im Hinblick auf diese Frage eine am 28. März als Vorabdruck erschienene Publikation von Wissenschaftlern um Christopher Adolph von der University of Washington in Seattle (USA). Die Forscher konnten empirisch an einem großen Datensatz nachweisen, dass US-Bundesstaaten, die entweder einen republikanischen Gouverneur haben oder in denen Trump bei den Präsidentschaftswahlen im Jahr 2016 besser abgeschnitten hatte, Maßnahmen der körperlichen Distanzierung mit geringerer Wahrscheinlichkeit und vor allem auch zu einem späteren Zeitpunkt eingeführt hatten als

Staaten, die von Demokraten geführt oder dominiert werden (vgl. Abb. 3.3).

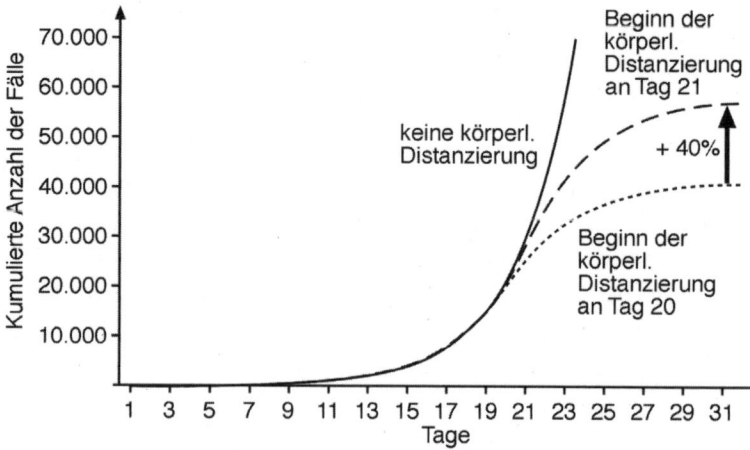

Abb. 3.3: Der Effekt einer Maßnahme der sozialen Distanzierung in Abhängigkeit vom Zeitpunkt der Einführung: Ein Tag später hat als Resultat 40% mehr Fälle. Man sieht auch, dass der Effekt von der Wachstumsrate, also der Steilheit der Kurve, abhängig ist.[54] Am 21. Mai wurde hierfür ein sehr beunruhigendes Beispiel publiziert: Durch Modellierung mittels realer Daten konnte gezeigt werden: Hätten die USA die Maßnahmen der sozialen Distanzierung nur eine Woche früher eingeführt, wären es zu 36.000 Todesfällen weniger gekommen

Ein Textausschnitt aus Adolphs Publikation zum bisherigen Verlauf der Coronakrise in den USA sei im Folgenden wörtlich zitiert: »Zu jedem beliebigen Zeitpunkt im Untersuchungszeitraum führten die republikanischen Gouverneure Maßnahmen der körperlichen Distanzierung mit 42,2% (95%-KI: 13,5 bis 63,2) geringerer Wahrscheinlichkeit ein als ihre demokratischen Amtskollegen. Beim Konstanthalten der anderen Variablen im jeweiligen Bundesstaat – einschließlich der Staaten mit dem größeren Stimmenanteil für Trump bei den Wahlen im Jahr 2016 – verzögerten Republikaner im Durchschnitt jede Maßnahme zur sozialen Distanzierung auf Bundesstaatsebene um 1,68 Tage (95%-KI: 1,57 bis 1,78). […] Ein Bundesstaat, in dem der Trump-Stimmenanteil von 2016 75% erreicht hatte, führte zu einem bestimmten Zeitpunkt mit 28,1% (95%-KI: 1,1 bis 49,3) geringerer Wahrscheinlichkeit eine zusätzliche Maßnahme [zur Eindämmung des Corona-Virus] ein als ein Bundesstaat, in dem die Unterstützung für Trump nur 25% erreicht hatte. Die durchschnittliche Verzögerung betrug 0,99 Tage (95%-KI: 0,93 bis 1,07). In Staaten mit republikanischem Gouverneur und überwiegend Trump-Wählern (was zusammenhängt) war eine Verzögerung von 2,70 Tagen (95%-KI: 2,49 bis 2,88) zu verzeichnen. […] Wenn sich die Zahl der Corona-Virus-Infektionen in einem Staat alle sieben Tage verdoppelt, erhöht sich die Spitzenbelastung der Fälle um 30,6%. In einem Staat, in dem sich die Infektionen alle drei Tage verdoppeln, könnte das politische Überwiegen der republikanischen Partei die Spitzenzahl der Fälle um 86,6% erhöhen.«[55]

Mittlerweile ist die Spitzenbelastung in manchen Gegenden der USA eingetreten. Wo dies geschehen ist, hing es von der Geschwindigkeit und den lokalen Umständen der Ausbreitung ab: In New York, New Orleans, San Francisco und anderen Städten waren die Krankenhäuser am Limit oder darüber. Irgendwann wird man berechnen können, wie viele Hundert, Tausend oder Zehntausend Tote die Stimmen für Republikaner bzw. für Trump bewirkt haben. Falsche Risikoeinschätzung und das Unverständnis für exponentielles Wachstum werden sich in den USA also besonders deutlich auswirken.

Schweden

Als drittes Land sei hier noch kurz Schweden erwähnt. Das Land belegte am 1. April 2020 (6 Uhr) mit 4435 COVID-19-positiven Fällen im weltweiten Ranking (1. USA, 2. Italien, 3. Spanien, 4. China, 5. Deutschland, 6. Frankreich, 7. Iran, 8. Großbritannien) nur den Rangplatz 21, noch hinter Norwegen (mit 4641 Fällen) auf Platz 19. Die Anzahl der Todesfälle lag damals in Schweden jedoch mit 180 schon deutlich über der von Norwegen mit 39. Dennoch wurden in Schweden keine drastischen Maßnahmen verhängt, die Kneipen und Restaurants blieben offen und die Schulen und Kindergärten auch.

Der dortige verantwortliche Epidemiologe *Anders Tegnell* riet der Regierung, einfach abzuwarten, bis genügend Schweden die Krankheit durchgemacht haben, wodurch dann Herdenimmunität für Schweden bestehe und sich das Problem erledigt haben würde. Dass er mit diesem Nichthandeln Tote produzieren würde, muss er in Kauf genommen haben. Ob er der Regierung von den zu erwartenden Toten erzählt hat, weiß ich nicht. Nach deren Verhalten – sie denken noch immer lediglich über ausbreitungshemmende Maßnahmen nach – scheint dies nicht der Fall zu sein.

Das Beispiel Schweden wird oft von Coronaskeptikern, das heißt Menschen, die gegenüber den hierzulande implementierten Maßnahmen zur Eindämmung der Pandemie kritisch eingestellt sind, als Beispiel zitiert. Dort habe man sich für einen vernünftigen Weg entschieden und außer freiwillig zu folgenden Empfehlungen keinerlei Maßnahmen getroffen. Kindergärten, Schulen, Cafés und Restaurants sind ebenso offen wie Läden und Klubs, Treffen von bis zu 50 Personen sind erlaubt, und Sportveranstaltungen – zum Beispiel Fußballspiele mit Zuschauern – finden teilweise noch statt bzw. sollen bald wieder stattfinden.

In Schweden war am 31. Januar der erste Fall von CO-VID-19 gemeldet worden. Bis Ende Februar gab es Fälle im ganzen Land, der erste Todesfall wurde am 11. März gemeldet. Nach wie vor nimmt die Zahl der Infizierten und der Toten in Schweden rasch zu (Stand: Ende April).

In Norwegen traten seit Ende Februar 2020 erste COVID-19-Fälle auf, am 12. März gab es den ersten Todesfall. Am 15. März meldete das Universitätsklinikum in Oslo, dass 1081 Angestellte unter Quarantäne stünden und 14 Angestellte infiziert seien. Am 17. März befanden sich in ganz Norwegen 8000 Krankenhausmitarbeiter in Isolation, und am 18. März stand Norwegen auf Platz eins der Ansteckungsorte in Europa. Norwegen zählte zu den am stärksten von Corona betroffenen Ländern in Europa relativ zur Bevölkerungszahl. Bereits am 12. März war die Schließung von Schulen und weiteren öffentlichen Einrichtungen bekannt gegeben worden. Etwa drei Wochen später wurde die Wirksamkeit der Maßnahmen deutlich, die Kurve der täglich neuen Krankenhaus- und Intensivpatienten wurde flacher. Hatte vor der Einführung der Maßnahmen jede infizierte Person im Durchschnitt noch 2,5 weitere Menschen angesteckt, so lag der Wert am 6. April nur noch bei 0,7. Liegt dieser Wert unter 1,0, geht eine Pandemie zurück.

Obwohl Schweden etwa doppelt so viele Einwohner hat wie Norwegen, waren beide Länder zunächst in ähnlicher Weise betroffen: Zum einen stiegen die Fälle parallel mit einer Verdopplungszeit von zwei Tagen an (Abb. 3.4), und zum anderen gab es den ersten Toten in Schweden am 11. März und in Norwegen einen Tag später. Ab Mitte März ergriff Norwegen Maßnahmen zur Eindämmung der Verbreitung des Virus (»Lockdown«), Schweden dagegen nicht. Nach den üblichen 14 Tagen (Inkubationszeit nach Ansteckung, dann Krankheitsausbruch, dann Testung, dann Meldung) wurden ab Ende März die Unterschiede zwischen beiden Ländern zunehmend deutlich: Am 26. April lagen die wöchentlichen Neuerkrankungen in Norwegen bei 500, in Schweden dagegen bei 4400. Die Gesamtzahl der Infizierten lag zu diesem Zeitpunkt in Norwegen bei 7499; in Schweden hingegen bei 18.640. Die Todesfälle insgesamt betrugen in Norwegen 201 und lagen in Schweden mit 2194 bei mehr als dem Zehnfachen (Zahlen der Johns-Hopkins-University, 26. April 2020, 17.31 Uhr).

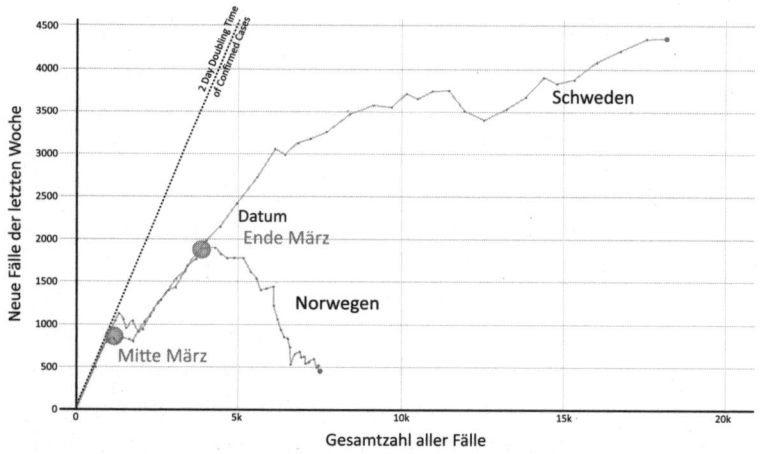

Abb. 3.4: Der unterschiedliche Verlauf der COVID-19-Erkrankung in Schweden und Norwegen ab etwa 14 Tagen nach dem Einsetzen von krankheitseindämmenden Maßnahmen in Norwegen, die so in Schweden nicht erfolgten (Stand: 26.4.2020; nach https://aatishb.com/covidtrends/; abgerufen am 26.4.2020).

Die Komplexität unserer Gesellschaft

Dass Probleme mit der Coronakrise nicht nur unserem Unverständnis kleiner Wahrscheinlichkeiten und der Exponentialfunktion, sondern auch unserer unglaublich komplexen Gesellschaft geschuldet sind, wird jedem klar, der darüber nachdenkt. Unsere Gesellschaft weist schier unendlich viele funktionale Zusammenhänge physikalischer, chemischer, biologischer, psychologischer und sozialer Natur auf, die wir längst noch nicht alle kennen oder gar verstanden haben und die zugleich oft nicht linear sind. Wenn nun auf dieses äußerst komplexe System eine globale Pandemie mit exponentiellem Wachstum zukommt, dann werden ständig Konsequenzen real, mit denen niemand gerechnet hatte.

Als ein vielleicht noch nicht sehr bekanntes Beispiel sei hierbei die Wettervorhersage genannt, die durch die Corona-Pandemie schlechter geworden ist, genau genommen etwa so schlecht wie vor zehn Jahren. Warum?

Durch die Coronakrise ist es zu einem dramatischen Einbruch von Wetterdaten gekommen. Die Ursache für die fehlenden Wetterdaten ist die geringere Anzahl von Flugzeugen in der Luft, die während ihres Fluges wichtige Wetterdaten über den Istzustand der Atmosphäre sammeln. Früher erfolgte die Messung von Temperatur, Luftfeuchtigkeit, Windgeschwindigkeiten und -richtungen in verschiedenen Höhen mit Wetterballonen. Dann wurden diese Ballone durch die immer größer werdende Flotte der Verkehrsflugzeuge ersetzt, die ohnehin weitaus mehr Daten generieren und damit auch liefern können. Durch die Eindämmung der Corona-Pandemie ist der Luftverkehr beinahe zum Erliegen gekommen. Und deswegen sind jetzt Unwetter schwerer vorherzusagen. Damit erhöht sich das Risiko für Länder, die mehr Vorlauf brauchen, um sich auf Wetterkatastrophen vorzubereiten. Die Wettervorhersagen sind zwar noch immer so gut wie vor zehn Jahren, und wenn es im Wetterbericht heißt, es wird morgen die Sonne scheinen, dann wird es morgen nicht regnen. Aber die Vorhersagen sind dennoch unzuverlässiger, vor allem für Zeitpunkte, die weiter in der Zukunft liegen.

4.

ANGST UND MISSTRAUEN, DENUNZIATION UND VERLEUGNUNG

Nicht nur unser Denken wird durch die Corona-Pandemie auf die Probe gestellt, auch unsere Gefühle werden es. Aus evolutionärer Sicht handelt es sich bei diesem Prozess um Veränderungen des Gehirns und seiner Leistungen, die viele Funktionen betreffen und Heuristiken (sofort verfügbare Richtschnüre) für rasches Handeln ohne langes Nachdenken (Deliberieren, Simulieren, Probehandeln) sorgen können. Wer aus irgendeinem Grund Angst hat, denkt nicht lange nach, sondern tut das, was jetzt gerade notwendig ist, um aus der Situation wieder herauszukommen.

Wenn von einer psychologischen Einschätzung der Menschen in der Corona-Pandemie die Rede ist, werden meist Angst und Einsamkeit angeführt. Häufig wird darüber geredet, dass viele Menschen jetzt in Panik verfallen und dann aus diesem Grund unangemessen reagieren und sich ebenso verhalten würden: Schlaflosigkeit, Sorgen, Grübeln und die resultierenden Hamsterkäufe oder ein generelles Misstrauen gegenüber allen fremden Menschen, die nur noch als Virusquelle oder -überträger wahrgenommen werden, sind die Folge. Diese Überreaktion vieler Einzelner schadet unserer Gesellschaft vor allem langfristig (Abb. 4.1).

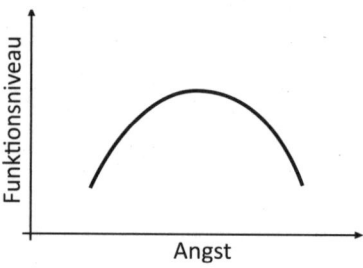

Abb. 4.1 Zusammenhang zwischen Angst und Funktionsniveau: Bei niedriger Angst sind wir unaufmerksamer, handeln unüberlegt und womöglich wenig kontrolliert und verantwortungsbewusst. Wir stecken zuweilen den Kopf in den Sand und reagieren mit Gedanken wie »alles nicht so schlimm« oder »es wird schon nichts passieren«. Haben wir zu viel Angst, kommt es zu den bekannten, sogenannten Denkblockaden, wir sind eingeengt auf den Verursacher der Angst und können nicht mehr abwägen und ruhig nachdenken.

Wozu Misstrauen in der Pandemie führen kann, zeigen Fallbeispiele aus vielen Ländern. Wurde noch Mitte März fast schmunzelnd darüber berichtet, dass die Deutschen Mehl, Hefe und Toilettenpapier und die Franzosen Rotwein und Kondome in der Krise hamstern, so war die Nachricht, dass die Amerikaner vor allem Waffen kaufen, schon nicht mehr lustig. Zwei

Wochen später wurde dann berichtet, dass der Verkauf von Toilettenpapier in Deutschland tatsächlich nur um etwa ein Drittel zugenommen hat, der Verkauf von legalen Waffen zur Selbstverteidigung – hierzulande (!) – hingegen auf das Dreifache gestiegen ist.

In Frankreich gibt es 3,4 Millionen Ferienhäuser als Zweitwohnungen wohlhabender Bürger – mehr als in irgendeinem der Nachbarländer Frankreichs. Wie die *New York Times* am Sonntag, den 29. März 2020, berichtete, sind sehr viele Einwohner von Paris in den vorhergehenden Tagen aufs Land gefahren, um ihre Zeit in den Bergen oder am Meer zu verbringen. Auf der französischen Atlantikinsel Île de Noirmoutier liefen die neu Angekommenen dann gleich zum Strand und verhielten sich wie Urlauber, das heißt nicht ordnungsgemäß. Die Einheimischen fürchteten sich vor ihnen und reagierten entsprechend: Bei Autos mit Pariser Nummernschild wurden die Reifen aufgeschlitzt.[56]

Besonders drastische Beispiele für Maßnahmen, die viel mit Misstrauen und nichts mit sinnvoller Quarantäne zu tun haben, kamen und kommen aus dem Norden Deutschlands. Hier wurden Inseln dicht gemacht, vermeintlich aus Gründen des Schutzes der dort lebenden Bevölkerung. Zugleich verließen jedoch die Insulaner die Inseln. Andererseits durften und dürfen Festländer zum Arbeiten (als Bauarbeiter, Gärtner, Raumpflegerinnen etc.) auf die Inseln kommen, nicht aber Menschen, die dort einen Zweitwohnsitz haben. Selbst wenn sie schon seit Wochen auf den Inseln waren (und damit nicht infektiöser waren als alle anderen Insulaner), wurden sie von der Polizei aufgesucht und aufgefordert, ihr Haus zu verlassen. In den Bundesländern Schleswig-Holstein und Mecklenburg-Vorpommern gab es ein

Einreiseverbot für alle, die nicht in dem Bundesland wohnten, und die Polizei patrouillierte an der Grenze und schickte Hamburger bzw. Brandenburger Spaziergänger und Radfahrer wieder zurück in deren Bundesland. Dabei haben wir doch seit 30 Jahren keine innerdeutschen Grenzen mehr!

Dass auch manche Bürger selbst sehr auf die Einhaltung dieser Regeln achteten und nicht davor zurückschreckten, andere zu denunzieren, die das nicht tun, belegen zahlreiche Zeitungsmeldungen von März und Anfang April 2020.

Aus meiner Sicht ist panische Überreaktion derzeit das kleinere Problem. Das genaue Gegenteil – Verleugnung und Kopf in den Sand stecken – ist momentan weitaus gefährlicher. Denn es verhindert die jetzt nötigen Verhaltensänderungen, die unbedingt notwendig sind, wenn wir die Krise mit minimalen Verlusten – sprich: Todesfällen – überstehen wollen. Um es ganz klar zu sagen: Nach den derzeitigen Berechnungen werden die meisten Menschen am Coronavirus versterben, weil ihre Mitmenschen zu sorglos mit der Gefahr umgegangen sind. So wie Brücken ja auch nur gefährlich sind, wenn man sich falsch verhält und von ihnen herunterspringt, ist das Coronavirus oft nur gefährlich, wenn sich die Menschen nicht richtig verhalten. Coronapartys in deutschen Großstädten oder am Strand in Florida sind gefährlicher als das Virus selbst. Wenn nach dem letzten Deutschlandtrend die Hälfte der Deutschen sich über Corona keine Sorgen macht, dann sind das definitiv 100% zu viele! Das muss sich ganz rasch ändern.

China hat seinen Bürgern während der Krise immer wieder eingehämmert: Ihr bringt andere um, wenn ihr euch nicht an die Regeln haltet. Dieses Bewusstsein fehlt hier noch sehr deutlich, vor allem bei jüngeren Menschen – möglicherweise aus Sorglosigkeit oder vielleicht eher aus Fahrlässigkeit. Gehen Jugendliche und junge Erwachsene wirklich so gerne über Leichen? Und noch dazu über die von Oma und Opa? Man muss sie vielleicht noch ein paarmal deutlich danach fragen.

Nichts nützen wird das bei denjenigen, die vom Corinavirus zynisch als »Boomer-Remover« sprechen, das heißt als ein Agens, das die Generation der Baby-Boomer aus der Gesellschaft effektiv zu entfernen in der Lage ist.[57]

5.

INFODEMIC: VERSCHWÖRUNGS-THEORIEN, DUMMHEITEN UND FAKE-NEWS

Zum Einstieg in das Thema möchte ich drei Gedanken kurz ansprechen.

1. Ist Ihnen schon einmal aufgefallen, dass es Coronaviren in den unterschiedlichsten Farben und Formen gibt? Die meisten sind gelblich-beige, mit roten Fortsätzen, die wie Nelken aussehen. Aber es gibt auch rote, grüne und blaue, manche haben Fortsätze in zwei verschiedenen Farben, bis hin zu nachtblauen und solchen mit lila Fortsätzen. Apropos: Während die Viren alle gleich rund zu sein scheinen, sehen die Fortsätze ganz verschieden aus, wie Pilze oder Blumen, manche aber auch nur wie

Kugeln auf Stielen, andere wiederum wie Antennen von Satelliten. Oft wirkt es so, als seien die Viren aus Knetgummi oder aus Plastik. Gibt es wirklich so viele verschiedene Coronaviren? Und welche sind jetzt gefährlich und welche nicht?

Ein Kind könnte so fragen. Ein Erwachsener weiß, dass es sich bei allen bunten dreidimensionalen Bildern des Coronavirus, die wir heute ständig und überall in den Medien zu sehen bekommen, um Produkte der Fantasie von Grafikern und Designern handelt. Mithilfe von Grafikprogrammen werden Modelle gebastelt, mit Farbe, Glanz, Reflektivität, Durchsichtigkeit, Oberflächenstruktur (rau oder glatt) etc. versehen, angeleuchtet und dann als Bild gerendert. Denn wie bereits in Kapitel 2 diskutiert, kann es Farbbilder von Viren mit einer Größe von 120 gar nicht geben, weil man solch kleine Objekte mit einem Lichtmikroskop gar nicht sehen kann. Man braucht Elektronenmikroskope, und die wiederum liefern grundsätzlich nur Schwarz-Weiß-Bilder. Was wir also medial an Bildern von Coronaviren präsentiert bekommen – manchmal sogar filmisch animiert, als schwämmen sie im Wasser, in dem noch andere kleine, sich langsam bewegende Teilchen zu sehen sind (als wäre das gesamte Geschehen mit einer sehr, sehr kleinen Unterwasserkamera festgehalten worden) –, *ist alles Fake!* Und Hand aufs Herz: Das verwirrt nicht nur Kinder, sondern dürfte auch den wenigsten Erwachsenen so richtig bewusst sein.

2. Wussten Sie, dass eine Epidemie kein Epizentrum hat? Eine Pandemie übrigens auch nicht, obwohl gegenwärtig viel über Epizentren geredet wird: »Das Epizentrum der Corona-Pandemie lag zunächst in China, dann in Europa und liegt jetzt in den USA.« Was soll daran falsch sein?

»Epi« kommt aus dem Griechischen und bedeutet »darüber«. »Demos« kommt auch aus dem Griechischen und bedeutet »Volk«. Eine Krankheit, die »*über* dem ganzen *Volk* liegt«, heißt daher *Epidemie*. »Pan« ist auch Griechisch und bedeutet »alles«. Eine Krankheit, die »*alle Völker*« betrifft, heißt daher *Pandemie*.

Von einem »Epizentrum« ist immer dann die Rede, wenn es um Erdbeben geht, denn das Zentrum eines Erdbebens liegt stets einige Kilometer bis einige Hundert Kilometer tief unter der Erde, also nicht in San Francisco (1906), Christchurch (2011) oder Zagreb (2020), sondern irgendwo darunter. Man nennt das Zentrum eines Erdbebens daher auch *Hypozentrum* (vom griechischen Wort »hypo« = »darunter«). Die genannten Städte lagen über dem Zentrum der nach ihnen benannten Erdbeben, weswegen man mit ihren Namen (und noch genauer dem Längen- und Breitengrad eines Orts an der Erdoberfläche über einem Erdbeben) den Ort eines Erdbebens jeweils genau senkrecht über dessen Mittelpunkt als Epizentrum bezeichnet.

Ein Beispiel: New York war im April 2020 weltweit die Stadt mit den meisten Neuinfektionen im Rahmen der Corona-Pandemie, also deren Zentrum. Aber nur wenn sich alle erkrankten New Yorker zu irgendeinem Zeitpunkt einmal beispielsweise in der New Yorker U-Bahn befunden hätten, wäre es zu diesem Zeitpunkt richtig gewesen, New York als Epizentrum der Pandemie zu bezeichnen.

3. In diesem Kapitel ist von »Verschwörungstheorien« die Rede. Auch diese Wortbildung – aus »Verschwörung« und »Theorie« – ist sehr ungünstig, wie die folgende Überlegung zeigt. Das Wort »Theorie« kommt aus dem Griechischen und bedeutet so viel wie »Erkenntnis« oder »Einsicht« und damit ziemlich genau

das Gegenteil von »Verschwörung«. Die Relativitätstheorie in der Physik, das heliozentrische Weltmodell in der Astronomie, die Evolutionstheorie in der Biologie oder die Zahlentheorie in der Mathematik bestehen aus Systemen wissenschaftlicher Aussagen, mit denen sich Erfahrungen realer Gegebenheiten ordnen und erklären lassen. Zudem kann man mit Theorien Vorhersagen über künftige Ereignisse machen (prognostischer Wert), kann völlig neue Fragen stellen (heuristischer Wert) und aus ihrer Anwendung großen Nutzen ziehen (praktischer Wert). Eine Sonnenfinsternis vorhersagen, auf dem Mars herumfahren und Fotos machen, die Entwicklung neuer Viren wie SARS-CoV-2 durch Mutation und Selektion nachvollziehen und dadurch medizinische Maßnahmen ersinnen oder vielleicht einfach nur den Zusammenhang zwischen den Zahlen e, π und i in einer einzigen kleinen Formel darstellen – all das kann Theorie. Oft wird unter »Theorie« das Gegenteil von »Praxis« verstanden und die Farbe »grau« assoziiert; die »graue Theorie« wird dann der »bunten Erfahrung« gegenübergestellt. Wer in diese Richtung denkt, hat auch eher weniger Bedenken gegen die Zusammensetzung »Verschwörungstheorie«. Aber er liegt falsch, denn *es gibt nichts Praktischeres als eine gute Theorie*,[58] und wer dies nicht glaubt, der überlege einmal, was er an Wissenschaft alles schon akzeptiert hat, wenn er ein Flugzeug besteigt, eine Krebsbehandlung durchführen lässt oder einfach nur den Fernseher oder Computer benutzt. Aus dieser Sicht ist »Verschwörungstheorie« ein deutlich ungünstiger gewählter Ausdruck als es beispielsweise »sauerkrautige Vanillesoße« wäre.

Warum ist das alles wichtig? Weil man anhand der Gedanken 1 bis 3 erkennen kann, dass wir Wörter zuweilen verwenden, ohne viel darüber nachzudenken, was sie bedeuten und ob das, was wir mit ihrem Gebrauch sagen möchten, nicht vielleicht klarer und zutreffender anders gesagt werden sollte. Und weil wir oft gar nicht mehr bemerken, wie sehr wir auch die Bilder der »Realität« bisweilen selbst erzeugen und dabei so weit übertreiben, dass es im Grunde falsch wird. Beim in dezentem Beige mit nelkenroten Tüpfeln daherkommenden Tagesschau-Coronavirus, beim Epizentrum und auch bei Verschwörungstheorien ist das vergleichsweise harmlos; bei Reproduktionszahlen von viralen Infektionen, exponentiellem Wachstum, der Letalität einer Krankheit oder ganz konkret bei den Coronatoten jedoch nicht.

Halten wir fest: Bunte Bilder von Coronaviren sehen wir in seriösen Nachrichtensendungen, in denen auch von Epizentren der Pandemie die Rede ist. Zum Beispiel in der Tagesschau. Wir finden nichts dabei, denn wir haben uns ganz allgemein daran gewöhnt, dass auch in den Nachrichtensendungen die Filme – zum Beispiel über Kriegsgeschehnisse irgendwo auf der Welt – *inszeniert* sind. Bunte (das heißt von Hand kolorierte) elektronenmikroskopische Bilder gehören mittlerweile sogar in wissenschaftlichen Fachblättern zum Alltag!

Wen wundert es angesichts dieser größtenteils frei erfundenen Bildersprache und der oft unklaren Verbalsprache, dass der Laie Mühe hat, Wahrheit von Falschheit zu unterscheiden?

Infodemic

Ganz schlimm wird es, wenn vermeintliche Experten von »Coronapsychose als Waffe gegen die Wirtschaft« oder vom »Coronavirus als ein Riesenfake« sprechen oder einfach leugnen, dass es überzählige Tote im Verlauf der Corona-Pandemie gegeben hat, und bis heute meinen, dass die Pandemie wirklich nicht sehr ernst zu nehmen ist. Seit der Publikation des Buchs *Die Verkäufer des Zweifels*[59] wurde immer mehr bekannt, dass es recht leicht ist, irgendeinen Experten zu finden, der behauptet, dass die Gefahren des Rauchens, des Klimawandels oder eben auch der Corona-Pandemie in Wahrheit gar nicht bestehen. Manche dieser Experten werden von reichen Lobbyisten bezahlt. Manche sind vielleicht einfach nur sehr von sich selbst überzeugt. Wieder andere sind unverrückbar (als Psychiater würde ich sagen: wahnhaft) von irgendetwas überzeugt. Wie auch immer: Solche Experten produzieren nicht nur Lügen, sondern auch viele Tote – und das sollten vor allem sie selbst sich bewusster vor Augen führen. Viele Tote.

Seit Beginn der Pandemie wird viel, und leider auch viel Unsinn, über sie geredet. Darauf hat sogar die Weltgesundheitsorganisation (WHO) seit Februar 2020 immer wieder hingewiesen. Im Fachblatt *The Lancet* schreibt John Zaracostas von der WHO am 29. Februar 2020: »Die WHO führt derzeit die weltweiten Anstrengungen zur Eindämmung der durch Corona-Viren verursachten Krankheit COVID-19 an. Aber eine globale Epidemie von Falschinformationen – die sich rasch über soziale Online-Plattformen und andere Medien verbreiten – stellt mittlerweile ein schwerwiegendes Problem für das öffentliche Gesundheitswesen dar. ›Wir bekämpfen derzeit nicht nur eine Epidemie, sondern auch eine Infodemie‹, sagte der Generaldirektor der WHO, Tedros Adhanom Ghebreyesus, am 15. Februar auf der Münchner Sicherheitskonferenz.«

In dem genannten Artikel wird des Weiteren die Chefin des Infektions-Schadens-Management-Notfall-Programms, Sylvie Briand, als Architektin des WHO-Programms zur Eindämmung der Risiken durch die Infodemie mit den folgenden Worten zitiert: »Wir wissen, dass jeder Ausbruch von einer Art Tsunami von Informationen begleitet wird, und dass es darin immer auch Fehlinformationen, Gerüchte usw. gibt. Das gab es schon im Mittelalter. Aber der Unterschied ist heute, dass soziale Online-Medien dieses Phänomen verstärken. [Fake-News] gehen heute schneller und weiter, wie die Viren, die mit den Menschen reisen. Dies stellt eine neue Herausforderung dar, insbesondere, was das Timing anbelangt. Wir müssen selbst schneller sein [als Fake-News], wenn wir die [Informations-]Lücke füllen wollen ... Worum es beim Ausbruch einer Krankheit wirklich geht, ist, sicherzustellen, dass die Leute das Richtige tun werden, um die Krankheit in den Griff zu bekommen und ihre Folgen abzumildern. Es geht also nicht nur um Informationen, damit die Menschen informiert sind; es geht vielmehr darum, sicherzustellen, dass die Menschen informiert sind, damit sie das Richtige tun, also angemessen auf die Krise reagieren.« Kurz: Falsche Nachrichten können im Bereich der Medizin nicht nur falsch, sondern eben auch tödlich sein.

Verschwörungstheorien

Seit es die Corona-Pandemie gibt, gibt es auch die verschiedensten Verschwörungstheorien[60] zum Virus und zu seiner Verbreitung: Das Virus wurde hergestellt »in einem Hochsicherheitslabor«, von »den Chinesen«, von »Bill Gates«, »der

Pharmaindustrie« oder »dem Großkapital«. Nach manchen Theorien sei es besonders gefährlich und soll uns schaden. Nach anderen Verschwörungstheorien schadet es uns gar nicht, aber die Abwehrmaßnahmen gegen das Virus sollen uns schaden. Beide Theorien schließen sich gegenseitig aus, was jedoch manche Verschwörungstheoretiker nicht daran hindert, an beide zugleich zu glauben.

Man kennt dieses Phänomen sich widersprechender Verschwörungstheorien schon lange: Die einen glauben, dass Prinzessin Diana vom CIA oder von einem anderen Geheimdienst umgebracht wurde, und die anderen glauben, dass Prinzessin Diana in Wahrheit gar nicht gestorben ist, sondern irgendwo auf der Welt in Ruhe lebt. Nicht nur, dass es beide Verschwörungstheorien gibt, verwundert einen, sondern vor allem die Tatsache, dass manche Menschen an *beide* glauben, obwohl sich das logisch widerspricht.[61]

Es gibt sehr viele Verschwörungstheorien. Die Menschen glauben beispielsweise,

- dass die Mondlandung auf der Erde gefilmt und von der NASA als Lüge verbreitet wurde.
- dass die Anschläge des 11. September 2001 von der US-amerikanischen Regierung geplant wurden, um den Krieg im Nahen Osten zu beginnen.
- dass seit der Gründung der USA bis heute die wesentlichen Geschehnisse der Weltgeschichte durch geheime Bünde wie die Freimaurer oder die Illuminaten gesteuert werden.
- dass die Pharmaindustrie wirksame Therapien gegen Volkskrankheiten wie Krebs oder Diabetes unter Verschluss hält, um an den Kranken mehr verdienen zu können.

- dass Gesundheitsindustrie und -politik die Risiken des Impfens systematisch verschweigen.
- dass HIV vom CIA entwickelt wurde, um Homosexuelle und Amerikaner afrikanischer Herkunft auszurotten.

Und es gibt noch viele solcher »Theorien« mehr ...

Man könnte Verschwörungstheorien als Fantasien belächeln und sie nicht weiter beachten, wenn sie nicht gefährlich wären. Impfskeptiker beispielsweise riskieren den Tod ihrer Kinder und anderer Menschen. Eine im Fachblatt *JAMA Internal Medicine* im Mai 2014 von US-amerikanischen Wissenschaftlern publizierte Studie zeigte, dass etwa die Hälfte der befragten 1351 Erwachsenen mindestens eine von sechs einzeln erfragten medizinischen Verschwörungstheorien für wahr hielten.

Zudem zeigte sich: Je mehr jemand Anhänger medizinischer Verschwörungstheorien ist, desto eher neigt er zu Heilkräutern und verzehrt lokale Bioprodukte (dagegen ist nichts einzuwenden) und desto weniger gebraucht er Sonnenschutzmittel oder geht zur Vorsorgeuntersuchung, zum Zahnarzt und zur Grippe-Schutzimpfung (das gefährdet langfristig die Gesundheit). Diese Effekte erweisen sich als robust und bleiben bestehen, selbst wenn man den sozioökonomischen Status (arm oder reich) oder eine allgemeine soziale Entfremdung aus den Daten »herausrechnet«.

Die Autoren der Studie betonen, dass es sich bei den Anhängern von Verschwörungstheorien keineswegs um eine »Randgruppe Verrückter« (wie die Autoren das nennen) handelt, denn dafür sind es einfach viel zu viele. Es handelt sich bei diesen Menschen vielmehr um ganz normale Leute, die aus irgendwelchen Gründen auf »Skeptiker« und

»Bedenkenträger« hereinfallen. Die an der Studie beteiligten Wissenschaftler und Ärzte sagen sehr deutlich, dass man diese Ansichten ernst nehmen muss, weil sie mit Verhaltensweisen einhergehen, die gesundheitsgefährdend sind: »[...] Anhänger von Verschwörungstheorien sind vergleichsweise weniger gewillt, medizinische Ratschläge zu befolgen [...] und neigen eher zu alternativen Heilverfahren«, so die Autoren in ihrer Diskussion.[62]

Interessant ist in diesem Zusammenhang die Überlappung der Gruppe, die den Klimawandel leugnet, und der Gruppe, die die Gefährlichkeit des Coronavirus leugnet. Politisch sind diese Menschen eher rechts einzuordnen, sie wollen nicht, dass sich etwas ändert, und halten daher den Klimawandel und das Coronavirus für nicht so schlimm. Beides sei ja natürlich, und die Natur würde das daher auch schon regeln. Es bestehe also kein Handlungsbedarf, schon gar kein so dramatischer, wie in vielen Staaten – einschließlich Deutschland – während der Corona-Pandemie implementiert wurde. Es wird behauptet, dass das Virus ungefährlich sei, dass niemand *an* ihm sterbe, sondern nur *mit* ihm (und sowieso schon im Sterben lag), und dass es keine zusätzlichen Todesfälle gäbe, sondern nur die übliche, ganz normale Sterblichkeitsrate.

Diese Behauptungen sind faktisch falsch: Die Erkrankung COVID-19 verläuft je nach Studie und Land in 4–12% der Fälle tödlich, was etwa der Letalität der Lungenkrankheit SARS entspricht. An COVID-19 sterben nicht nur alte Menschen und Menschen mit Vorerkrankungen, sondern auch junge Menschen und Menschen ohne Vorerkrankungen. Und es lässt sich in vielen Ländern mittlerweile eine deutliche *zusätzliche*

Sterblichkeit durch das Virus SARS-CoV-2 feststellen (vgl. Kapitel 2): Überfüllte Intensivstationen und Bestattungsinstitute in Italien, Frankreich, Spanien, Großbritannien und den USA zeugen davon, dass es sich bei der Corona-Pandemie nicht um ein Hirngespinst handelt, sondern um brutale tödliche Realität.

Wie oben bereits dargestellt, gilt für sehr unterschiedliche Verschwörungstheorien, dass sie von den gleichen Menschen für wahr gehalten werden. So wundert es nicht, dass diejenigen, die Zweifel an eindeutigen Erkenntnissen zum *Klimawandel* haben oder zumindest in Abrede stellen, dass drastische Mittel angemessen sind, um den Klimawandel zu bekämpfen, Ähnliches auch über die Coronakrise denken. Es ist ja bekannt, dass beispielsweise die AfD den Zusammenhang zwischen menschlicher Wirtschaftsaktivität und Erderwärmung grundsätzlich ablehnt und mittlerweile auch die Corona-Pandemie für übertriebene Angstmache und die Eindämmungsmaßnahmen der Regierung entsprechend für überflüssig hält. FDP-Chef Christian Lindner vertritt ähnliche Positionen. Eine unheilige Allianz rechter Politiker in Brasilien, Ungarn, Polen, Tatschikistan, Großbritannien und den USA auch.

»Coronaleugner« argumentieren wie »Klimaskeptiker«, die Natur werde das schon regeln, der Mensch könne da wenig machen, Herdenimmunität werde sich irgendwann einstellen und die Pandemie beenden und die Menschen würden weniger unter dem Virus als unter den übertriebenen Maßnahmen der Regierungen leiden. Der Übergang von »Skeptikern« zu »Verschwörungstheoretikern« ist dabei fließend. Wenn bei der Coronadiskussion von »den Reichen und Mächtigen da oben« und den »einfachen Leuten ganz unten« gesprochen wird oder von »der Schulmedizin«, sollten bei jedem kritischen Menschen die roten Lampen angehen. Denn es gibt nur »die Medizin«, die weltweit mit den gleichen Diagnosen und Therapien arbeitet, wobei die Unterschiede vor allem durch die Verfügbarkeit von Ressourcen bedingt sind. Die Wissenschaft dahinter ist überall die gleiche. Und die »Schulmedizin« gibt es – darauf sollte jeder einmal achten – immer nur als Schimpfwort, wenn sie nämlich verunglimpft werden soll.

Dass die von Medien und Politik »verbreitete«, »offizielle« Version der Coronagefahr nicht richtig sei, sagen sowohl ganz einfach nur besorgte Bürger bis hin zu den bizarrsten Verschwörungstheoretikern. Das sollte jeder besorgte Bürger bedenken.

Dummheiten und Fake-News

Als Psychiater habe ich mir schon lange angewöhnt, bei vermeintlichen Verschwörungstheorien immer auch die Alternative zu bedenken: dass es nicht um Verschwörung, sondern schlicht und einfach um Dummheit und Unwissenheit geht.

Wenn der US-amerikanische Präsident beispielsweise ohne jeden wissenschaftlichen Nachweis ein Malariamittel zur Behandlung von COVID-19 anpreist, »weil er da ein gutes Bauchgefühl habe«, dann ist das keine Verschwörungstheorie. Und wenn er meint, man solle den Kranken Desinfektionsmittel spritzen, auch nicht. Gefährlich sind solche Äußerungen aus präsidialem Munde dennoch, wie man an Vergiftungen durch das Malariamittel in Afrika und an der Zunahme von Notrufen bei der Giftzentrale im US-Bundesstaat Illinois wegen unsachgemäßen Desinfektionsmittelgebrauchs, jeweils nach den entsprechenden Äußerungen Trumps, sehen kann. In beiden Fällen gab es Tote.

Trump hatte zuvor tatsächlich bei einer Pressekonferenz Wissenschaftler ermuntert, Möglichkeiten zu prüfen, Menschen im Kampf gegen das Virus direkt Desinfektionsmittel zu spritzen. Seine Äußerungen lösten Empörung aus. Einige Behörden sahen sich veranlasst, Bürger öffentlich zu warnen. Tags drauf stellte Trump seine Aussage als »Sarkasmus« dar. Mitarbeiter von Gesundheitsdiensten mussten in den darauffolgenden Tagen immer wieder Warnungen vor dem unsachgemäßen Gebrauch von Desinfektionsmitteln ausgeben, mit denen zum Beispiel gegurgelt wurde, um das Coronavirus abzutöten. Auch dabei kam es zu Todesfällen.

Diese Menschen starben nicht am Coronavirus, sondern an ihrem Unwissen und an den dummen Äußerungen eines Präsidenten, der seinen Narzissmus über die Gesundheit der Bürger seines Landes stellt, dessen Pressesprecherin kurz nach seiner Wahl den Ausdruck »alternative Fakten« erfunden hatte und der selbst zu einer wesentlichen Quelle von Fake-News für sein Land geworden ist.

6.

KÖRPERLICHER ABSTAND, SOZIALE ISOLATION UND EINSAMKEIT

Die Erfahrungen aus Wuhan hatten gezeigt, dass körperlicher Abstand zwischen Personen (am besten zwei Meter) eine sehr gute Maßnahme darstellt, um die Ausbreitung des Coronavirus zu vermindern. Im Englischen sprach man von »social distancing«, was man im Deutschen wörtlich übersetzt übernahm, sodass auch Kanzlerin Merkel in ihrer Rede an die Nation vom 18. März von einzuhaltender »sozialer Distanz« bzw. »sozialer Distanzierung« sprach.

Ich möchte jedoch gleich zu Beginn dieses Kapitels deutlich zum Ausdruck bringen, dass körperliche Distanz *nicht* das Gleiche ist wie soziale Isolation. Insofern sollte diese momentan wichtigste Maßnahme zur Eindämmung der Verbreitung des Virus nicht »social distancing«, sondern »physical distancing« genannt werden. Telefonieren beispielsweise schafft *soziale* Nähe bei gleichzeitiger *körperlicher* Distanz und hat daher während der Corona-Pandemie eine große Bedeutung. (Weil beim Telefonieren deutlich weniger Daten durch das Netz fließen als beim Video-Chat, ist es zudem viel solidarischer, zu telefonieren, denn man blockiert damit das Netz weit weniger als bei Bildtelefonie.)

Auch die Weltgesundheitsorganisation spricht mittlerweile von »körperlicher« und nicht mehr von »sozialer« Distanz, die es einzuhalten gilt. In Singapur sagt man »safe distancing«, und ein Psychologe der Stanford-University nennt es recht treffend »distant socializing«. »›Bleiben Sie zu Hause und wenn Sie rausgehen, bleiben Sie körperlich entfernt voneinander.‹ – So sollte die lebenswichtige Nachricht formuliert werden«, sagte ein Mitglied der Northwestern University, USA. »Aber um in dieser Zeit gesund zu bleiben, müssen die Leute aktiv nach Wegen suchen, um sozial zu bleiben. Das ist etwas anderes als soziale Distanzierung.«[63]

Laut der Nachrichtenagentur AFP unterlag am 2. April mehr als die Hälfte der Weltbevölkerung (3,9 Milliarden Menschen) aufgrund der Corona-Pandemie Kontaktbeschränkungen. In mehr als 90 Ländern waren Ausgangsbeschränkungen oder gar Ausgangssperren oder andere Maßnahmen in Kraft, die den Kontakt zwischen Menschen reduzieren sollten.

Das muss Nebenwirkungen haben. Denn die Vereinsamung durch Quarantäne ist eine reale und ernst zu nehmende Gefahr. Einsamkeit geht mit erhöhtem Stress einher, und wenn der chronisch wird, kommt es zu Bluthochdruck, Diabetes und verminderter Immunabwehr und damit zu mehr Herzinfarkten und Schlaganfällen sowie zu mehr Krebs und – gerade jetzt besonders wichtig – zu einem geschwächten Immunsystem, was Menschen anfälliger für einen kritischen Verlauf der Coronainfektionen macht.[64] Solange es weder wirksame Medikamente noch Impfstoffe gegen SARS-CoV-2 gibt, haben wir nichts anderes als unser eigenes Immunsystem, um dieses Virus abzuwehren. Daher ist es auch sehr vernünftig, dass wir keine Ausgangssperre haben, sondern eine Reihe von Maßnahmen, die auf körperliche Distanz hinauslaufen: fallbezogene Selbstisolation (»Quarantäne«), Verbot öffentlicher Veranstaltungen (z. B. Fußballspiele), Schließung von Kitas und Schulen, Lockdown (wird unterschiedlich definiert und bezeichnet allgemein eine Verminderung vieler wirtschaftlicher Aktivitäten) und die Aufforderung zu körperlichem Abstandhalten von zwei Metern.

Flattening the curve

Regierungen, medizinische Versorger und Wissenschaftler haben sich im Verlauf der Coronakrise vielfach damit befasst, *die Kurve abzuflachen* (das heißt die Zahl der Infizierten zu vermindern), um die medizinischen Versorger nicht zu überfordern (siehe Abb. 6.1). Zu einer Überforderung kam es in manchen Gegenden (Bergamo, Italien; Madrid, Spanien; Elsass, Frankreich; New York, USA), was dazu führte, dass nicht für alle Kranken genügend Intensivbetten und Beatmungsgeräte zur Verfügung standen. Daher sind Menschen gestorben, die möglicherweise hätten gerettet werden können. Da bislang weder ein Medikament noch eine Impfung gegen das Coronavirus existieren, beschränken sich die möglichen Maßnahmen auf nicht pharmakologische Interventionen wie Verbote von Menschenansammlungen, das Tragen von Schutzmasken, Ausgangsbeschränkungen, die Schließung von Bildungseinrichtungen, vielen Geschäften, Büros und Firmen.

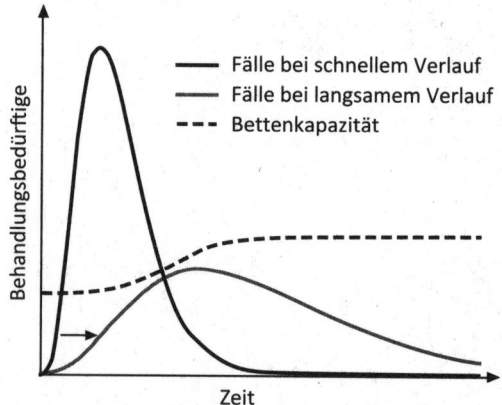

Abb. 6.1: Das Prinzip der Abflachung der Kurve der Zahlen der behandlungsbedürftigen Fälle über die Zeit (»Flattening the curve«). Steigt die Anzahl der Fälle rasch, so übersteigt sie irgendwann die Zahl der zur Verfügung stehenden Intensivbetten bzw. Beatmungsgeräte. Alle Fälle, die zwischen schwarzer und gestrichelter Kurve liegen, können also nicht behandelt werden (und könnten dadurch versterben). Je langsamer die Epidemie verläuft, desto eher bleibt die Anzahl der Fälle immer unter der Kapazität (graue Kurve). Dadurch wird vermieden, dass für behandlungsbedürftige Patienten aus Kapazitätsgründen keine Behandlung erfolgen kann. Der Nachteil ist eine längere Dauer der Epidemie.

Diese Maßnahmen erwiesen sich in vielen Ländern als wirksam, insbesondere in Deutschland, wo sie etwas früher als anderswo erfolgten und den Verlauf der Pandemie deutlich abgemildert haben.

Zugleich führt verordnete soziale Isolation zu mehr Einsamkeit, und die wiederum wird als äußerst unangenehm empfunden. Wie ich an anderer Stelle ausführlich dargelegt habe[65], ist Einsamkeit erstens schmerzhaft, zweitens ansteckend und drittens tödlich. Wie kann das sein?

Einsamkeit schmerzt

Wichtig ist zunächst die Unterscheidung zwischen dem (subjektiven) Erleben von Einsamkeit einerseits und der (objektiven) Tatsache von sozialer Isolation andererseits (Alleinseins). Wer beispielsweise täglich sehr viel beruflichen Umgang mit Menschen hat, der schätzt es sehr, wenn er am Wochenende ganz allein auf der Couch sitzt und die Füße hochlegt. Er leidet dann definitiv nicht unter Einsamkeit. Andere Menschen baden in der Menge und fühlen sich zugleich sehr einsam. Beides, soziale Isolation und Einsamkeit, hängt natürlich zusammen, aber längst nicht so stark, wie man zunächst denken mag.

Seit dem Jahr 2003 wissen wir, dass körperliche Schmerzen und Einsamkeit in ganz ähnlichen bzw. überlappenden Bereichen des Gehirns verarbeitet werden. Dies zog intensive Forschungsbemühungen nach sich, die zu weiteren sehr informativen und auch praktisch bedeutsamen Ergebnissen führten. Zunächst mag man sich darüber sehr wundern: Ist unser Gehirn wirklich so eigenartig gebaut, dass so völlig verschiedene Erlebnisse wie Schmerzen und Einsamkeit im gleichen Bereich der Gehirnrinde verarbeitet werden. Warum sollte das so sein?

Aus evolutionärer Sicht[66] lässt sich sagen, dass Schmerzen nicht dazu da sind, uns zu quälen und zu ärgern; sie haben vielmehr eine ganz wichtige Funktion für das Überleben: Schmerzen sichern unsere körperliche Unversehrtheit. Zum Überleben brauchen in Gruppen lebende Wesen wie wir Menschen jedoch nicht nur einen unversehrten Körper, sondern auch eine funktionierende Gemeinschaft. Wenn vor Zehntausenden von Jahren die Horde ein Mitglied hinauswarf, war dies sein Todesurteil, wie man sich leicht gedanklich ausmalen kann. Zudem vollzieht sich auch der normale Lebensalltag und vor allem die Aufzucht der Nachkommen bei sozialen Lebewesen immer in der Gruppe. Von Eremiten stammen wir nicht ab.

Dass beim Menschen der gleiche Hirnbereich für körperliche *und* soziale Unversehrtheit (Integrität) zuständig ist, verwundert aus dieser Sicht nicht. Denn im Laufe der Evolution entsteht etwas Neues in aller Regel dadurch, dass etwas schon Vorhandenes eine neue Funktion übernimmt. So wurden aus den Armen der Saurier die Flügel der Vögel oder die Flossen der Meeressäuger. Aus den Kieferknochen von Fischen entwickelten sich die Gehörknöchelchen der Landtiere. Und so ist im Laufe der Evolution des Menschen aus einem Areal, das Schmerzen meldet (das also für die körperliche Integrität zuständig ist), ein Areal geworden, das auch Störungen der sozialen Integrität meldet.

Aus klinisch-medizinischer Sicht lässt sich durch den Befund, dass Einsamkeit und Schmerzen von denselben Arealen im Gehirn verarbeitet werden, eine ganze Reihe bekannter Phänomene besser verstehen: Menschen, die unter einer Depression leiden, ziehen sich oft sozial zurück bzw. erleben Einsamkeit – und sie empfinden oft Schmerzen verschiedenster Art. Weiterhin gilt: Wer an chronischen Schmerzen leidet und zu allem Überfluss dann auch noch den Partner verliert, braucht zuweilen eine intensivere Schmerztherapie. Schließlich kennt jeder Arzt Fälle, bei denen man sich wundert, was der Patient oder die Patientin alles – die Krankheit und die Therapie – so gut aushält; es sind meist auch Fälle, bei denen das unmittelbare soziale Netzwerk richtig gut funktioniert: Das Erleben von Gemeinschaft lindert Schmerzen!

Der Volksmund spricht schon lange von »Abschiedsschmerz« und »Trennungsschmerz« und »schmerzender Einsamkeit«. Aber erst seit wenigen Jahren wissen wir, dass in diesen Redewendungen »Schmerz« wörtlich und nicht nur metaphorisch im Sinne von »unangenehm« zu verstehen ist. Wenn dasselbe Gehirnmodul Einsamkeit und Schmerzen meldet, dann muss es zu Überschneidungen kommen. Und deswegen tut Einsamkeit wirklich weh.

Einsamkeit ist ansteckend

Auf den ersten Blick mag es widersprüchlich erscheinen, dass Einsamkeit ansteckend sein soll. Wie kann man von jemandem angesteckt werden, der allein ist? Versteht man unter Einsamkeit jedoch das *Erleben* von sozialer Isolation (und nicht die soziale Isolation selbst, die gar nicht gegeben sein muss), so ist durchaus widerspruchsfrei denkbar, dass sich dieses Erleben durch soziale Interaktion auf andere übertragen kann.

Tatsächlich kennt jeder Menschen, die »einen runterziehen« oder »einen immer zum Lachen bringen«. Die auf Hawaii lebende und arbeitende amerikanische Psychologin Elaine Hatfield[67] hat dieses Phänomen zusammen mit zwei Kollegen bereits vor einem Vierteljahrhundert detailliert beschrieben und Mechanismen seines Zustandekommens diskutiert. Die Autoren definieren emotionale Ansteckung als »die Tendenz, den Ausdruck, die Sprache, Gestik und Mimik einer anderen Person automatisch nachzuahmen und mit der anderen Person zu synchronisieren, um sich ihr emotional anzunähern«.[68]

Es geht hier nicht um willkürliche Nachahmung, sondern eher um eine Art gemeinsamer Improvisation, ähnlich wie Jazzmusiker zusammen *gleichzeitig* improvisieren. Denn nicht anders bringen Menschen einen Dialog hervor. Wenn Menschen miteinander reden, dann senden und empfangen sie nicht Informationen, wie das bekannte Kommunikationsmodell von Claude Shannon (Sender – Kanal – Empfänger) suggeriert[69], sondern sie improvisieren gleichzeitig, wie viele wissenschaftliche Untersuchungen hierzu deutlich gezeigt haben.[70]

Dass Einsamkeit tatsächlich ansteckend ist, zeigte eine sehr clevere Analyse[71] von Daten zu sozialen Netzwerken, die im Rahmen einer der weltweit bekanntesten Studien zur Epidemiologie nicht ansteckender Krankheiten erhoben worden waren, der *Framingham Heart Study*.

Die vor etwa zehn Jahren publizierten Ergebnisse dieser *neuen* Analyse von schon sehr *alten* Daten zeigte erstmals, dass Einsamkeit ansteckend ist. Dabei kann sie sich nicht nur auf den nächsten Freund übertragen, sondern auch auf den Freund des Freundes und sogar auf dessen Freund – also über bis zu drei »Ecken«. Die Ansteckung durch Einsamkeit erwies sich zudem in räumlicher, zeitlicher und sozialer Hinsicht als »dosisabhängig«, d. h., sie erfolgt eher, je näher einem die andere Person ist (räumlich) und je öfter man sich sieht (zeitlich). Zudem zeigte sich, dass die Ansteckung deutlicher war, wenn die Beziehung in beide Richtungen ging, wenn also Teilnehmer A und Teilnehmer B sich wechselseitig als Freund genannt haben (sozial).

Einsamkeit ist tödlich

Schon vor 30 Jahren veröffentlichten die amerikanischen Soziologen James House und Karl Landis von der Universität Michigan und die Soziologin Debra Umberson von der Universität Texas im Fachblatt *Science* erstmals den klaren Zusammenhang zwischen Einsamkeit und Sterblichkeit (Mortalität). Schon damals war lange bekannt, dass einsame Menschen eher zum Selbstmord neigen und dass verheiratete Menschen länger leben als unverheiratete, die damals vergleichsweise häufiger an Tuberkulose und psychischen Krankheiten wie Schizophrenie litten sowie vermehrt Unfälle hatten.

Damals war jedoch unklar, was hier wodurch verursacht ist: Sind kranke Menschen (aufgrund der Krankheit) weniger in der Lage, sich um ihre Verwandten und Bekannten zu kümmern und deswegen einsamer oder macht soziale Isolation oder sogar nur das Gefühl der Einsamkeit krank?

Um dies zu klären, fassten die genannten Wissenschaftler fünf prospektive Studien zusammen, bei denen man nicht in die Vergangenheit schaut, sondern in die Zukunft: Man misst die soziale Isolation und wartet Jahre bzw. Jahrzehnte ab, bis genug Personen verstorben sind, um dann zu prüfen, wer von den Verstorbenen sozial isoliert war und wer nicht. Das Ergebnis aus den fünf Studien mit insgesamt 40.322 Teilnehmern aus den USA, Schweden und Finnland war klar und eindeutig: Wer weitgehend sozial isoliert lebt, hat im Vergleich zu jemandem, der über zahlreiche und gute soziale Kontakte verfügt, ein doppelt bis dreifach erhöhtes Risiko, innerhalb eines bestimmten Zeitraums (beispielsweise nach fünf oder zehn Jahren) zu sterben.

Mittlerweile gibt es weitere ähnliche und sehr gute Studien zu den Zusammenhängen zwischen sozialen Beziehungen (bzw. deren Fehlen) einerseits und der Sterblichkeit der Menschen andererseits. Dennoch blieb das öffentliche Interesse an diesem Sachverhalt bis heute gering. Das lag möglicherweise daran, dass »soziale Bezüge« schwerer zu definieren, zu messen und überhaupt zu fassen sind im Vergleich zu Windpocken, Verkehrsunfällen oder AIDS. Ich halte es daher für sehr verdienstvoll, dass amerikanische Wissenschaftler sich die Arbeit machten, Daten aus nicht weniger als 148 Studien mit insgesamt 308.849 Probanden auszuwerten, die man im Durchschnitt für siebeneinhalb Jahre nachverfolgt hatte.[72] Hierdurch fanden die Autoren eine Erhöhung der Wahrscheinlichkeit des Überlebens um 50 Prozent bei sozialer Integration. Der Effekt der sozialen Isolation erwies sich dabei als statistisch unabhängig von Alter, Geschlecht, Todesursache, der Länge der Beobachtungsperiode oder bestehender Vorerkrankungen. Verglichen mit anderen ebenfalls untersuchten Risikofaktoren für eine erhöhte Mortalität wie Übergewicht, Bluthochdruck, Inaktivität, Feinstaub oder Rauchen war er am größten (Abb. 6.2).

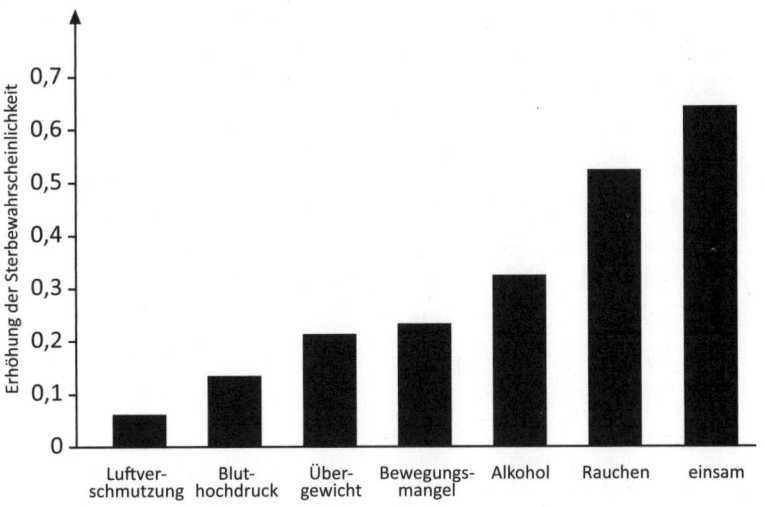

Abb. 6.2: Effekt verschiedener Belastungen und Erkrankungen (bzw. deren Entfallen durch Behandlung) auf die Mortalität (angegeben ist der natürliche Logarithmus des Verhältnisses der Sterbewahrscheinlichkeiten, also beispielsweise ganz links bei andauernder starker Luftverschmutzung versus einem Leben in sauberer Luft). Die Absolutwerte sind schwer zu interpretieren, es kommt in dieser Darstellung jedoch auf den Vergleich zu anderen bekannten Risikofaktoren an. Dieser zeigt die Bedeutung der sozialen Integration für ein langes Leben überdeutlich.[73]

Dieses Ergebnis hatte die Fachwelt aufgerüttelt! Und was tun Wissenschaftler, wenn sie ein solch überraschendes und zugleich wichtiges Ergebnis gefunden haben? Sie fragen sich, ob es wirklich stimmt, und machen alles noch einmal. Und so publizierte die gleiche Erstautorin im Jahr 2015 eine weitere Metaanalyse der wissenschaftlichen Literatur vom Januar 1980 bis zum Februar 2014 zu den Auswirkungen von Einsamkeit und sozialer Isolation bei knapp 3,5 Millionen (!) Menschen – mit gleichem Ergebnis.[74]

Halten wir fest: Sowohl objektiv bestehende soziale Isolation also auch das Erleben von Einsamkeit gehen mit einem erhöhten Sterberisiko einher. Im Vergleich zu den Risikofaktoren Luftverschmutzung, Bewegungsmangel, mangelhafte Ernährung, Übergewicht oder Rauchen und starker Alkoholkonsum sind die negativen Auswirkungen von Einsamkeit und sozialer Isolation auf die Gesundheit und die Lebenserwartung größer. Warum ist das so? Und was bedeutet das für die Auswirkungen des Lockdowns auf uns?

7.

STRESS MACHT KRANK

Im Gegensatz zu Bakterien, Würmern oder anderen Parasiten vermehren sich Viren nicht selbst. Streng genommen »leben« Viren auch gar nicht, sie betreiben keinen Stoffwechsel (wie Bakterien oder Pflanzen) und bewegen sich nicht (wie Tiere). Es sind »tote« Baupläne, die ein Lebewesen mit all seiner metabolischen Maschinerie brauchen, um irgendeinen Effekt zu bewirken. Dieses Lebewesen baut dann mit dem Virusbauplan neue Viren, das heißt, es vermehrt die Zahl der Baupläne (die Pläne selbst hingegen tun nichts). Was auch immer geschieht: wenn ein für Menschen pathogenes Virus einen Menschen infiziert, wird vom Menschen bewerkstelligt. Das Virus liefert nur den Plan; es *ist* nichts anderes als der Plan mit etwas Verpackungsmaterial drumherum. Der Umsetzer, der Virenbauer, ist der Mensch. Daher hängt es auch ganz entscheidend vom Menschen ab, was geschieht, wenn ein Virus ihn befällt.

Ob ein Mensch beispielsweise eine Erkältung bekommt, wenn man Viren, die Schnupfen verursachen, in dessen Nase einbringt, hängt sehr stark von diesem Menschen ab, denn nur etwa bei einem Drittel aller Menschen, die man im Experiment mit Schnupfenviren zu infizieren versucht, entsteht auch tatsächlich eine Infektion der oberen Atemwege (Schnupfen) – bei den anderen zwei Dritteln *nicht*! Wie kann das sein?

Mit dieser Frage hat sich der US-amerikanische Psychologe Sheldon Cohen zusammen mit einigen Kollegen über Jahrzehnte hinweg im Rahmen des *Common-Cold*-Projekts beschäftigt.[75] Sie führten ihre Untersuchungen nicht mit SARS-CoV-2, aber unter anderem auch mit Coronaviren durch, die Erkältungen verursachen (nicht jedoch COVID-19!).

Der Leser wird sich wundern, was Wissenschaftler so alles anstellen, um verlässliches Wissen über die Entstehung von Krankheiten zu erhalten. Cohens neue Forschungsmethode war, dass er freiwillige Probanden zunächst nach ihrem derzeitigen Stress befragte, sie dann mit Erkältungsviren infizierte, um anschließend nachsehen zu können, wer infiziert wurde und auch Symptome entwickelte, und ob das mit dem zuvor erlebten Stress in Zusammenhang stand.

In der ersten von fünf größeren Studien[76], die im renommierten *New England Journal of Medicine* publiziert wurde, verabreichte er insgesamt 394 gesunden Probanden Nasentropfen, die jeweils eines von fünf Erkältungsviren enthielten: Rhinovirus Typ 2, 9 oder 14, respiratorisches Syncytialvirus oder Coronavirus Typ 229E. Weitere 26 Probanden erhielten Nasentropfen, die nur Kochsalz enthielten. Danach wurden alle Teilnehmer in Quarantäne geschickt. Das Auftreten einer Erkältung wurde anhand der Symptomatik und einer zugleich nachgewiesenen Virusinfektion festgestellt. Hierbei wurde eine klare Abhängigkeit sowohl des Auftretens von Atemwegsinfektionen als auch von Erkältungen vom vorher bestehenden Stressniveau gefunden. Mit zunehmendem Grad der psychischen Belastung stiegen die Infektionen von 74% bis 90% aller Probanden an. Klinisch wurde Schnupfen bei 27% bis 47% der Probanden gefunden (vgl. Abb. 7.1).

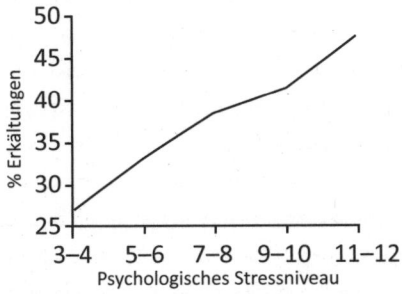

Abb. 7.1: Zunahme der relativen Häufigkeit (in Prozent), eine Erkältung zu bekommen, in Abhängigkeit vom erlebten psychischen Stress.[77]

Diese Effekte wurden nicht durch das Alter, das Geschlecht, das Gewicht, die Ausbildung oder den Allergiestatus der Probanden hervorgerufen und ebenso wenig durch die Jahreszeit, in der die Untersuchungen durchgeführt wurden. Sie waren nicht durch die Anzahl der in einem Haushalt zusammen in Quarantäne untergebrachten Personen und deren Infektionsstatus und auch nicht durch den virusspezifischen Antikörperstatus vor Beginn der Studie beeinflusst. Darüber hinaus war der beobachtete Zusammenhang für alle fünf Virentypen ähnlich, wenn auch die Häufigkeit, mit der ein Schnupfen auftrat, zwischen den Viren unterschiedlich war: von 23,3% bei Rhinoviren Typ 2 bis 61,2% bei Coronaviren.

Mehrere potenzielle Stress-Krankheits-Faktoren, darunter Rauchen, Alkoholkonsum, Bewegung, Diät, Schlafqualität, die Anzahl weißer Blutkörperchen und die Gesamt-Immunglobulin-Konzentration, konnten den Zusammenhang zwischen Stress und Krankheit nicht erklären. Auch Persönlichkeitsvariablen hatten keinen Einfluss. Daraus leiteten die Autoren einen klaren »dosisabhängigen« Einfluss von psychischem Stress auf das Risiko für akute infektiöse Atemwegserkrankungen im Sinne einer Erhöhung ab, wobei das Risiko eher auf erhöhte Infektionsraten als auf eine erhöhte Häufigkeit von Symptomen nach der Infektion bezogen war.

In einer weiteren bekannten und hochrangig publizierten, experimentellen Studie an 276 gesunden Probanden (darunter 151 Frauen) im Alter von 18 bis 55 Jahren wurde untersucht, ob und wie unser Sozialleben die Anfälligkeit gegenüber einem ganz normalen Schnupfen beeinflusst.[78] Hierzu wurden die Teilnehmer zunächst nach ihrem sozialen Netzwerk befragt, wobei zwölf unterschiedliche Typen sozialer Beziehungen einzeln betrachtet wurden: (1.) Partner, (2.) Eltern, (3.) Schwiegereltern, (4.) Kinder, (5.) andere nahe Familienmitglieder, (6.) Nachbarn, (7.) Freunde, (8.) Berufskollegen, (9.) Klassenkameraden, (10.) Kollegen im Bereich freiwilliger/ehrenamtlicher Hilfe, (11.) Mitglieder von Vereinen oder beruflichen Organisationen und (12.) Mitglieder von Religionsgemeinschaften. Sofern man mit einer anderen Person aus einem dieser zwölf Beziehungstypen innerhalb der vergangenen zwei Wochen gesprochen (das heißt persönlichen Kontakt gehabt oder telefoniert) hatte, wurde ein Punkt vergeben, sodass die maximale Anzahl von Punkten, die ein Proband erhalten konnte, bei zwölf lag.

Neben diesem Maß für die Verschiedenheit der Sozialkontakte einer Person (Netzwerk-Diversifikation) wurde auch die Anzahl der Personen je Beziehungstypus erfasst (zum Beispiel zwei Elternteile, drei Kinder, ein Nachbar und fünf Freunde) und damit die Größe des sozialen Netzwerks einer Person. Dann wurde jeder Proband für eine Woche in Quarantäne geschickt und nach einem weiteren Tag Beobachtungszeit, dem Ausschluss einer bestehenden Erkältung sowie weiteren medizinisch-diagnostischen Prozeduren mit einem Erkältungsvirus (einem von zwei unterschiedlichen Typen Viren) in Form von Nasentropfen infiziert. Man steckte also jeden Teilnehmer mit einem Erkältungsvirus an, weswegen jeder Teilnehmer auch 800 US-Dollar (!) für die Teilnahme erhielt. Das macht 220.800 US-Dollar Probandengelder! Nach einer kurzen Wartezeit wurden Erkältungssymptome objektiv erfasst, zudem wurden die Probanden nach subjektiv erlebten Symptomen der Krankheit befragt.

Es zeigte sich dabei ein klarer Zusammenhang zwischen der Diversifikation der sozialen Kontakte einer Person und der Wahrscheinlichkeit, eine Erkältung zu bekommen (siehe Abb. 7.2). Die Anzahl der Personen im sozialen Netzwerk hatte demgegenüber keine entsprechende Auswirkung. Auch weitere Kontrollvariablen konnten die Auswirkungen der sozialen Beziehungen auf das Auftreten einer Erkältung nicht oder nur zu einem sehr kleinen Teil erklären – im Gegenteil: Der Zusammenhang zwischen sozialem Netzwerk und Erkältung wurde nach der Einbeziehung der Kontrollvariablen eher noch größer.

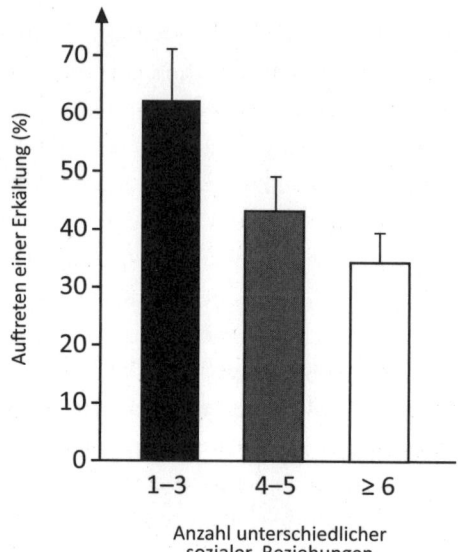

Abb. 7.2: Die Häufigkeit des Auftretens einer Erkältung nach einer Infektion durch Verbringen von Erkältungsviren auf die Nasenschleimhaut von Probanden in Abhängigkeit von deren sozialem Netzwerk (Mittelwerte und Standardfehler). Der Effekt der Diversifikation des sozialen Netzwerks – in der Abbildung gruppiert nach der Anzahl der unterschiedlichen sozialen Beziehungen in »niedrig« (1–3), »mittel« (4–5) und »hoch« (≥ 6) – war statistisch bedeutsam.[79]

Es könnte nun sein, dass der hier beschriebene Effekt eine ganz einfache Erklärung hat: Wer viele unterschiedliche Sozialkontakte hat, ist vielleicht auch mit größerer Wahrscheinlichkeit schon früher mit dem Erkältungsvirus in Kontakt gekommen und könnte genau deswegen eine höhere Immunität besitzen. Für diese Vermutung könnte auch die Tatsache sprechen, dass der Persönlichkeitsfaktor Extraversion den gleichen Effekt hatte: Je extravertierter ein Proband war, desto niedriger war seine Wahrscheinlichkeit, eine Erkältung zu bekommen. Allerdings hingen beide Variablen zusammen (extravertierte Menschen haben diversifiziertere Sozialkontakte), aber der Persönlichkeitsfaktor Extraversion erklärte in entsprechenden statistischen Analysen den Zusammenhang zwischen der Netzwerk-Diversifikation und dem Auftreten einer Erkältung nicht. Das spricht insgesamt *gegen* die Erklärung des Zusammenhangs als Ausdruck einer bereits vorliegenden Immunität.

Völlig ausschließen konnte man diese Erklärung dadurch, dass man bei allen Probanden vor Beginn der Studie den Serostatus untersuchte, das heißt, in deren Blut nach Antikörpern gegenüber dem verabreichten Virus suchte. Hierbei ergaben sich keine Unterschiede im Verteilungsmuster des Erkrankens seropositiver und seronegativer Probanden auf die in Abb. 7.2. dargestellten drei Gruppen. Auch der Typ des Virus hatte keinen Einfluss.

Die Bedeutung dieses Befundes für die Interpretation der Ergebnisse wird von den Autoren klar hervorgehoben: »Von besonderem Interesse für die Interpretation unserer Daten ist, dass die Netzwerk-Diversität und die Infektionsraten mit der Erkältung gleich für beide Virus-Typen und für die (vor der Infektion gemessenen) sero-positiven und sero-negativen Probanden sind.«[80] Die Unterschiede zwischen den Gruppen lagen also nicht an einer unterschiedlichen vorher bestehenden Immunität, das heißt daran, dass einsame Menschen weniger Kontakt mit anderen hatten und daher in geringerem Maße immunisiert waren. Vielmehr zeigen diese Ergebnisse, dass die Kausalität von der geringen Anzahl sozialer Verbindungen zur vermehrten Anfälligkeit für Infektionen führte.

Man hatte zu Beginn des Experiments auch die Konzentrationen von Adrenalin und Noradrenalin im Blut der Probanden gemessen. Teilte man die Gesamtgruppe in diejenigen mit überdurchschnittlichen und diejenigen mit unterdurchschnittlichen Werten ein, ergab sich bei beiden Stresshormonen, dass bei Personen mit überdurchschnittlichen Konzentrationen das Risiko eines Schnupfens höher lag. Dieses Ergebnis spricht sehr für die Interpretation der Befunde dahingehend, dass Stress eine Verminderung der Immunabwehr zur Folge hat. Da man zudem bei 99% der Probanden eine Infektion tatsächlich nachgewiesen hatte (nicht alle Infizierten zeigten jedoch Symptome einer Erkältung), bleibt kaum eine andere Erklärung (vor allem für die Gruppe der – im Hinblick auf das zur Infektion verwendete Virus – seronegativen Probanden) übrig als die, dass ein breiter gefächertes soziales Netz das Risiko vermindert, einen Schnupfen oder andere Infektionskrankheiten zu bekommen. Ganz konkret war das relative Risiko, einen Schnupfen zu bekommen, in der Gruppe mit weniger als drei sozialen Bezügen 4,2-fach größer als in der Gruppe mit sechs oder mehr sozialen Bezügen.

Das Alter, das Geschlecht, die Jahreszeit (Frühjahr oder Herbst), das Körpergewicht (Body-Mass-Index, BMI) und der Bildungsgrad der Teilnehmer hatten wie in der ersten Studie keinen Einfluss auf die Erkältungssymptome. Und obwohl Rauchen, schlechter Schlaf, Alkoholkonsum, geringe Vitamin-C-Einnahme mit der Nahrung und Introvertiertheit mit einer erhöhten Anfälligkeit für eine Erkältung einhergingen, konnten diese Faktoren allein den Zusammenhang zwischen dem breiter gefächerten sozialen Netz und dem verminderten Risiko, einen Schnupfen zu bekommen, nicht erklären.

Auch drei weitere Studien zeigten, dass ein Virus für sich allein keine ausreichende Ursache für eine Infektion der oberen Atemwege ist. Chronischer Stress – insbesondere länger als einen Monat anhaltende Beziehungsprobleme (Trennung, Scheidung) oder Probleme am Arbeitsplatz (geringe Beschäftigung oder Arbeitslosigkeit) – erhöht jedoch das Infektionsrisiko deutlich (siehe Abb. 7.3).

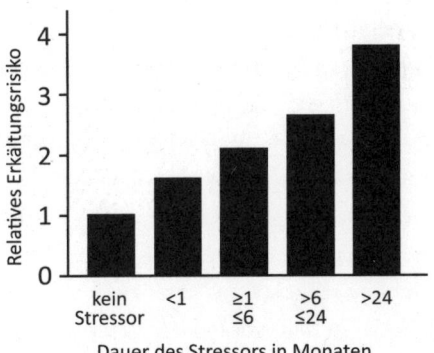

Abb. 7.3: Einfluss der Dauer des Stressors (Probleme in der Partnerbeziehung oder im Hinblick auf die Arbeit) in Monaten auf das relative Risiko einer Erkältung im Vergleich zu keinem Stressor (dessen relatives Risiko mit 1 gleichgesetzt ist). Man sieht deutlich die Dosisabhängigkeit des Effekts (Erkältung nach Infektion mit einem Virus) von der Dauer des Stressors.[81]

Die Annahme, dass das Virus die Hauptursache für eine Erkältung ist, und psychosoziale Faktoren lediglich die Auswirkungen des Erregers geringfügig beeinflussen, wird also durch diese Untersuchungsergebnisse widerlegt. Zwar gibt es keinen Schnupfen ohne Virus, aber es gibt auch weniger Schnupfen ohne Stress, das heißt ohne eine Verminderung der Abwehrkräfte. Es geht hier nicht um vage oder gar metaphorische Zusammenhänge, sondern vielmehr um reale Wahrscheinlichkeiten, mit denen biologisch nachvollziehbare Sachverhalte beschrieben werden.

Im Lichte dieser und weiterer Erkenntnisse kommentierte die Präsidentin der US-amerikanischen Psychologischen Gesellschaft (American Psychological Society, APS) die Coronakrise im Mai-Juni-Heft des Verbandsorgans *APS Observer* (2020) wie folgt:

»Wenn psychologische Faktoren ursächlich zu Atemwegserkrankungen beitragen, dann könnte wissenschaftliche Forschung zu diesen Faktoren direkt für Ärzte, Epidemiologen und Virologen an der Front der COVID-19-Pandemie bedeutsam sein. Diese Forschung könnte tatsächlich genauso wichtig sein wie die stärker biologisch ausgerichtete Forschung, die heutzutage die Titelseiten der großen Zeitungen füllt. Die Zementierung einer gar nicht existierenden Grenze zwischen Körper und Geist, Leib und Seele, in den Köpfen der Leute schwächt unser Verständnis von Krankheit, und so ist es tragisch (und offen gestanden ärgerlich), dass die Entscheidungsträger in diesem sich entfaltenden Drama und die Medien, die darüber berichten, einen blinden Fleck für Forschung haben, die diese Grenze auflöst.«[82]

Halten wir fest: Psychologische Faktoren spielen bei Infektionskrankheiten eine große Rolle. Zwar wissen wir noch nicht, ob Befunde aus dem Common-Cold-Project auf eine Atemwegsinfektion durch das SARS-CoV-2 übertragen werden können. Aber ein Teil der Experimente wurde mit Coronaviren gemacht, die Atemwegserkrankungen verursachen. Zwar wurde nicht mit dem Virus SARS-CoV-2 experimentiert, denn es gab dieses Virus vor 20 bis 30 Jahren noch nicht. Zudem hätte man diese Experimente wegen der Gefährlichkeit der von ihm verursachten Krankheit COVID-19 auch nicht gemacht. Dennoch sind die Ergebnisse von Cohen und seinen Mitarbeitern sowohl für die Corona-Pandemie als auch für die Maßnahmen zu deren Eindämmung von großer Bedeutung. Denn sie betreffen nicht in erster Linie das Virus, sondern uns Menschen! Chronischer Stress macht uns anfälliger für die unterschiedlichsten Viren, und es ist sehr unwahrscheinlich, dass diese Tatsache über *uns* für Infektionen mit dem neuen Coronavirus SARS-CoV-2 nicht zutreffen.

Dies gilt auch für Forschungsergebnisse, die darauf hindeuten, dass chronischer Stress die Wirksamkeit von Impfstoffen zur Bekämpfung von Infektionen beeinträchtigen kann.[83] Ganz grundsätzlich produziert bei einer aktiven Impfung das Immunsystem des Körpers Antikörper gegen einen neuen Virusstamm. Man erreicht dies durch die Verabreichung abgeschwächter bzw. veränderter Viren des neuen Stamms. Der Körper produziert dann gegen diese viralen »Antigene« Antikörper, was natürlich ein funktionierendes Immunsystem voraussetzt. Ist es geschwächt, ist die Impfreaktion beeinträchtigt, wie große Metaanalysen von Reviews gezeigt haben.[84]

Leider sind die Zusammenhänge zwischen Immunsystem und psychischem Stress trotz intensiver Studien noch nicht völlig geklärt. Aber wir wissen, dass *soziale Integration* (Familie, Freunde, Arbeitskollegen, Nachbarn, Vereinskameraden, Religionsgemeinschaft) und *soziale Unterstützung* (das heißt durch Menschen, die man kennt und die einem in Schwierigkeiten auch tatsächlich helfen) die Gesundheit und die Widerstandskraft gegenüber Infektionen stärken, wohingegen soziale Isolation und das Erleben von Einsamkeit das Gegenteil bewirken.

Nach allem, was wir aus sehr vielen Untersuchungen wissen, sind Menschen in der frühen Kindheit und während der Zeit der Adoleszenz in besonderer Weise durch psychischen Stress gefährdet. So führt Armut unter anderem zu einer stärkeren Reaktion auf Stress beim Kind, die bis in dessen Erwachsenenalter anhalten kann (hierzu mehr in Kapitel 9).

Das Ausmaß der Kontrolle, die Menschen über ihr Leben haben, wirkt sich also auf ihre Gesundheit und die ihrer Kinder aus. Sein Leben im Griff zu haben, zumindest »gefühlt«, ist gesund. Beständige Existenzangst – auch im Rahmen von Epidemien – macht dagegen krank.

8.

EPIDEMIEN
VERURSACHEN
STRESS

Wenn sich Paare bei der Hochzeit gegenseitig versprechen, »in guten wie in schlechten Zeiten« zusammenzubleiben, dann denken sie – wenn sie überhaupt darüber nachdenken, was mit »schlechten Zeiten« gemeint ist – wahrscheinlich eher nicht daran, was das Auftreten einer Epidemie für ihre Beziehung bedeuten könnte. Sie sind damit nicht allein, denn auch die Wissenschaft hat diese Frage bis heute nicht untersucht, wie eine entsprechende Literaturrecherche zeigte. Die Auswirkungen anderer, ähnlicher Stressfaktoren wie beispielsweise Naturkatastrophen oder Terrorakte waren jedoch bereits Gegenstand der wissenschaftlichen Forschung, sodass man zumindest Anhaltspunkte hat, um Vermutungen zu äußern. Bei der großen Mehrheit dieser wissenschaftlichen Untersuchungen zu den Auswirkungen von Stress nach Katastrophen oder Terrorakten wurden Variablen untersucht, die sich auf das Individuum beziehen: So zeigte sich, dass beispielsweise Depressionen und posttraumatische Belastungsstörungen (PTBS) nach Katastrophen vermehrt vorkommen, vor allem im ersten Jahr nach der Katastrophe.[85] Noch längerfristiger auftretende Folgen können chronische Verstimmungen wie Dysthymie (»Missmut«) oder »Burn-out«, Alkoholismus (oder andere Formen der Sucht) sowie vielerlei Entwicklungsstörungen im Kindes- und Jugendalter sein. All diese krankhaften Phänomene bei Einzelpersonen wurden und werden im Zusammenhang mit Stress diskutiert.

Wie sich soziale Isolation anfühlt und wie stark sie unser Leben als Gemeinschaftswesen treffen kann, zeigt die Schilderung der allein in ihrem Haus lebenden Amerikanerin Gloria Jackson aus Minnesota. Jedes Wort beschreibt ihre Gedanken und Gefühle in der Krise mit der vollen Wucht einer sehr kraftvollen und zugleich durch ihre Lebenssituation schwer verstörten Frau:

»*Ein Tag kann sich ewig hinziehen, wenn man vollkommen allein und isoliert ist. Ich schlafe, solange ich kann. Ich versuche, nicht auf die Uhr zu schauen. Ich gehe auf Facebook und lese darüber, wie dieses Land auf vielfache Weise zur Hölle fährt. Ich schalte den Fernseher ein, um ein bisschen Gerede zu hören. Fast sieben Wochen ist es her, dass ich Zeit mit einer wirklichen, lebendigen Person verbracht habe. Ich habe in dieser Zeit niemanden berührt oder auch nur angesehen, und ich fange an, leichtsinnig zu werden.*

Ich bin 75 Jahre alt. Mit meinem Asthma, meiner Fibromyalgie und meiner Autoimmunerkrankung bin ich mehr als genug be-

schäftigt. Für mich besteht der beste Weg zu überleben darin, in meinem Haus zu sitzen, egal wie viele Wochen oder Monate es dauern wird. [...] Ich weiß, dass die mir noch verbleibende Zeit eigentlich kostbar sein sollte; aber gerade probiere ich jeden Trick aus, den ich kenne, um Zeit zu verschwenden. Negative Gedanken schleichen sich so ein, ich werde mürrisch. Für meine Wutanfälle und depressiven Phasen könnte ich mich ohrfeigen. Aber anderen Menschen geht es ja noch viel schlechter. Klar doch!

Ich bitte Gott um Vergebung dafür, dass ich so empfinde, aber er hat mich schließlich zu dem gemacht, was ich bin. Mit Religion bin ich fertig. Früher war ich eine Optimistin, aber jetzt nicht mehr.

Ich war noch nie so wütend, und das ist ein sehr hässliches Gefühl. [...] Facebook zieht mich runter, und von einem Beitrag zum nächsten, noch verrückteren Beitrag herunterscrollend, schreie ich meinen Computer an. [Vizepräsident] Mike Pence war gerade hier in Minnesota und besuchte Patienten in der Mayo-Klinik – ohne eine Maske zu tragen. »Wirklich? Wie arrogant kann man eigentlich sein?« Ein anderer postet Bilder von Menschen, die sich am kalifornischen Strand wie Ölsardinen drängeln. »Ihr Idioten! Kümmert ihr euch wirklich nur noch um euch selbst?« Unser Präsident empfiehlt, sich Desinfektions- oder Bleichmittel zu injizieren. »Nein danke, aber fangen Sie doch bitte selber an, sich zu vergiften.« Ärzte müssen Müllsäcke tragen, weil sie keine Kittel mehr haben. Noch immer haben wir nicht genügend Tests. Die meisten Toten sind über 70 und haben Vorerkrankungen. »Das beruhigt mich jetzt aber sehr! Wen interessiert das überhaupt noch?« Irgendein Börsenmakler meint, dass die älteren Menschen aus Angst dieses Land bei der Wiedereröffnung behindern, wo es doch ihre patriotische Pflicht sei, ihr

Leben für die Wirtschaft zu opfern. »Entschuldigen Sie, dass ich Ihrem Finanzportfolio Schaden zufüge. Entschuldigen Sie, dass ich noch atme.«

Das macht mich wütend. Ich habe mein Leben lang für die Regierung gearbeitet und mich um Kriegsveteranen gekümmert. Ich habe meine Kinder allein erzogen, meine Ex-Männer auch. Für die Rechte von Frauen habe ich auf den Straßen protestiert. Ich bezahle Steuern, und die Flagge weht vor meinem Haus, weil ich eine Patriotin bin, ganz gleich wie tief Amerika noch fällt. Bin ich für dieses Land in den Augen der anderen nur noch eine Last? Bin ich entbehrlich? Störe ich die anderen nur noch?

Dieses Land ist mittlerweile völlig anders als das, in das ich eingewandert bin. [...] In meiner Jugend war Amerika in allem führend. [...] Wir bauten mitten im kalten Winter eine 2000 Kilometer lange Autobahn durch die Rocky Mountains. Wir taten, was wir wollten, nur um zu zeigen, dass wir das können. So zumindest fühlte es sich damals an. Ein Jahr, nachdem ich mit 18 den Schulabschluss geschafft hatte, verdiente ich schon mehr als meine Eltern. So ging das damals – aufwärts, aufwärts, aufwärts.

Und jetzt? Wir sind gemein. Wir sind egoistisch. Wir sind dickköpfig und zuweilen sogar inkompetent. Das ist das Gesicht, das wir der Welt von uns zeigen. Es scheint fast, als hätten andere Länder Mitleid mit uns. Neuseeland und Südkorea haben das Virus nach einigen Wochen besiegt. Wir hatten erst Tausende und haben mittlerweile Zehntausende von Toten – da sind wir offenbar jetzt führend in der Welt. [...]

Hier gibt es keine Führung und keine Solidarität, jeder macht, was er will, und kämpft für sich selbst. Das bedeutet, dass die Schwachen am meisten verlieren: Minderheiten, Arme, Kranke,

Einwanderer, Ältere. Wir sind diejenigen, die sich von dem Virus nie erholen und sterben werden. Das ist die Wahrheit über unser Land. Ich hätte es eigentlich schon früher wissen müssen.
Ich mag mich nicht so fühlen.«[86]

Versteht man den Menschen ganz grundsätzlich als Gemeinschaftswesen, der ohne die Gemeinschaft – ähnlich wie andere Gemeinschaftswesen (betrachten wir eine einzelne Ameise oder Biene!) – nicht lebensfähig ist, dann wird der Blick frei für die Auswirkungen von Stress direkt auf das Miteinander und damit auf die Kommunikation zwischen (mindestens zwei) Menschen. Und das wiederum *ist* untersucht.

In funktionierenden Paarbeziehungen akzeptieren sich die Partner gegenseitig, haben füreinander Verständnis und erleben sich gegenseitig als verständnisvoll, unterstützend und um den anderen bemüht. Stress von außen – beispielsweise bei der Arbeit, durch Arbeitslosigkeit oder wirtschaftliche Schwierigkeiten – kann es dem Partner erschweren, auf die Bedürfnisse des anderen einzugehen. Denn in solchen Situationen des externen Stresses ändert sich bei vielen Menschen das Verhalten bei der Kommunikation: Sie neigen zu vermehrter Kritik bzw. zu übertriebenem, rechtfertigendem Argumentieren. Wenn dann noch wechselseitige Schuldzuweisungen hinzukommen oder die Sorgen des anderen nicht ernst genommen werden, leidet die Paarbeziehung, und die Unzufriedenheit mit ihr nimmt zu.[87] So wundert es nicht, dass die Scheidungsraten nach Wirtschaftskrisen, Kriegen oder Naturkatastrophen aufgrund der damit verbundenen wirtschaftlichen Verluste, die nahezu jeden betreffen, ansteigen – wie man schon seit längerer Zeit weiß.[88]

Das muss nicht so sein. Wenn Paare gut kommunizieren und sich so zueinander verhalten, wie es für langfristig erfolgreiche Paare typisch ist, dann überhören sie gelegentliche Kritik einfach, vergeben ein verletzendes Wort oder eine entsprechende Tat und nehmen, wenn es darauf ankommt, rasch die Perspektive des Partners ein. Wenn man erst einmal die Welt mit dessen Augen betrachtet, treten Schuldzuweisungen, Feindseligkeit oder gar Verachtung erst gar nicht auf. Wenn man die negativen Verhaltensweisen vermeidet, ist das schon die halbe Miete. Die andere Hälfte sind positive Erlebnisse, das heißt gemeinsame stressfreie Aktivitäten wie zum Beispiel gemeinsam kochen, essen, ein Projekt durchführen, sich mit Freunden treffen oder – auch das kann hier klar gesagt werden – gemeinsamer Sex.[89]

Und was bedeutet das für den Einfluss von Epidemien auf Paarbeziehungen?

Zunächst einmal zeigten Befunde, dass die Art des Stressors durchaus einen Einfluss auf dessen Effekt auf die Paarbeziehung hat, wie Daten zu Scheidungs-, Heirats- und Geburtenraten belegen. Nach dem Hurrikan Hugo zum Beispiel stiegen die Scheidungs-, Heirats- und Geburtenraten im folgenden Jahr in den am stärksten vom Hurrikan betroffenen Gebieten im Vergleich zu den nicht betroffenen Gebieten an.[90] Im Gegensatz dazu gingen die Scheidungsraten nach dem Bombenanschlag in Oklahoma City im Jahr 1995 und nach den Terroranschlägen vom 11. September 2001 zurück.[91] Der Grund dafür liegt möglicherweise in der unterschiedlichen Art, wie diese Katastrophen auf uns wirken: Die Terroranschläge waren mit erheblichen Verlusten an Menschenleben sowie mit Unsicherheit und Angst vor künftigen Anschlägen verbunden. Angesichts solcher Bedrohungen suchen Menschen physische Nähe, Sicherheit und auch

Trost bei nahestehenden Menschen. Dies könnte erklären, warum sich Paare nach den Terroranschlägen einander zuwandten und sich weniger häufig scheiden ließen. Der Hurrikan Hugo in der Karibik und dem südöstlichen Teil der USA vom September 1989 gilt als eine der verheerendsten Naturkatastrophen in der Geschichte der Vereinigten Staaten. Dennoch hatte er nur eine vergleichbar kleine Zahl von Todesopfern zur Folge, wobei die Angaben nach unterschiedlichen Quellen von 49 über 56 bis 76 schwanken. Aber mit über zehn Milliarden US-Dollar Schäden und Zehntausenden zerstörter Häuser und Wohnungen erforderte er einen langen Wiederaufbau, was eine chronische Belastung für Ehen und Familien bedeutete. In dem Jahr nach Hugo kam es zu einem Anstieg der Eheschließungen (Bedürfnis nach Nähe und Trost) *und* der Scheidungsraten (chronischer Stress) in den vom Wirbelsturm betroffenen Gebieten.

Epidemien sind zunächst einmal eine Form von externem Stress für Paare und Familien. Die Bedrohung kann dabei ganz unterschiedlich sein, entweder eher »abstrakt« in dem Sinn, dass man sich beim Nachdenken über mögliche Auswirkungen der Epidemie auf einen selbst ängstigt, oder ganz konkret, wenn man selbst erkrankt, arbeitslos wird oder finanzielle Verluste erleidet. Wie sich Epidemien oder gar Pandemien auf Paarbeziehungen auswirken, lässt sich daher nicht verallgemeinernd sagen. Es dürfte vielmehr stark von den spezifischen Kontextbedingungen abhängen.

Interessanterweise weist die nun aktuelle Pandemie mit SARS-CoV-2 sowohl Merkmale von Naturkatastrophen auf (langer Zeitraum, das heißt chronische Belastung, Lockdown mit Wirtschaftskrise und Arbeitslosigkeit) als auch Merkmale von Terroranschlägen (Tausende von Todesfällen in vielen Ländern, chronische Unsicherheit und Angst). Das eine geht mit einer Zunahme von Scheidungen einher, das andere mit einem Rückgang. Was in einem bestimmten Land (und aus welchem Grund) jeweils überwiegen wird, wird wahrscheinlich noch Generationen von Sozialwissenschaftlern beschäftigen.

Für den Einzelfall lässt sich aus alldem jedoch ableiten, dass Paare, die in der Lage sind, während der Coronakrise eine gute Kommunikation aufrechtzuerhalten und sich gegenseitig zu unterstützen und aufeinander einzugehen, wahrscheinlich zusammenbleiben werden und sich möglicherweise hinterher mehr verbunden fühlen als zuvor, weil sie »den Sturm« überstanden haben. Bei Paaren mit vorbestehenden Kommunikationsschwierigkeiten und geringem Vermögen der gegenseitigen Unterstützung könnte die Krise jedoch zum Tropfen werden, der das Fass überlaufen lässt, bzw. zum Stein, der die Trennung ins Rollen bringt.

Hinzu kommt leider, dass einkommensschwache Paare ein generell höheres Risiko für Eheprobleme und tatsächlich höhere Scheidungsraten aufweisen[92], da ihr Stressniveau durch ökonomische Härten höher liegt.

Wie bekannt, sind soziale Distanzierung und das Verbleiben zu Hause der Schlüssel zur Verringerung der Übertragung der Krankheit COVID-19. Diese Maßnahmen, die ja prinzipiell zum Schutz der Gesundheit der Bevölkerung getroffen werden und wurden, haben leider zugleich negative Auswirkungen auf die Volksgesundheit. Denn erstens führt soziale Isolation zum Erleben von Einsamkeit, was für sich genommen bereits nachgewiesenermaßen Stress auslöst (indem sie die Konzentration von Stresshormonen im Blut ansteigen lässt[93]) und das Immunsystem schwächt. Zweitens bedeuten Lockdown, Isolation und Ausgangssperren eine deutliche zusätzliche psychische Belastung für Paare und Familien. Die wirtschaftlichen Folgen der Pandemie (bzw. unserer Reaktion auf sie) – Arbeitslosigkeit, Unsicherheit, Armut – wirken ebenfalls in die gleiche Richtung, das heißt, sie schwächen das Immunsystem nachweislich. Nun ist es aber genau dieses Immunsystem, das uns vor der Krankheit schützt (siehe Abb. 8.1). Je länger die Maßnahmen und Beeinträchtigungen dauern, desto größer sind ihre Auswirkungen. Wir befinden uns damit gerade dadurch, dass wir alles richtig gemacht haben, in einer sehr schwierigen Situation: Unsere Maßnahmen schützen uns vor der Krankheit und schwächen zugleich unseren natürlichen Schutz vor der Krankheit.

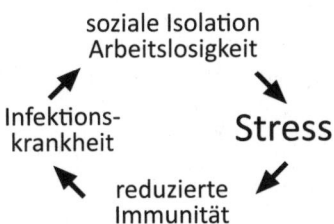

Abb. 8.1: Der Teufelskreis der Epidemie ohne Therapie: Die Ausbreitung des Erregers kann nur mit Distanzierung gebremst werden. Dies führt zu Einsamkeit und Stress, und dieser wiederum beeinträchtigt unsere Immunabwehr.

So betrachtet erweist sich auch die »Lockerung« des Lockdowns als Balanceakt: Wenn es gut läuft, haben wir genug Distanz gegen die Ausbreitung und genug Nähe für unser Immunsystem. Wenn es schlecht läuft, treffen mehr Erreger auf eine schwächere Abwehr, und die »zweite Welle« wird zur Katastrophe.

Damit es nicht so kommt, ist ein gutes und genaues Verständnis unserer Psychologie mindestens genauso wichtig wie ein Verständnis von Virologie. Psychologische Betreuung – Abbau von Stress, Verringerung der Einsamkeit und allgemein die Bewältigung der emotionalen Erfahrungen – kann wie das Abstandhalten und Maskentragen dazu beitragen, die Kurve abzuflachen.

Viele Menschen, darunter auch viele Wissenschaftler, klammern sich an den Glauben an einen biologischen Determinismus sowie einfache, einheitliche Ursachen: Das Virus SARS-CoV-2 ist die Ursache der Krankheit COVID-19. Alle anderen Faktoren (psychologische, soziale, wirtschaftliche) sind »weich« und wirken allenfalls modulierend. Diese Sicht der Dinge ist *faktisch falsch*, denn Menschen sterben schneller an einer Infektion, wenn sie unter Bedingungen leben, die chronischen Stress und andere psychologische Ursachen begünstigen, die eine Infektion wahrscheinlicher machen.

9.

CORONA UND KINDER

Wenn es um Kinder und Corona geht, dreht sich die Diskussion hauptsächlich um zweierlei Fragenkomplexe: 1. Was macht das neue Coronavirus mit Kindern? 2. Was macht die Corona-Pandemie mit Kindern? Die erste Frage ist gegenwärtig noch offen, zur zweiten kann man hingegen schon einiges sagen. Beide Fragen sind wichtig für die Beurteilung sowohl der Effektivität der Schließung von Kindertagesstätten oder Schulen als auch der möglichen Schäden, die genau dadurch angerichtet werden können.

Was macht das Coronavirus mit Kindern?

Krankheitserreger treffen nicht alle Menschen in gleichem Maße. Kinder haben täglich mit etwa dreimal mehr Menschen Kontakt als Erwachsene; das bekommen alle Eltern kleiner Kinder zu spüren, denn die Kinder wirken für Schnupfen- und

Grippeviren wie Antennen, ziehen diese von allen möglichen Personen an und bringen sie mit nach Hause. Der Verlauf vieler Infektionskrankheiten ist jedoch bei Kindern oft nicht so schwer wie bei Erwachsenen. Ältere Menschen haben dagegen häufig recht wenig Kontakt zu anderen Menschen, dafür jedoch ein schwächeres Immunsystem. Sie stecken sich deswegen seltener an, wenn aber doch, nimmt die Krankheit nicht selten einen schweren oder gar lebensbedrohlichen Verlauf. Wenn man das weiß, kann man beispielsweise nachvollziehen, warum vor gut hundert Jahren vor allem Kinder unter fünf Jahren sowie ältere Menschen mit der hochansteckenden und gefährlichen Spanischen Grippe infiziert waren. Unklar bleibt dagegen, warum diese Erkrankung auch bei Menschen im Alter zwischen 20 und 40 Jahren damals gehäuft auftrat.

Im Hinblick auf das Virus SARS-CoV-2 legten schon die aus China vorliegenden Daten nahe, dass das Virus Kindern weniger zusetzt als Erwachsenen. Unklar ist jedoch noch immer, ob sich Kinder tatsächlich seltener infizieren oder ob sie sich genauso häufig infizieren, aber viel seltener oder gar nicht erkranken. Um genau diese Fragen zu klären, laufen derzeit mehrere Studien weltweit. Was man bereits weiß, wird im Folgenden kurz zusammengefasst.

In einer großen isländischen Studie[94] wurden im März 2020 6% der Gesamtbevölkerung des Landes auf das Virus SARS-CoV-2 getestet. Dabei handelte es sich sowohl um 9.199 Personen mit Symptomen oder mit Kontakten zu Symptomträgern oder nach der Heimreise aus Risikogebieten (also um *gezielt* getestete *Hochrisikopersonen*) als auch um 13.080 gesunde *Normalpersonen*, die entweder durch *Einladung* (10.797) oder durch *Zufallsauswahl* (2.283) für den Test rekrutiert wurden.

Bei den gezielt getesteten Risikopersonen waren 13,7% der über Zehnjährigen coronapositiv getestet worden, bei den unter Zehnjährigen 6,7%. Bei den Normalpersonen hatte dagegen von den getesteten 848 Kindern unter zehn Jahren kein einziges Kind ein positives Testergebnis. Bei den Normalpersonen ab zehn Jahren fielen die Tests bei 0,6% der Frauen und 0,9% der Männer positiv aus.

Diese Ergebnisse passen zu anderen Studien und Fallberichten. Ein neunjähriger Junge aus Großbritannien hatte sich beispielsweise im Januar 2020 beim Skifahren mit seinen Eltern und Geschwistern in den französischen Alpen bei einem Freund mit SARS-CoV-2 infiziert und leichte Symptome der Krankheit COVID-19 entwickelt. Bevor bei ihm die Diagnose gestellt worden war, besuchte er wieder die Schule. Von den 72 getesteten Kontaktpersonen des Jungen war keine Einzige positiv, auch seine beiden Geschwister entgingen der Infektion. Man testete die Kinder der Familie des Jungen dann auch auf das Vorhandensein von Antikörpern auf andere Viren und fand damit heraus, dass alle drei Kinder der Familie nachweislich Grippe (Influenza) und zusätzlich einen gewöhnlichen Erkältungsvirus gehabt haben müssen.[95]

Eine Analyse von 149.760 Infizierten in den USA ergab, dass nur 2572 (1,7%) von den 149.082, bei denen das Alter bekannt war, jünger als 18 Jahre waren.[96] Der Prozentsatz der im Krankenhaus behandelten Patienten lag für die Kinder bei 5,7%, bei den Erwachsenen im Alter von 18–64 Jahren dagegen bei 10%. Drei Kinder verstarben. COVID-19 kann also bei Kindern vorkommen, es scheint jedoch insgesamt bei ihnen seltener aufzutreten.

Nach einer Studie aus der Stadt Shenzhen in China an 391 Infizierten waren Kinder allerdings genauso wahrscheinlich infiziert wie Erwachsene.[97] Ähnliches ergab auch eine deutsche Studie aus der Arbeitsgruppe um Christian Drosten an 3712 COVID-19-Patienten, darunter 47 Kinder im Alter von ein bis elf Jahren.[98] Allerdings sind diese Fallzahlen zu klein, um verlässliche Aussagen machen zu können. Beispielsweise zeigte ein sechs Monate altes Baby aus Singapur zwar keinerlei Symptome, war aber dennoch infiziert. Seine Coronavirus-Last, d. h. die Anzahl der Viren pro Volumeneinheit, war gleichwertig mit der kranker Erwachsener.

Wissenschaftler am niederländischen Nationalen Institut für öffentliche Gesundheit und Umwelt (RIVM) untersuchten die Ausbreitung von COVID-19 in 54 Haushalten, bestehend aus 123 Erwachsenen und 116 Kindern im Alter bis zu 16 Jahren. In keiner einzigen Familie war ein Kind der »erste Patient«, also der Ausgangspunkt einer Ansteckungskette. In einer weiteren niederländischen Studie wurden 43 Kontaktpersonen von infizierten Kindern und Jugendlichen nachverfolgt und getestet: Keiner von ihnen war infiziert.[99] Insgesamt gab es in den Niederlanden also Hinweise darauf, dass es nicht so viele Übertragungen von Kindern gibt, was die niederländische Regierung dazu veranlasste, die Grundschulen wieder zu öffnen und auch den Kindersport wieder zu erlauben.

Andere Studien deuten allerdings darauf hin, dass an COVID-19 erkrankte Kinder durchaus so ansteckend sein können wie kranke Erwachsene. Wissenschaftler fanden die gleichen Mengen viraler RNA in Nasen- oder Rachenabstrichen bei kranken Kindern wie bei älteren Patienten.

RNA (also Bestandteile des Virus) bei einer Person (oder auf einem Tisch) zu finden, bedeutet jedoch keineswegs, dass diese Person oder jener Tisch auch infektiös sind. Denn man wird ja auch nicht von einem Teil eines Autos (etwa dem Motor für sich genommen) überfahren, sondern vom ganzen Auto. Bei Viren ist es ähnlich: Ein Bestandteil – und sei es der gesamte Bauplan – muss von einer Zelle aufgenommen werden, um diese zu infizieren. Dazu muss der Bauplan auf bestimmte Weise verpackt sein, denn nur diese Hülle kann an den Zellen andocken und damit die Krankheit erzeugen. Daher waren die viel beachteten und zitierten Ergebnisse zum Nachweis von Corona-Virus-RNA auf Tischplatten noch drei Tage nach dem Aufbringen nicht dazu geeignet anzuzeigen, dass das Berühren der Tischplatte Tage, nachdem ein paar Tröpfchen Spucke darauf gelandet waren, noch zur Krankheit führt (siehe hierzu auch Kapitel 2).

Halten wir fest: Was Kinder mit dem Coronavirus anstellen, und warum sie in geringerer Weise betroffen sind, ist noch nicht geklärt. Wir werden es jedoch hoffentlich bald wissen, denn dieses Wissen ist wichtig. Darum arbeiten auch viele Menschen an der Beantwortung dieser Fragen.

Kawasaki-Syndrom

Wie gerade beschrieben, zeigen die meisten Kinder bei einer Infektion mit dem neuen Coronavirus SARS-CoV-2 in der Regel milde Symptome. Im April 2020 gab es jedoch erste vereinzelte Berichte über Kleinkinder, die nach einer Infektion mit SARS-CoV-2 an einem Kawasaki-Syndrom erkrankten. So publizierten die Kinderärztin Veena Jones[100] und Mitarbeiter aus Palo Alto in Stanford, Kalifornien, im Fachblatt *Hospital Pediatrics* den Fall eines sechs Monate alten Mädchens, das nach einem viralen Infekt hohes Fieber bekam, im Test COVID-19 positiv getestet wurde und die klassischen Symptome des Kawasaki-Syndroms zeigte. Diese sind:

(A) Fieber von bis zu 40 °C und darüber über mindestens fünf Tage, das nicht auf Antibiotika anspricht.

(B) Zudem müssen vier der folgenden fünf Symptome vorliegen (diese Veränderungen treten oft nacheinander und nicht zeitgleich auf):

(1) Rötungen und Schwellungen an Händen und Füßen, die unter Abschuppung abheilen,

(2) Hautausschläge am Körper,

(3) Veränderungen von Lippen und Zunge (Rötungen und Risse in den Lippen, gerötete Zunge, auch »Erdbeerzunge« genannt),

(4) beidseitige schmerzlose, trockene Bindehautentzündung (Konjunktivitis) sowie

(5) meist einseitige Schwellung der Halslymphknoten, meist an der Halsvorderseite (zervikale Lymphadenopathie), von etwa 1,5 cm Durchmesser.

Weitere Beschreibungen aus Frankreich, Großbritannien, dem italienischen Bergamo[101] und aus New York bestätigten den Verdacht, dass dieser Zusammenhang kein Zufall war. Mittlerweile sind weltweit mehr als 230 derartige Fälle bekannt, sodass mittlerweile sowohl die WHO als auch die *EU-Behörde für Krankheitsvorsorge* entsprechende Warnhinweise aussprachen.[102]

Beim Kawasaki-Syndrom handelt es sich also um eine akute fieberhafte, systemische Erkrankung, die durch eine Gefäßentzündung der kleinen und mittleren Arterien entsteht und bei der viele Organe entzündet sind. Man weiß schon länger, dass dieses Syndrom sowohl nach gewöhnlichen Erkältungen, verursacht durch die üblichen verdächtigen Erkältungsviren (z. B. Rhinoviren sowie die vier harmlosen humanen Coronaviren 229E, HKU1, NL63 und OC43), als auch nach Infektionen mit Influenzaviren, Adenoviren, dem Epstein-Barr-Virus, Masernvirus und Dengue-Fieber-Virus auftreten kann. Die Ursache des Kawasaki-Syndroms ist unbekannt. Sehr wahrscheinlich liegt eine genetische Veranlagung für eine solche Reaktion auf ein bestimmtes Virus vor, denn sonst wäre das Syndrom nicht so selten. In genau diesen – glücklicherweise unwahrscheinlichen – Fällen kommt es zu einer überschießenden Entzündungsreaktion des Körpers, die mit Immunglobulinen und entzündungshemmenden Medikamenten behandelt wird, d. h. mit Steroiden (»Cortison«) bzw. mit nicht steroidalen Antiphlogistika (»Aspirin«). Wichtig ist dabei, die mögliche Beteiligung der Herzkranzgefäße zu untersuchen (Echokardiografie) und gegebenenfalls weitere therapeutische Maßnahmen einzuleiten.

In Deutschland erkranken jedes Jahr etwa neun von 100.000 Kindern unter fünf Jahren. Nicht umsonst ist die Erkrankung nach dem japanischen Kinderarzt *Tomisaku Kawasaki* benannt, kommt sie doch in Japan etwa 20-mal häufiger als wie bei uns vor. Da Coronaviren in Südostasien weit verbreitet sind und das Kawasaki-Syndrom durch vielerlei Viren verursacht sein kann, wundert es im Nachhinein nicht, dass es auch bei mit COVID-19 infizierten Kleinkindern auftreten kann, wie ein Team um den Chicagoer Kinderarzt Rohit Loomba in seiner Arbeit *»Covid-19 and Kawasaki-syndrome: should we really be surprised?«* klar zum Ausdruck bringt.[103]

Was macht die Corona-Pandemie mit Kindern?

Eine Lehrerin an einem Berliner Gymnasium, selbst Mutter zweier kleiner Kinder (2. und 6. Klasse), schrieb mir in einer E-Mail vom 15. Mai 2020, also nach der Zeit der Schulschließungen, das Folgende:

»Die Schüler, die ich jetzt für einige wenige Stunden wiedersehen durfte, haben die 7 Wochen fast ausnahmslos spielend vor dem Rechner verbracht. Sie waren im Schnitt 5–10 Kilo schwerer [... und] sie sprechen davon, dass ihnen ihr Sport fehlt, sie aber aus Angst das Haus nicht verlassen haben. Die meisten meiner Schüler sind 17–19 Jahre alt. Ich finde es in diesem Alter besonders bedenklich, die Schüler in digitale Welten abdriften zu lassen. Hier wird auch der Grundstein für Suchtbiographien gelegt, die später schwer zu korrigieren sein werden.«

Sofern diese Beobachtung kein Einzelfall ist, sondern die Auswirkungen der erfolgten Schulschließungen eher allgemein und flächendeckend beschreiben, wäre die Maßnahme der Schulschließung schon jetzt, also bei dem bereits vorliegenden Wissen um Risiken und Gefahren für die Gesundheit junger Menschen, als schwerwiegende Gefährdung einzustufen. Warum?

Die gesundheitlichen Auswirkungen von Übergewicht im Kindes- und Jugendalter sind hinlänglich bekannt.[104] Hinzu kommt, dass aus übergewichtigen Kindern und Jugendlichen sehr oft übergewichtige Erwachsene werden, und die Folgen von Übergewicht – Bluthochdruck und Diabetes (Typ II) und damit die Langzeitfolgen Schlaganfall, Herzinfarkt und

Krebs – gravierend sind. So wurden beispielsweise im Jahr 2012 im medizinischen Fachblatt *The Lancet* die weltweiten gesundheitlichen Folgen von Übergewicht auf fünf Millionen Todesfälle jährlich beziffert.[105] Auch wurde gezeigt, dass eine 10%ige Reduktion von körperlicher Inaktivität weltweit 533.000 Todesfälle pro Jahr abwenden könnte.[106] Anders ausgedrückt: 15–30 Minuten pro Tag zügiges Gehen reduziert das Risiko für Krebs, Herzerkrankungen, Schlaganfälle und Diabetes um 20–30% und verlängert die Lebenserwartung um drei bis fünf Jahre. Hinzu kommt, dass sich Übergewicht und mangelnde Bildung gegenseitig bedingen.[107]

Die Sorgen der Lehrerin im Hinblick auf die Entwicklung einer Sucht sind leider auch nur zu berechtigt. Wurde noch bis vor wenigen Jahren immer wieder angezweifelt, dass es neben den stoffgebundenen Suchterkrankungen auch Verhaltenssüchte gibt, so sind diese (wie beispielsweise Glücksspiel und Internet- und Computersucht) mittlerweile von der WHO als Suchterkrankungen anerkannt und auch ihre Behandlung gefordert. Leider haben Menschen mit Computerspielsucht auch ein höheres Risiko, an stoffgebundenen Süchten zu erkranken, was teilweise darauf zurückzuführen sein dürfte, dass einerseits eine allgemeine erbliche Neigung zur Sucht beide Suchtformen betrifft und andererseits in Computerspielen oft der Substanzgebrauch propagiert wird. Suchtbiografien sind tatsächlich mindestens so schwer zu korrigieren wie »Übergewichtsbiografien«.

Halten wir fest: Das Coronavirus schadet Kindern und Jugendlichen dadurch, dass die Pandemie ihren Alltag verändert. Geschlossene Kindertagesstätten und Schulen schaden nicht nur der Bildung, sondern auch der körperlichen, seelischen, sozialen Entwicklung junger Menschen, insbesondere dann, wenn sie aus eher schwachen oder schwierigen sozialen Verhältnissen kommen. Warum ist das so?

Die kleinste soziale Einheit ist beim Menschen schon seit Jahrtausenden die Kernfamilie, wie man durch die Untersuchung von überall in Europa verstreuten Gräbern (mittlerweile einschließlich genetischer Analysen) herausbekommen hat. Im Gegensatz zu anderen Primaten waren beim Menschen monogame Familien über die Zeit sehr stabil, und es gab viel Kooperation zwischen Familien, die in Gruppen zusammenlebten. Solche Gruppen bestimmten die Lebenswelt der Menschen über Jahrtausende und waren die Keimzelle kultureller Errungenschaften im sozialen Miteinander.

Kinder brauchen für ihre Entwicklung vor allem eines: andere Kinder. Im täglichen Miteinander wird die Welt entdeckt und erobert, es werden Sachen gesammelt, untersucht, gebaut und getauscht, und es wird ständig geredet und ausgehandelt, wer mit wem was tut oder nicht tut, tun soll, tun darf oder muss. Es wird gestritten und gekuschelt, konkurriert und kooperiert, viel gemeinsam improvisiert, gerauft und gesungen, geneckt und geärgert, gelobt und bestraft, abgelehnt und um die Gunst des anderen gerungen – das volle Programm! Das Ganze spielt sich unter den Augen Erwachsener ab, die keineswegs immer die Eltern sind, sondern Großeltern, Tanten, Schwager oder andere Mitglieder der Gruppe. Das Dorf erzog die Kinder oder besser: Die Kinder erzogen sich unter der Supervision von Erwachsenen im Wesentlichen gegenseitig.

Die heute in einer Dreizimmerwohnung lebende Kleinfamilie aus Vater, Mutter und durchschnittlich deutlich weniger als zwei Kindern entspricht nicht diesem Dorf. Daher hat der Staat seit Jahrhunderten Institutionen geschaffen, in denen Kinder vor allem miteinander, aber unter Aufsicht viel Zeit verbringen: Kindertagesstätten und Schulen. Die ältesten Schulen gab es bei den Sumerern vor 4000 Jahren. Das hatte einen einfachen Grund. Die Sumerer gelten als die Erfinder der Schrift und erfanden aus diesem Grund auch gleich die Institution mit, die man braucht, um Kindern ab einem Alter von etwa fünf bis sechs Jahren das Schreiben und Rechnen beizubringen: die Schule.

Dass Kinder gerade im Schulalter sehr schnell lernen, ist kein Zufall, sondern der Entwicklung der Kinder und der Institution Schule als Lernort geschuldet. Kinder lernen in jungen Jahren außerordentlich schnell, wie alle Eltern wissen: Kinder hören ein neues Wort (und verstehen dessen Gebrauch) einmal »und haben es drauf« – wie man die Integration einer neuen Vokabel in den Sprachschatz eines Menschen abkürzend gerne beschreibt. Bei Erwachsenen dauert das länger. Man lernt die Muttersprache und andere Sprachen (und nicht nur das) also besser in jungen Jahren.

Hinzu kommt Folgendes: Wie man heute weiß, besteht ein wichtiger Unterschied zwischen Menschen und allen anderen Lebewesen darin, dass es das Lehren nur beim Menschen gibt. Dafür haben wir ein eigenes Modul im Kopf, es ist für Interaktionen wie »Wie geht denn das?« – »Komm, ich zeig's dir schnell« zuständig. Damit ist dieses Modul letztlich für alles zuständig, was es an Kulturtechniken zu lernen gibt. Wie sich Sand mit Wasser anfühlt, lernt man durch direktes Ausprobieren von Matsch. Wie man einen Stift zum Schreiben am besten hält, bekommt man gezeigt; wie man aus Steinen und Matsch eine Mauer baut, die nicht zusammenfällt, auch. Und noch unendlich viel mehr. Weil es so viele Kulturtechniken gibt – Lesen,

Schreiben, Geige oder Fußball spielen, Essen kochen, Brot backen, Häuser bauen, Bücher schreiben, rechnen, verwalten, planen, heilen, Recht sprechen etc. –, braucht man auch viele Spezialisten, die diese Techniken nicht nur ausüben, sondern vor allem auch lehren.

Aus diesen wenigen, sehr grundlegenden und zugleich einfachen Überlegungen folgt: Kinder sind nicht dafür gebaut, Wochen oder gar Monate nur in der Familie zu verbringen. Eltern auch nicht. Betrachtet man die Dinge so, dann verwundert es nicht, dass die Schließungen von Kitas und Schulen den Beteiligten keine Freude bereiten. Im Gegenteil: Kinder und deren Eltern leiden darunter in nicht geringem Ausmaß. Kinder müssen sich täglich an anderen Kindern reiben, sie brauchen das für ihre Entwicklung wie Essen und Trinken. Und Vater und Mutter können nicht all die Spezialisten ersetzen, die den Kindern die vielfältigsten Kulturtechniken nahebringen. Übrigens: Fernseher und Computer auch nicht. Hunderttausendfach im Laufe des Lebens eines Menschen ablaufende Interaktionen – wie zum Beispiel: jüngerer Mensch, ungeduldig, neugierig: »Wie geht denn das?« – älterer Mensch, geduldig, verständnisvoll: »Komm, ich zeig's dir« – sind durch *nichts* zu ersetzen.

Wenn die kleine Wohnung der Kleinfamilie dann gefühlt zum sozialen Dampfdruckkochtopf wird, besteht die Gefahr, dass jeder Einzelne denkt, dass das an denen liegt, die gerade in der Nähe sind. Alle sollten wissen: Das ist *falsch*. Es liegt vielmehr an der völlig unnatürlichen Situation, für die keiner der Beteiligten etwas kann. Wenn die Spannungen sich dann auch noch in Streitereien entladen, die aufgrund ihrer Emotionalität besonders gut im Gedächtnis hängen bleiben, wird deutlich, wie gefährlich diese Situation für den längerfristigen Bestand dieser kleinen Gemeinschaft ist.

Der Anstieg von Scheidungen – kaputten Familien – während und nach dem Lockdown in Wuhan lässt nichts Gutes ahnen, wenn man bedenkt, dass mehr als die halbe Weltbevölkerung derzeit von sozialen Beschränkungen verschiedenster Form betroffen ist.

Verschlimmert werden solche Situationen ganz prinzipiell noch dann, wenn wirtschaftlicher Mangel herrscht. Hunger macht aggressiv. Das wissen nicht nur alle Politiker, sondern auch alle Eltern. Arbeitslosigkeit und Armut sind daher ganz wesentliche Stressoren, wie in Kapitel 7 näher ausgeführt wurde. Kinder sind hier besonders betroffen, denn sie haben keine Möglichkeit, diese Situation selbst wirksam zu ändern, sondern sind ihr völlig und schutzlos ausgeliefert. Weil man seit etwa 15 Jahren sehr genau weiß, dass gerade Kinderarmut der Gehirnentwicklung nachweislich deutlich schadet, sind funktionierende soziale Sicherungssysteme kein Luxus, sondern tatsächlich nicht nur die fairste, sondern unterm Strich auch die *billigste* Art der Bekämpfung der sozialen und wirtschaftlichen Auswirkungen der gegenwärtigen Krise.[108] Das in unseren Kindern steckende Potenzial *nicht* zu entwickeln, können wir uns schlicht nicht leisten.

Starke und schwache Schüler

Eine Reihe von Studien hat ergeben, dass Computer an Schulen den Unterschied zwischen starken und schwachen Schülern *vergrößern*. Mit ist keine Studie bekannt, die das Gegenteil gezeigt hätte. Aus dieser Sicht stimmt der Ersatz des Unterrichts durch digitale Medien nachdenklich. Der wochenlange De-facto-Ausfall von Schulen schadet besonders den Kindern, die ohnehin schon gefährdet sind. Und diese Schäden können im Einzelfall irreparabel sein. Gesamtgesellschaftlich addiert sich der Schaden auf erhebliche Summen.

Rechnen wir kurz ein Beispiel durch: Ein zusätzliches Jahr Schule steigert den IQ der Schüler – je nach Studie – um ein bis fünf Punkte.[109] Ein IQ-Punkt wiederum erhöht den Lebenszeitverdienst um etwa 18.000 Euro. Insgesamt gab es im Schuljahr 2019/2020 in Deutschland etwa elf Millionen Schüler an allgemeinbildenden und beruflichen Schulen. Wenn mittlerweile einige Bundesländer aufgrund der wochenlangen Schließungen der Schulen das Sitzenbleiben aussetzen möchten, kann man davon ausgehen, dass Schulschließungen einen negativen Effekt auf die Bildung der Schüler hatten. Wenn er im Mittel auch nur 1/10 eines IQ-Punkts betragen würde, entspräche das einem wirtschaftlichen Schaden von knapp 20 Milliarden Euro. Realistischer erscheint eher das Zehnfache.

Starken Schülern schadet eine geschlossene Schule weniger als schwachen. Denn einem guten Schüler kann man im Notfall sogar ein Buch in die Hand drücken, und er wird es womöglich sogar mit Gewinn lesen, dadurch seinen Horizont erweitern und vielleicht selbst das nächste Buch aussuchen und lesen wollen. In diesem Zusammenhang sei erwähnt, dass starke Schüler auch am Computer zu lernen vermögen, vor allem dann, wenn sie schon in der Oberstufe sind. Ein Schüler, der wenig gelernt und meist nur »null Bock auf nix« hat, wird die Zeit eher auf andere, weniger bildungsfördernde Weise verbringen. Schwache Schüler geben auch schneller auf, wenn der Unterricht am

Computer mal wieder nicht funktioniert, weil die Verbindung schlecht oder das Programm abgestürzt ist.

Dies erlebten und erleben wir derzeit überall, und nur Menschen, die keine Schulkinder haben und auch keine kennen, glauben noch immer, dass die Kinder allein vor dem Bildschirm besser lernen können als gemeinsam in der Schule. Nur die Medien selbst und manche unbelehrbaren Bildungspolitiker glauben noch, dass der Unterschied des Bildungserfolgs in Abhängigkeit von der sozialen Schicht mit einem Mangel an technischem Gerät in ärmeren Haushalten zu tun hat. Es wird immer wieder behauptet oder medial suggeriert, dass man den schwachen Schülern nur genügend Internetanschlüsse und digitale Endgeräte geben müsse, um die Bildungsungerechtigkeit in unserem Land zu vermindern. Das Gegenteil ist jedoch der Fall. Dies zeigt die Krise auch und sehr drastisch.

Sogar motivierte und schlaue Studenten leiden unter digitaler Lehre an der Universität. Weil ich für einen deutschen Professor vergleichsweise viel TV-Erfahrung habe (andere würden sagen: Medienkompetenz), filmte ich meine Vorlesungen mit erheblichem persönlichem Aufwand an Zeit und Geld. Die Rückmeldung meiner Studenten war im Wesentlichen, dass man mein Bemühen schon schätze, jedoch reale Vorlesungen (in denen dann auch reale Patienten vorgestellt werden) einfach besser seien.

Digitale Lehre ist sicher besser als gar keine. Und je älter die Lernenden sind, desto besser kann sie funktionieren. Aber sie ersetzt die reale Lehre nicht.

Glückende Kindheit – jetzt!

Mediziner fürchten Folgen für die mentale Gesundheit von Kindern, und insbesondere Kinderärzte und Kinderpsychiater haben vor schweren Langzeitfolgen der Coronakrise für die psychische Gesundheit von Kindern gewarnt. Bedeutsamer als kurzfristig auftretende Schlafstörungen, Verstimmungen (»Launen«) und vielleicht aggressive Akte sind die längerfristigen Sorgen, die sich Kinder um ihre Eltern oder um ihre eigene Zukunft machen, sowie die realen Lücken in ihrer Bildung und Ausbildung. Man kann Kindheit nicht einfach auf später verschieben. Man kann glückende Kindheit nicht einmal einfordern, sondern sie nur ermöglichen oder eben auch verhindern. Im Moment verhindern wir sie eher. Die Wiedereröffnung von Kitas und Schulen hat klare Vorteile für die Bildung und die psychische Gesundheit der Kinder (ganz zu schweigen von den Vorteilen für die Eltern). Sie muss daher so rasch wie möglich erfolgen.

Corona bringt Kindern viel Leid, nicht weil sie krank werden, sondern weil unsere Maßnahmen sie krank machen. Kurzfristig waren diese Maßnahmen wirksam und haben uns vor viel Unheil und Tod bewahrt. Längerfristig müssen Kitas und Schulen wieder öffnen. Und wir sollten durch die Krise gelernt haben, wie junge Menschen lernen und was sie dazu brauchen.

In den USA gab es in manchen Staaten schon vor Corona digitale Kindergärten, und auch hierzulande gab es das Bestreben, Kitas zu digitalisieren. Haben Sie einmal darüber nachgedacht, warum während der Coronakrise niemand digitale Kindergärten öffentlich gefordert hat?

10.

AUS DER GESCHICHTE LERNEN: MEHR ALS 3000 JAHRE POCKEN, PEST UND MEHR

Epidemien und auch Pandemien gab es im Laufe der Geschichte immer wieder. Die Erste wurde schon vor der christlichen Zeitenwende vor etwa dreieinhalbtausend Jahren im alten Ägypten und in Kleinasien beschrieben. Auch im antiken Athen und im antiken Rom wurden mehrere zeitlich gut abgrenzbare Epidemien mit damals pandemischen Ausmaßen beschrieben.[110] Man weiß bis heute nicht in allen Fällen, um welche Krankheit oder Krankheiten es sich gehandelt haben mag, kann jedoch aus überlieferten Beschreibungen, sofern sie detailreich genug sind, Vermutungen ableiten.

So handelte es sich bei der *Antoninischen Pest* in den Jahren 165 bis 180 (benannt nach dem römischen Kaiser Marcus Aurelius Antoninus bzw. Marc Aurel) vermutlich um die Pocken, das heißt, der Erreger war nicht ein Bakterium *(Yersinia pestis)*, sondern ein Virus.

Die zur Zeit des oströmischen Kaisers Justinian (527–565) ausgebrochene *Justinianische Pest* war dagegen tatsächlich eine Pest, die von 541 bis 770 alle 15 bis 25 Jahre immer wieder auftrat und an der insgesamt ein Viertel bis die Hälfte der Bevölkerung Roms verstarb (vgl. Tab. 10.1). Sie wird auch als »erste Pandemie« bezeichnet, denn sie breitete sich vom westlichen Mittelmeerraum (Spanien) bis Kleinasien, Syrien, Mesopotamien und Persien im Osten und im Norden bis ins heutige Frankreich und Deutschland (Rheinland und Bayern) aus. Man hat als Beleg hierzu nicht nur Berichte der damaligen Geschichtsschreiber vorliegen, sondern mittlerweile auch naturwissenschaftlich gewonnene Erkenntnisse. So wurde im Jahr 2005 im *American Journal of Physical Anthropology* publiziert, dass man die Erbsubstanz des Erregers der Pest – das Bakterium *Yersinia pestis* – bei zwei ausgegrabenen Skeletten (wahrscheinlich Mutter und Kind) in Aschheim nordöstlich von München entdeckt hatte.[111]

Gerade in jüngster Zeit häufen sich Forschungsberichte zur Genetik und zur Ausbreitung des Pesterregers mithilfe der Untersuchung genetischen Materials von beispielsweise Knochenfunden, die von Ausgrabungsstätten stammen. So publizierten deutsche Wissenschaftler zusammen mit weiteren internationalen Kollegen eine Studie zu menschlichen Überresten aus 21 archäologischen Grabungsstätten in Österreich, Großbritannien, Deutschland, Frankreich und Spanien, die auf das Vorhandensein von Erbsubstanz des Pesterregers untersucht wurden. Die Forscher rekonstruierten dessen Mutationen und damit dessen Evolution während der *Justinianischen Pest*, also während der Jahre 541 bis 750 n.Chr.[112]

Abb. 10.1: Das Bild »St. Sebastian betet für die Pestopfer« des französischen Malers Josse Lieferinxe (gestorben im Jahr 1508) entstand in den Jahren 1497–1499 in Marseille und hängt heute im Walters Art Museum, Baltimore, USA. Der heilige Sebastian wurde besonders gegen die Pest zu Hilfe gerufen. Man sieht Kranke im Todeskampf und Leichen, die in Säcken weggetragen werden.

Die Pest im Mittelalter wurde auch als *Schwarzer Tod* bezeichnet (siehe Abb. 10.1). Es gab in Europa immer wieder Ausbrüche der Pest in verschiedenen Regionen, von denen wir nicht zuletzt aufgrund literarischer Zeugnisse wissen: Giovanni Boccaccios berühmtes *Dekameron* ist eine Sammlung von 100 Novellen, die zwischen 1349 und 1353 entstanden sind. Die Rahmenhandlung spielt in einem Landhaus in den Hügeln von Florenz, in das sieben Frauen und drei junge Männer vor der Pest flüchten, die im Frühjahr und Sommer des Jahres 1348 in der Toskana wütete. Die Beschreibung der Pest in Florenz ist beklemmend realistisch und dient bis heute als historische Quelle dieser Epidemie. 500 Jahre später erscheint Alessandro Manzonis *Die Brautleute* in Mailand, dessen Handlung sich vor dem Hintergrund der verheerenden Pest in der Stadt Mailand im Jahr 1630 abspielt. Auch dort findet man bewegende Beschreibungen der Epidemie.

Tab. 10.1: Epidemien in der Geschichte (unvollständige beispielhafte Übersicht, nach verschiedenen Einträgen bzw. Artikeln in Wikipedia).

Wann?	Wo?	Krankheit, Erreger	Kranke	Tote
etwa 1400 v. Chr.	Ägypten, Kleinasien	unbekannt		
430–426 v. Chr.	Athen	unbekannt		bis zu 100.000
165–180	Römisches Reich	wahrscheinlich Pockenvirus		bis zu 10 Mio.
541–770	Römisches Reich	Pest		
1346–1353	»alte Welt«	Pest		etwa 25 Mio.
1494 – ca. 1550	Europa	Syphilis		
1665–1666	England	Pest		100.000

Wann?	Wo?	Krankheit, Erreger	Kranke	Tote
1678–1679	Wien	Pest		12.000
1708–1714	Nord- & Osteuropa	Pest		1 Mio.
1813	Mainz	Fleckfieber		32.000
1817–1923	weltweit	Cholera	Fünf Pandemien	z.B. in Hamburg im Jahr 1892: 8.605
1847–1848	Kanada	Typhus		20.000
1916	USA	Polio (Kinderlähmung)		> 6.000
1918–1920	weltweit	»Spanische Grippe« Influenza (H1N1)	500 Mio.	50 Mio.
1957–1958	weltweit	»Asiatische Grippe« Influenza (H2N2)		1–2 Mio.
1961–1990	weltweit	Cholera		mehrere Mio.
1968–1970	weltweit	»Hongkong-Grippe« Influenza (H3N2)		1 Mio.
1977–1978	weltweit	»Russische Grippe« Influenza (H1N1)		500.000 – 700.000
Seit 1980	weltweit	HIV		36 Mio.
2002–2003	weltweit	SARS-CoV	8.096	774
Seit 2004	weltweit	»Vogelgrippe« Influenza (H5N1)	> 800	> 450
2009–2010	weltweit	»Schweinegrippe« Influenza (H1N1)		> 18.000
2014–2016	Westafrika	Ebolavirus	28.639	11.314
2015–2016	Südamerika	Zikavirus	allein in Brasilien von 2015 bis 2018 ca. 400.000	Keine Angaben
ab April 2017	Jemen	Cholera	> 1,7 Mio.	> 3400
ab 2018	Kongo, Uganda	Ebolavirus	3.414	2237
ab 2020	weltweit	SARS-CoV-2	5.213.557	338.225[113]

Betrachtet man die Übersicht in Tab.10.1 etwas genauer, dann fällt auf, dass es im Verlauf der Geschichte sowohl weltweite Pandemien relativ kleinen als auch lokale Epidemien relativ großen Ausmaßes gegeben hat. Der Choleraausbruch im *Jemen* ab April 2017 ist Teil der siebten Cholera-Pandemie und gilt als die weltweit größte bekannte Cholera-Epidemie der Geschichte. Das Zikavirus wurde im Jahr 1947 in einer Forschungsstation im Zikawald in Uganda isoliert und beim Menschen erstmals 1952 in Uganda und in Tansania nachgewiesen. Seitdem breitete es sich offensichtlich symptomlos in Afrika und Asien weiträumig aus. Man konnte dies nur durch entsprechende Tests feststellen, weil bis zum Jahr 2007 weniger als 15 Infektionen beim Menschen bekannt waren. Erst als es sich über den Pazifik hinüber nach Südamerika ausgebreitet hatte, gab es dort 2015/2016 eine Zikavirus-Epidemie mit grippeartiger Symptomatik. Bekannt wurde das Virus dadurch, dass es schwere Schädigungen des menschlichen Fötus verursachen kann.

Die mit geschätzten 500 Millionen Infizierten weltweit größte Pandemie gab es vor gut 100 Jahren, die von 1918 bis 1920 in drei Wellen verlief. Sie wurde »Spanische Grippe« genannt, weil die ersten Nachrichten über die Seuche aus Spanien kamen. Dies wiederum lag nicht an der Verbreitung des Virus, das vermutlich seinen Ausgangspunkt in den USA hatte, sondern daran, dass Spanien im Ersten Weltkrieg ein neutrales Land war und daher die – bei Kriegsparteien übliche – Zensur der Presse nicht so stark ausgeprägt war. So kam es, dass im Frühling des Jahres 1918 Berichte über die Krankheit in Spanien nicht wie in anderen Ländern unterdrückt wurden. Nachdem Anfang Sommer in Spanien berichtet wurde, dass eine vergleichbare Krankheit ansonsten in ganz Europa nicht beobachtet worden war, setzte sich international ab Mitte Sommer 1918 die Bezeichnung »Spanische Grippe« zunehmend durch. Besonders die Krieg führenden Regierungen förderten das, um die tatsächliche Verbreitung auch im jeweils eigenen Land zu vertuschen.

Man sieht schon an dieser kurzen Darstellung des Namens der Pandemie, dass das Geschehen nicht nur von Krankheitserregern – Influenzaviren des Typs H1N1 – bestimmt wird, sondern vor allem auch von den Gegebenheiten in den menschlichen Gesellschaften, in denen sich die Erreger ausbreiten. Hungersnöte, Kriege, Truppenbewegungen oder andere soziologische bzw. ökonomische Faktoren können als soziokultureller Hintergrund, Auslöser oder sogar als Ursache von Pandemien interpretiert werden. Das trifft für alle Pandemien zu, die eine komplexe Geschichte haben.

Mit der Spanischen Grippe war etwa ein Drittel der damaligen Weltbevölkerung infiziert, wovon mindestens 10% (50 Millionen Menschen) verstarben. (Zum Vergleich: Im Ersten Weltkrieg starben 17 Millionen Menschen.) Die Sterblichkeit bei der Spanischen Grippe war bei Kindern unter fünf Jahren, bei 20- bis 40-Jährigen und bei den über 65-Jährigen besonders hoch. Dies gab es bei keiner anderen Pandemie.

Wie bereits eingangs erwähnt, trat die Spanische Grippe in drei Wellen auf (siehe die Kurve zu London in Abb. 10.2): Die erste Ausbreitungswelle im Frühjahr 1918 wies keine deutlich erhöhte Todesrate auf. Erst während der Herbstwelle 1918 und der dritten Welle im Frühjahr 1919 stieg die Rate der Sterbefälle deutlich an.

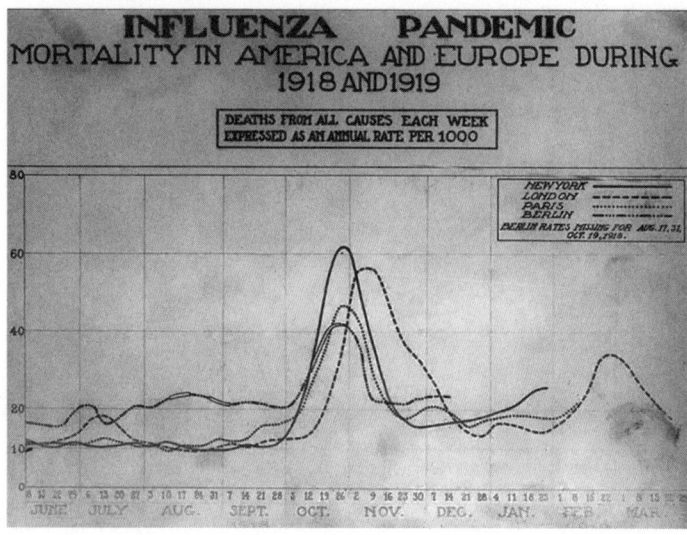

Abb. 10.2: Anstieg der Rate der Sterbefälle (je 1000 Einwohner) in New York, London, Paris und Berlin während der Spanischen Grippe.[114]

Nicht pharmakologische Interventionen und die zweite Welle

Die Spanische Grippe von 1918 ist deswegen von so großer Bedeutung für die jetzige Pandemie, weil damals zum ersten Mal in großem Stil Maßnahmen zum Einsatz kamen, die in der Fachliteratur oft als nicht pharmakologische Interventionen (NPIs) bezeichnet werden. Man muss dazu wissen, dass damals auch viele Medikamente zum Einsatz kamen, nicht zuletzt durch geschäftstüchtige Ärzte und Apotheker. Das Dumme war nur, dass alles nicht wirkte, weswegen die pharmakologischen Interventionen und deren Verbreiter rasch in Verruf gerieten.[115]

Die nicht pharmakologischenMaßnahmen dagegen wirkten. Man kann sie alle zusammen betrachten und – wenn sie drastisch genug sind – von »Lockdown« sprechen oder einzeln betrachten: Kitas, Schulen, Universitäten und sonstige Bildungseinrichtungen schließen, Ausgangsbeschränkungen verhängen, Außengrenzen (mehr oder weniger) sperren, Hotels, Geschäfte, Gaststätten, Clubs, Bars, Kinos, Fitnessstudios, Friseursalons schließen sowie Sport- und Kulturveranstaltungen, einschließlich kirchlicher bzw. religiöser Gebetsversammlungen, verbieten. Hinzu kommen Verhaltensmaßregeln wie Abstand halten, keine Gruppen bilden oder Masken auf Mund und Nase tragen. Vieles davon hat man auch schon vor 100 Jahren während der Spanischen Grippe getan, und eine Arbeit aus dem Jahr 2007 hat die Auswirkungen systematisch untersucht.[116]

Mithilfe von Daten aus US-Städten zur Implementierung von insgesamt 19 unterschiedlichen Maßnahmen untersuchte man folgendes. Man vermutete, dass sie dann den größten Effekt auf die Eindämmung der Epidemie hatten, wenn sie zu einem vergleichsweise frühen Zeitpunkt der Epidemie und in Kombination eingesetzt wurden. Dies war tatsächlich der Fall: Mehrfachinterventionen in einer frühen Phase der Epidemie bewirkten eine Halbierung der Maximalzahl der Toten in den Städten, in denen sie durchgeführt wurden. Auch war die Kurve der Anzahl der täglichen Neuinfizierten deutlich flacher. Zudem war die Übersterblichkeit in diesen Städten um etwa 20% geringer (Abb. 10.3). Dieser Befund war nicht unerwartet, wenn man bedenkt, dass 1918 nur wenige Städte NPIs länger als sechs Wochen aufrechterhielten. Interessant ist auch: »Die frühzeitige Kombination vom Maßnahmen (Schließung von Schulen, Kirchen und Theatern), war mit niedrigeren Spitzensterblichkeitsraten verbunden, aber keine einzelne Intervention zeigte einen Zusammenhang mit verbesserten Gesamtergebnissen für die Pandemiephase von 1918«, wie die Autoren berichten.[117]

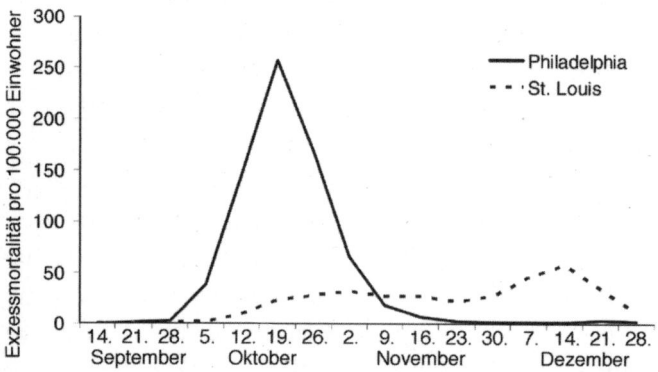

Abb. 10.3: Übersterblichkeit gegenüber den Jahren 1913–1917 in Philadelphia und St. Louis vom September bis Dezember 1918. Die Abflachung der Kurve durch NPIs gelang in St. Louis, nicht hingegen in Philadelphia.[118]

Was damals (leider) auch schon gefunden wurde: Die Lockerung solcher Maßnahmen führte tatsächlich zum erneuten Ausbrechen der Epidemie – in Denver beispielsweise mit höheren Fallzahlen während der zweiten Welle von Dezember 1918 bis Januar 1919 als während der ersten Welle vom September bis November 1918.

Eine Variante des Subtyps H1N1 verursachte in den Jahren 1977/1978 den Ausbruch der »Russischen Grippe«. Die »Vogelgrippe« des Jahres 2004 wurde von Influenzaviren des Subtyps H5N1 und die »Schweinegrippe« des Jahres 2009 wiederum durch eine Variante von H1N1 verursacht. Die »Asiatische Grippe« (1957, Subtyp H2N2) und die »Hongkong-Grippe« (1968, Subtyp H3N2) basierten auf anderen Subtypen.

Hatte man noch Mitte des 20. Jahrhunderts gedacht, dass man nach den Antibiotika gegen Pest, Cholera und Tuberkulose nun auch bald mit den Virostatika ein weiteres Kapitel der Erfolgsgeschichte der Medizin geschrieben hätte, so deutete sich in den Achtziger- und Neunzigerjahren immer mehr an, dass diese Sicht der Dinge zu optimistisch war. Die Epidemien des beginnenden 21. Jahrhunderts machten endgültig klar, dass das Auftreten weltweiter Epidemien und Pandemien nur noch eine Frage der Zeit war. Hinzu kam die »Impfmüdigkeit« weiter Teile der Bevölkerung und die Geringschätzung der Medizin als Wissenschaft und sogar der Wissenschaft selbst, der wichtigsten Säule unserer Kultur. Erst vor diesem Hintergrund wird klar, was die Corona-Pandemie nicht nur für die Menschen, sondern für die Menschheit bedeutet.

11.

DIE GEGEN-WART MEISTERN: KOMMUNIKATION, FÜHRUNG, KUNST, POLITIK UND WISSENSCHAFT

Aus medizinischer Sicht stellen sich beim Herannahen einer Pandemie ganz praktische Fragen: Werden die Gemeindeschwestern vor Ort, die Ärzte und das Pflegepersonal in den Krankenhäusern wie immer arbeiten, und bleibt das ganze, im Normalfall gut funktionierende System der medizinischen Versorgung funktionsfähig? Kommen die Leute, die für diese Versorgung ihren Beitrag leisten, zur Arbeit, auch wenn sie sich dabei mit einer potenziell tödlich verlaufenden Krankheit anstecken können?

In dem US-amerikanischen Film *Outbreak* des deutschen Regisseurs Wolfgang Petersen aus dem Jahr 1995 geht es um eine Pandemie, die durch ein ebolaahnliches Virus ausgelöst wird. Zunächst tritt die nur durch Kontakt übertragbare Krankheit, die zu Fieber, inneren Blutungen und bei mehr als der Hälfte der Patienten qualvoll zum Tod führt, in Afrika auf. Dann mutiert das Virus und wird sehr ansteckend (wie etwa die Grippe mit Übertragung durch die Luft) und tritt in einer kalifornischen Kleinstadt auf. Ein Virologe, der einen Impfstoff dagegen entwickeln will, verlegt sein Labor dorthin. Es wird aber irgendwann klar, dass die Regierung den Plan hat, die Stadt mit einer Bombe auszulöschen, um eine drohende verheerende Pandemie abzuwenden. In einem sehr spannenden Showdown ist der Impfstoff gerade entwickelt, die Kleinstadt vom Militär aber bereits abgeriegelt, das Flugzeug mit der Bombe schon in der Luft und die Einwohner der Stadt dem Tod sehr nahe. Die Helden kämpfen gegen die Übermacht, die Bombe fällt buchstäblich ins Wasser, die Stadt bleibt stehen, die Helden bleiben am Leben und alles wird gut.

Die Filmemacher wurden von Virologen beraten. Dennoch entspricht nicht alles im Film der Realität. Am wenigsten realistisch an der ganzen Geschichte ist die Geschwindigkeit der Entwicklung des Impfstoffs. Die drastische, sehr bildhafte Schilderung der Krankheit dagegen halten die Virologen für eher *unter*trieben.[119]

Führungskräfte in medizinischen Einrichtungen überall auf der Welt machen sich Sorgen, denn sie tragen die Verantwortung. Daher haben sie die oben erwähnten Eingangsfragen auch bei früheren Krisen schon gestellt, und deswegen gibt es mittlerweile eine stattliche Zahl empirischer Untersuchungen dazu.

Es ist Pandemie – aber keiner geht hin?

Für Pandemien gibt es wie für Erdbeben oder Überschwemmungen Katastrophenpläne. Damit sie wirken, *muss* man davon ausgehen, dass alles funktioniert, und vor allem, dass alle mitmachen. Und genau das ist fraglich, denn man weiß längst, dass die Leute tatsächlich darüber nachdenken, lieber zu Hause zu bleiben, statt dem Tod ins Auge zu sehen, und manche tun das auch. Wer würde wirklich bei einer Katastrophe wie im Film *Outbreak* helfen, wenn ein mutiertes und sehr gefährliches Virus viele Menschen in ansteckende Schwerstkranke verwandelt?

Als im Jahr 2009 die Schweinegrippe auftauchte, wusste niemand, wie gefährlich sie noch werden wurde. Es wurde aber mit vielen Neuinfektionen gerechnet. In den USA konnte man auf Schweinegrippe-Partys gehen, um sich – rechtzeitig und mit der milden Form – anzustecken. Dort wurde damals die Anzahl der Infizierten auf über eine Million geschätzt, also wesentlich höher als die wenigen Hundert in Deutschland. Damals war ich schon eine ganze Weile Klinikchef und machte mir daher Gedanken darüber, was wohl geschehen würde, wenn das medizinische Fachpersonal aus verständlicher Angst vor Gefahren für die eigene Gesundheit nicht zur Arbeit erscheinen würde? Die Literatur dazu war damals sehr übersichtlich: Ich konnte vier Arbeiten finden.[120] Heute weiß man deutlich mehr.

Aus den Erfahrungen mit Tuberkulosepatienten, die mit multiresistenten Erregern infiziert waren, gegen die es damals kein wirksames Medikament gab, sowie mit AIDS-Patienten in New Yorker Krankenhäusern weiß man, dass das Pflegepersonal vorsichtshalber selbst »krank« sein kann, wenn die Aussichten, sich mit einer potenziell tödlichen Krankheit anzustecken, nicht gering sind. Und auch auf dem Höhepunkt der Epidemie des schweren akuten Atemwegsyndroms (SARS), die 2003 China am härtesten getroffen hatte und in deren Rahmen auch Ärzte und Pflegepersonal erkrankten und verstarben, hatte mindestens ein chinesisches Krankenhaus Mühe, die Versorgung aufrechtzuerhalten, weil die Ärzte und das Pflegepersonal aus Angst, sich anzustecken, einfach wegblieben.[121] Auch in Hongkong war insbesondere im Jahr 2009 während der SARS-Epidemie der Krankenstand des Krankenhauspersonals mit über 50% hoch.[122] Nach einer deutschen Studie an 1566 Personen würden bis zu 20% der Arbeiter und Angestellten einer Großstadt bei einer Influenza-Pandemie nicht zur Arbeit erscheinen.[123]

Mittlerweile liegen Studien vor, die nicht nur das Ausmaß der Problematik verdeutlichen, sondern auch Wege zur Lösung aufzeigen. Balicer und Mitarbeiter (2006) befragten von März bis Juli 2005 insgesamt 308 Mitarbeiter dreier Kliniken des US-Bundesstaates Maryland nach ihrer Einstellung zur Arbeit und ihren Gedanken zu einer möglichen Grippe-Epidemie. Sie sandten hierzu einen Fragebogen (siehe Tab. 11.1) an alle Mitarbeiter dreier repräsentativer Kliniken, erhielten 58% der Bögen zurück und werteten die Antworten statistisch aus. Wenn man die Sorgen und Probleme der Mitarbeiter kenne, könne man besser damit umgehen und Fehler vermeiden, so die einfache Logik der Studie.

Tab. 11.1: Fragen (Auswahl) an die Klinikmitarbeiter, was sie bei einer Grippe-pandemie tun würden.[124]

Frage	Fünfstufige Antwort von (1) ... bis (5)
Würden Sie zur Arbeit gehen?	sehr unwahrscheinlich ... sehr wahrscheinlich
Was wissen Sie über die Bedeutung einer Pandemie für die Gesundheit der Menschen?	sehr wenig ... sehr viel
Wie sicher fühlen Sie sich am Arbeitsplatz?	sehr wenig sicher ... sehr sicher
Wie gut ist Ihre Familie auf Ihre Arbeits-abwesenheit vorbereitet? Wird sie damit klarkommen?	sehr unwahrscheinlich ... sehr wahrscheinlich
Für wie wahrscheinlich halten Sie es, dass die Klinikleitung Sie gut und zeitnah informiert?	sehr unwahrscheinlich ... sehr wahrscheinlich
Wie gut kennen Sie Ihre Aufgaben in einem solchen Fall?	gar nicht ... sehr gut
Wie gut könnten Sie Fragen von besorgten Kranken und Angehörigen beantworten?	gar nicht ... sehr gut
Wie wichtig ist Ihre Rolle für die Arbeit des Gesamtklinikums bei einer Pandemie?	ganz unwichtig ... sehr wichtig
Für wie wichtig halten Sie Schulungen und Trainings für einen solchen Ernstfall?	ganz unwichtig ... sehr wichtig
Wie wichtig ist Ihnen psychologische Unter-stützung bei einem Ernstfall?	ganz unwichtig ... sehr wichtig
Wie wichtig ist Ihnen psychologische Unter-stützung nach einem Ernstfall?	ganz unwichtig ... sehr wichtig

Das wichtigste Ergebnis der Studie war: Nur gut die Hälfte der Mitarbeiter (53,8%) würde im Falle eines Pandemienotfalls zur Arbeit gehen. Das Alter und Geschlecht der Mitarbeiter spielte bei dieser Entscheidung keine Rolle, wohl aber die Berufsgruppe: Klinisch tätige Mitarbeiter (Pflege, Ärzte) waren zweieinhalb mal eher bereit, zur Arbeit zu gehen, als andere, nicht direkt am Patienten tätige Berufsgruppen (zum Beispiel Verwaltung). Zudem nahmen sich die Mitarbeiter, die auch im

Notfall kommen, als kompetenter und hielten zudem ihre Bedeutung für das Funktionieren der Klinik für vergleichsweise größer.

Insgesamt korrelierte die Bereitschaft, auch bei einem gefährlichen Notfall zur Arbeit zu kommen, mit den eigenen *Kenntnissen*, der *Klarheit* der Aufgabenstellung sowie der Fähigkeit, darüber zu kommunizieren. Die Mehrheit (83%) gab an, dass Schulung und Training wichtig seien, interessanterweise unabhängig davon, für wie gut trainiert sich die Leute hielten. Psychologische Unterstützung während bzw. nach einem solchen Pandemienotfall war wichtig (60% hielten das für wichtig), aber nicht so wichtig wie Schulung.

Die Einschätzung des persönlichen Risikos war unabhängig von der ausgeübten Tätigkeit und hing mit dem Wissen über Pandemien, der Sicherheit der Familie, der wahrgenommenen guten Information durch die Klinikleitung, der eigenen Fähigkeit zur Kommunikation, der Einschätzung der eigenen Bedeutung und der Klarheit der eigenen Rolle bei einem Notfall zusammen. Kurz: Wer sich medizinisch auskennt, weiß, was er zu tun hat; wer gut informiert ist und weiß, dass er gebraucht wird, der kommt auch dann zur Arbeit, wenn es ernst wird. Als wichtigster Einzelfaktor erwies sich die Wahrnehmung der eigenen Bedeutung für das Funktionieren der Gesamtklinik. Insgesamt schätzte sich – nur – weniger als ein Drittel der Befragten als wichtig oder bedeutsam ein; aber genau diese Mitarbeiter – genau 86,8% von ihnen – würden auch kommen, wenn es ernst wird.

Eine australische Studie zur Arbeitsmoral der im Krankenhaus tätigen Menschen angesichts der drohenden Schweinegrippe trug den Titel: *Werden sie einfach einpacken und gehen?*[125]

Wiederum per Fragebogen wurde bei 1.079 Mitarbeitern zweier Krankenhäuser herausgefunden, dass weniger als die Hälfte der Befragten (43,8%) wusste, was eine Influenza-Pandemie ist, und, dass etwa ein Viertel (24,8%) die eigene Station bzw. Abteilung für vorbereitet hielt. Die überwiegende Mehrheit (83,3%) der Mitarbeiter gab an, am Arbeitsplatz zu erscheinen, wobei klinisch tätige Mitarbeiter sich hierbei eher sicher, nicht im klinischen Bereich tätige Mitarbeiter eher unsicher waren.

Nicht alle Studien stimmen so optimistisch. Eine Studie zur Arbeitsmoral des medizinischen Personals des britischen *National Health Service* bei einer Grippe-Pandemie kam zu dem Ergebnis, dass nur 14,4% der Befragten unter allen Umständen zur Arbeit erscheinen würden. »Die Ergebnisse legen nahe, dass die Quote der Abwesenden zu jedem Zeitpunkt der Pandemie bis zu 85% betragen kann.«[126] So liest sich ziemlich dramatisch die Schlussfolgerung der Autoren. Frauen fehlen eher als Männer, Teilzeitkräfte eher als Vollzeitkräfte, und Menschen, die sich um ihre Angehörigen (Kinder oder Eltern) kümmern müssen, eher als solche ohne derartige Verantwortung; Pflegekräfte, Hilfspersonal und Gemeindeschwestern bzw. -helfer *(community health care workers)* fehlen im Vergleich zu den anderen Berufsgruppen eher, Ärzte fehlen weniger. Nach dem Alter aufgegliedert fehlen die 40- bis 50-Jährigen am wenigsten.

Das persönliche Risiko einer Infektion, ein krankes Kind oder ein kranker Partner halten Ärzte verglichen mit allen anderen Berufsgruppen am wenigsten von der Arbeit ab. Wenn es darum geht, unbekannte Aufgaben zu erledigen, die Station zu wechseln oder mit neuen und weniger gut ausgebildeten Menschen zusammenzuarbeiten (oder mit bereits in Rente befindlichen, älteren Menschen, auf die man im Notfall zurückgreifen würde), dann wäre die Berufsgruppe der Pflegekräfte am wenigsten bereit, arbeiten zu gehen. Die Hausärzte hingegen hätten ihren ganz besonderen Spaß, so ergab die Befragung, wenn sie mit älteren, bereits in Rente befindlichen Kollegen zusammenarbeiten könnten.

Führungskräfte – was ist zu tun?

All diese Erkenntnisse sind für verantwortliche Führungskräfte (nicht nur) in medizinischen Einrichtungen von Bedeutung, wenn es darum geht, »den Laden am Laufen zu halten«, wie es immer so schön heißt.

Was kann man tun, um die Arbeitsmoral zu verbessern? Was kann man anbieten? In der gerade diskutierten Studie erwies sich die *Impfung* des Befragten und von dessen Familie als wichtigster Motivator, auch bei einer Pandemie zur Arbeit zu kommen. Danach kam zusätzlicher Urlaub für den Mitarbeiter und dessen Familie. Wiederum danach kamen Schutzkleidung und gute Informationen durch den Arbeitgeber über die Notfallpläne. Flexiblere Arbeitszeiten, mehr Gehalt, ein Haftungsausschluss bei möglichen Fehlern oder eine Lebens- bzw. Arbeitsunfähigkeitsversicherung hatten allesamt nur mäßige Auswirkungen auf die Motivation. Am wenigsten motivierend erwiesen sich die Möglichkeiten, näher am Wohnort zu arbeiten, eine Wohnung am Arbeitsplatz zu haben, die Übernahme des Berufswegs durch Fahrdienste und die Übernahme der Kinderbetreuung.

Wissenschaftler der Abteilung für Epidemiologie der Universität von Nottingham führten ein Review und eine Metaanalyse

von 43 Studien zur Frage durch, wie hoch die Bereitschaft einzuschätzen ist, auch während einer Influenza-Pandemie bei der
Arbeit zu erscheinen, und wovon diese Bereitschaft abhängt.
Die erste Frage konnte aufgrund der erheblichen Schwankungs-
breite der Arbeitsbereitschaft von 23,1% bis 95,8% nicht wirklich beantwortet werden. Die Autoren nennen sie »mäßig hoch«
und »höchst variabel«.[127]

Die Frage danach, von welchen Faktoren die Arbeitsbereitschaft, wenn's drauf ankommt, abhängt, konnte dagegen recht
gut beantwortet werden. Mit einer höheren Arbeitsbereitschaft
gingen statistisch signifikant einher:

- das männliche Geschlecht,
- die Ausübung des Arzt- und Pflegeberufs,
- Vollzeitbeschäftigung,
- die erlebte persönliche Sicherheit,
- ein Bewusstsein für das Pandemierisiko,
- das klinische Wissen über Grippepandemien,
- rollenspezifisches Wissen,
- eine vorhandene Ausbildung zum Verhalten bei einer Pandemie und
- das Vertrauen in die eigenen Fähigkeiten.

Verpflichtungen zur Betreuung von Kindern waren demgegenüber signifikant mit einer geringeren Bereitschaft, während
einer Pandemie zur Arbeit zu erscheinen, assoziiert.

Zu ganz ähnlichen Ergebnissen kam auch eine Studie aus
dem vergangenen Jahr an 852 Mitarbeitern von 24 Krankenhäusern in Israel, bei der es um die Frage ging, ob die Mitarbeiter nach einem Erdbeben zur Arbeit kommen würden. Das

Ergebnis: Frauen unter vierzig kommen eher nicht, Mitarbeiter mit professionellem Engagement und Vertrauen in die eigenen Fähigkeiten dagegen kommen.[128]

Bereits vor zehn Jahren machten sich Wissenschaftler an der *School of Public Health & Primary Care* der Universität von Hongkong Gedanken darüber, ob Gemeindekrankenschwestern und -pfleger während einer Influenza-Pandemie ihrer Arbeit nachkommen würden.[129] Bei 401 von der Krankenhausbehörde in Hongkong angestellten Gemeindeschwestern wurden psychologischer Stress (55,0%) und die Angst vor einer Infektion mit der H1N1-Grippe (29,2%) als Gründe genannt, sich nicht zum Dienst zu melden. Diejenigen, die berichteten, dass sie nicht bereit oder nicht sicher waren, sich während der H1N1-Grippe-Pandemie um die Patienten zu kümmern, waren hochsignifikant depressiver ($p < 0,001$) und empfanden die Arbeit als emotional belastender ($p < 0,001$).

Eine Studie an 469 klinisch tätigen Mitarbeitern eines tertiären Lehrkrankenhauses während der Schweinegrippe-Pandemie 2009 ergab bei mehr als der Hälfte (54,9%) als häufigste Sorgen die Infektion von Familie und Freunden und die gesundheitlichen Folgen der Krankheit. Nur wenige (4,3 %) würden sich beurlauben lassen, um eine Infektion zu vermeiden. Je mehr sich die Mitarbeiter sorgten und beunruhigt waren, desto eher beabsichtigten sie, von der Arbeit abwesend zu sein ($p < 0,0005$), und desto größer war die psychische Belastung ($p = 0,036$). Sehr wichtig war den Mitarbeitern, gut informiert zu sein. Die Autoren heben besonders diesen Aspekt hervor, wenn sie am Ende ihrer Diskussion schreiben: »Krankenhausmanager und konsultative Liaison-Psychiatriedienste sollten versuchen, dem Informationsbedarf der klinisch tätigen Mitarbeiter Rechnung zu tragen, um ihnen die bestmöglichen Arbeitsbedingungen in Zeiten von extremem Stress bieten zu können – bei der gegenwärtigen Pandemie und bei zukünftigen Pandemien.«[130]

Diese Erkenntnisse sind wichtig, denn wenn es wirklich ernst wird, macht es einen großen Unterschied, ob fünf von sechs, drei von sechs oder nur einer von sechs Mitarbeitern da sind, um sich um die Kranken zu kümmern.

Geld allein rettet uns nicht im Ernstfall. Die Impfung derer, die Risiko auf sich nehmen (und von deren Familien), schon eher. Des Weiteren werden sich Offenheit, Ehrlichkeit, ein gutes Arbeitsklima und eine Vertrauensbasis zwischen allen Beteiligten ebenso auszahlen wie Investitionen in Schulung und Training. Wissen bewirkt Autonomie, Vertrauen auch, Offenheit und Ehrlichkeit ebenso. Dies mögen Verwaltungen in Zeiten ohne Pandemie bedenken. Kontrolle mag gut sein, Vertrauen ist im Ernstfall wesentlich besser!

»Kein Gesetz und kein Eid kann einen Menschen dazu zwingen, sein Leben zu riskieren; das ist und bleibt eine persönliche Entscheidung«, schreibt Kenneth Iserson aus der Abteilung für Notfallmedizin an der *University of Arizona* in Tucson, Texas, in seiner 2018 erschienenen Arbeit mit dem Titel *Must I respond if my health is at risk?*[131]

Am Ende einer längeren Diskussion kommt er zu dem folgenden Schluss: »Ärzte sollten sich über ihre berufliche und persönliche Verantwortung in Krisen Gedanken machen, bevor sie auf diese reagieren [...] Sofern die Geschichte eine Richtschnur dafür ist, was geschehen kann, können wir beruhigt feststellen, dass die meisten Kliniker dem über Jahrhunderte bis heute fest etablierten heroischen Beispiel folgen und sich entscheiden, ihre Arbeit zu machen«.[132]

Kunst und Kultur sind Lebensmittel

Nach dem bekannten, im Jahr 1943 publizierten sozialpsychologischen Modell des US-amerikanischen humanistischen Psychologen Abraham Maslow gibt es eine Hierarchie der menschlichen Bedürfnisse (Abb. 11.1): Ihr zufolge werden zunächst die lebenswichtigen Bedürfnisse befriedigt, dann das Bedürfnis nach Sicherheit, dann soziale und dann individuelle Bedürfnisse (wobei man den Eindruck hat, dass die Reihenfolge bei manchen Jüngeren hier umgekehrt ist). Ganz an der Spitze stehen die Bedürfnisse nach Kunst und Kultur, das heißt, sie werden dann befriedigt, wenn alle anderen Bedürfnisse schon befriedigt sind.[133]

Abb. 11.1: Bedürfnishierarchie des Menschen im zweiten Jahrzehnt des 21. Jahrhunderts (modifiziert nach Maslow 1943), die oft als Bedürfnispyramide dargestellt wird. Sie ist der Versuch einer vereinfachenden Visualisierung menschlicher Bedürfnisse und Motivationen in einer hierarchischen Struktur.

Nach Maslow wundert es nicht, dass es frei schaffende Künstler in Krisenzeiten immer schwer haben: Wer krank oder vom Hunger geplagt ist, dem ist weder nach Kunst noch nach Kultur zumute. Ganz andere, einfachere Bedürfnisse nehmen plötzlich großen Raum ein: Wärme (menschliche und physikalische!), Wasser, ein Dach über dem Kopf, ein Bett, Brot und Butter. In Krisenzeiten halten die Menschen auch ihr Erspartes zusammen und kaufen keine Gemälde oder Musikinstrumente. Sind dann auch Zusammenkünfte und damit kulturelle Veranstaltungen verboten, wie das in Zeiten einer Pandemie vorkommt, dann wird die Lage gerade für künstlerische Freiberufler rasch prekär.

Not kann allerdings auch erfinderisch machen, zumal, wenn es sich um sehr kreative Leute handelt. Wenn man also schon nicht mehr vor einer Ansammlung dicht gedrängter Menschen auftreten kann, weil dichte Ansammlungen verboten sind, muss man eine Form finden, bei der Distanz (und für jeden ein eigener Lautsprecher) gleichsam eingebaut ist, zum Beispiel das Autokino (Abb. 11.2). Autos sorgen für den Abstand, in jedem einzelnen Auto sitzen nur Menschen aus dem gleichen Haushalt, für das Bild gibt es eine große Leinwand und der Ton kommt per Funk aus dem Autoradio.

Abb. 11.2: Thomas Spitzer als *Opening Act* bei Hazel Bruggers Comedy-Programm »Tropical« im Autokino Eschweiler am 7. Mai 2020 (© Hazel Brugger).

Es zeigt sich allerdings auch, dass nach der Beendigung von Krisenzeiten (in Deutschland beispielsweise in den Jahren nach dem Zweiten Weltkrieg) Bedürfnisse im oberen Bereich der Pyramide, die über Jahre nicht realisiert wurden, weil es Wichtigeres gab, rasch wieder erwachen können. Mit der schrittweisen Aufhebung des derzeitigen pandemiebedingten Lockdowns ist Ähnliches zu erwarten. Zuerst wird man seine Familie und Freunde wiedersehen wollen, und noch etwas später wird man dann auch wieder ins Konzert oder ins Kino gehen wollen – und es wird sich wunderbar anfühlen!

Bundespräsident Frank-Walter Steinmeier sagte in seiner Rede anlässlich des Geburtstagskonzerts der Berliner Philharmoniker am 1. Mai 2020 *vor leeren Stühlen* in Berlin unter anderem das Folgende: »Kunst und Kultur, die wir gemeinsam erleben können, sind keine verzichtbaren Nebensachen. Das erfahren wir gerade in diesen Tagen wieder neu. Stärker als vielleicht sonst schätzen wir das, was wir vermissen: Kunst und Kultur sind, in einem sehr buchstäblichen Sinn, Lebensmittel.«[134]

Man kann das nicht oft genug genau so sagen, denn Kunst und Kultur sind eben nicht Beiwerk, das man auch weglassen kann, solange man nur genug zu essen hat und die Wirtschaft brummt. Kultur ist auch viel mehr als nur ein Besuch im Theater oder Museum. Sie ist vielmehr das, was uns zum Menschen macht, was wir der nächsten Generation vermitteln und vor allem vermitteln wollen, was uns antreibt und was unser Leben mit Sinn erfüllt. Das hat sehr viel mit Gemeinschaft zu tun, die wir zum Leben ebenso brauchen wie die Luft zum Atmen und das Wasser zum Trinken. Wenn Schulen jetzt nicht mehr als Gemeinschaft der Lernenden fungieren, fehlt den Schülern mehr als nur eine gute Erklärung hier und dort. Und sowohl den Schülern als auch den Lehrern ist dies mittlerweile ganz klar.

Maßnahmen der Politik: Föderalismus versus Flickenteppich

Die einen nennen es »Föderalismus«, die anderen sprechen von »Flickenteppich« (vgl. hierzu auch Kapitel 2). Fakt ist, dass die Bundesländer in Bezug auf die Corona-Pandemie durchaus unterschiedliche Strategien und Verordnungen implementiert haben. In Baden-Württemberg beispielsweise waren die Regeln der »Kontaktsperre« weniger streng als die bayerischen »Ausgangsbeschränkungen«.

Weil ich in Ulm (Baden-Württemberg) an der Grenze zu Bayern (Neu-Ulm, auf der anderen Seite der Donau) wohne, konnte ich miterleben, was das bedeutete: Vom 23. März bis zum 20. April waren die Baumärkte in Bayern zu, in Baden-Württemberg dagegen offen. Das führte zu langen Schlangen vor den Ulmer Baumärkten.

Auch war es in Baden-Württemberg erlaubt, zu zweit in 1,5 Meter Abstand mit einer »fremden« Person unterwegs zu sein, in Bayern dagegen nicht. Die bayerische Polizei verscheuchte im Münchener Englischen Garten sogar Leute, die *allein* auf der Wiese ein Sonnenbad nahmen oder auf einer Parkbank saßen und ein Buch lasen. Diese restriktive Polizeiarbeit in Bayern führte dazu, dass die Bewohner an der Landesgrenze scharenweise über die Donau nach Baden-Württemberg kamen, Bücher lasen, auf den Donauwiesen lagen oder sogar gemeinsam mit einem Freund ihren Spaziergang – eben am »anderen«, gegenüberliegenden Donauufer – machten.

Eine Nachfrage des SWR beim bayerischen Polizeipräsidium Schwaben ergab des Weiteren, dass ein Württemberger grundsätzlich durchaus einen Ausflug ins bayerische Allgäu machen dürfe, denn die bayerische Verordnung gelte in erster Linie für die Bayern; auch wurden die Fußgänger bei ihrer Rückkehr über eine der Donaubrücken meines Wissens nicht polizeilich kontrolliert. Umgekehrt war der Fall ohnehin klar: »Wenn man aus Ulm, also Baden-Württemberg, ins Bayerische fährt, dann ist die Fahrt nicht unter Strafe gestellt«, erklärte das Polizeipräsidium am 3. April 2020. Umgekehrt erging es dem Bayern, der in einem Ulmer Baumarkt etwas Sand einkaufte, bei seiner Rückkehr über die Donau angehalten wurde und 800 Euro Strafe zahlen musste. Die Bayern mussten sich also auch außerhalb Bayerns an die bayerischen Regeln halten.

Unterschiede gab es in diesem Zeitraum auch für Motorradfahrer: In Baden-Württemberg war das Motorradfahren durchaus erlaubt, wohingegen in Bayern ein Motorradfahrer nur dann unterwegs sein durfte, wenn er für die Fahrt triftige Gründe hatte – Einkaufen, Arbeit oder Arzt. Reine Ausflugsfahrten waren verboten. Man muss sich schon fragen: warum eigentlich? Wenn ein Motorradfahrer den Abstand von einem Meter und 50 Zentimetern nicht einhält, dürfte er aus anderen Gründen als der Corona-Pandemie mit viel höherer Wahrscheinlichkeit nicht sehr lange leben.

Ein für uns Deutsche spätestens seit dem Mauerfall vor gut 30 Jahren sehr stark gewöhnungsbedürftiger Umgang mit den innerdeutschen Landesgrenzen wurde auch im Norden der Republik gepflegt: Hamburger, die bei ihrem Spaziergang im Norden der Stadt die – völlig unbekannte und auch unsichtbare – Landesgrenze zu Schleswig-Holstein überschritten, wurden von der Landespolizei abgefangen und wieder zurückgeschickt, weil das Bundesland seine Grenzen nach Süden dicht gemacht hatte. Umgekehrt durften die Schleswig-Holsteiner jedoch – vollkommen unbehelligt von der Hamburger Polizei – nach Hamburg zum Einkaufen fahren.

Noch uneinheitlicher, weil noch viel schwieriger, als die Maßnahmen gegen die Ausbreitung des Virus ist deren Rücknahme. Dies erleben wir seit Anfang Mai. Die systematischen Ursachen hierfür sind schon kompliziert genug. Die politischen Gegebenheiten machen das Ganze zu einem kaum zu überschauenden Chaos.

Zugleich ist richtig, dass es große Unterschiede zwischen den Bundesländern gibt, weswegen nicht überall alle Maßnahmen gleich notwendig oder gleich sinnvoll sind. Hier ist wirklich eine besonnene Politik gefragt, die nicht beständig die Menschen verunsichert, sondern klare Handlungsanweisungen gibt, begründet und kommuniziert. Man mag sich ja über tägliche Corona-Sonder-Extra-Spezial-Sendungen im Fernsehen lustig machen, aber andererseits: Was ist denn die Alternative? Wären die Menschen mit Desinformation (wie in den USA) oder einfach gar keiner Information (wie in einigen despotisch geführten Ländern) eher zufrieden?

Man versteht das nur sehr schwer: Deutschland geht neben Südkorea in die Geschichte als dasjenige Land ein, das der Pandemie am effektivsten begegnet ist, das heißt als Land, in dem es gerade NICHT zu katastrophalen Zuständen und sehr vielen Todesfällen durch überlastete Krankenhäuser und überlastetes medizinisches Personal gekommen war. Und was geschieht? Wird die Leistung der politisch Verantwortlichen von der Bevölkerung anerkannt?

Ja! So zumindest hält es die Mehrheit der Bevölkerung, wie man aus Umfragen zur Zufriedenheit der Bevölkerung mit der Regierung, den regierenden Parteien und mit einzelnen Politikern, allen voran mit Kanzlerin Merkel, deutlich sehen kann.

Nein! So entscheidet eine Minderheit der Bevölkerung, die – im Gegensatz zur (wie so oft sprichwörtlich) schweigenden Mehrheit – protestierend auf die Straßen geht, ein jeder (laut Bundesverfassungsgericht seit dem 16. April, in Thüringen seit dem 23. April und in Berlin seit dem 4. Mai) erlaubterweise, aber leider ohne Mindestabstand und Mundschutz. In Berlin oder Stuttgart waren beispielsweise am 9. Mai jeweils

Tausende unterwegs, die der Bundesregierung vorwarfen, ohne Grund die Freiheitsrechte zu beschneiden. Ein Mundschutz sei unsinnig, und die Maßnahmen seien unverhältnismäßig. Unter den Demonstranten waren auch Anhänger von Verschwörungstheorien mit Plakaten, auf denen »Corona ist Fake« stand. Den meisten Demonstranten dürfte nicht klar sein, dass sie hier von rechten populistischen Kräften manipuliert und vereinnahmt werden, die den Staat, auf den wir gerade jetzt so stolz sein könnten und sollten, versuchen, zu destabilisieren.

Das sehen auch die EU-Spitzenpolitiker so. Kommissionspräsidentin Ursula von der Leyen, Ratspräsident Charles Michel und Parlamentspräsident David Sassoli publizierten am gleichen Tag gemeinsam in einem Gastbeitrag für das *Redaktionsnetzwerk Deutschland*, dass Europa derzeit sehr zerbrechlich sei – wirtschaftlich und politisch.

Wissenschaft: Make the experts great again

»Menschen, die davon etwas verstehen, sollten darüber sprechen, nicht Fußballmanager«, lautete die erfrischend ehrliche Antwort des Trainers vom FC Liverpool, Jürgen Klopp, als er von Journalisten nach seiner Meinung zum Coronavirus gefragt wurde. Das war aus meiner Sicht ein sehr wichtiger Aspekt in unserer täglich sich ändernden Coronawelt: Hier sagt jemand ausdrücklich, dass er *kein* Experte ist. Seit dem Ausbruch der Pandemie scheint diese Meinung und damit die Experten entgegengebrachte Wertschätzung zuzunehmen. Das ist aus meiner Sicht bemerkenswert, denn hierzulande hat man oft den Eindruck, dass fast alle Leute für fast alles Experten sind.

Populistische Politiker in aller Welt neigen bekanntermaßen zur Verunglimpfung von Experten, und auch ganz normale Politiker sind meist keine Fans von Experten. Denn wenn Wissenschaftler sich zu irgendetwas unbequem äußern, macht das den Politikern das Leben nicht leichter.

Wenn die Corona-Pandemie eines gezeigt hat, dann ist es die Bedeutung von Experten. Kein anderer als der britische Premier Boris Johnson hat beispielsweise aufgrund der klaren Meinung von Experten seine völlige Untätigkeit angesichts der Corona-Pandemie aufgegeben und – wenn auch sehr halbherzig – Maßnahmen eingeleitet. Und es ist gut, dass manche Virologen und Epidemiologen nun ähnliche Bekanntheit erlangt haben wie Schlagersänger oder Fußballspieler.

Ein Letztes: Gegen Fake-News und Verschwörungstheorien brauchen wir kein *Abwehrzentrum* im Kanzleramt, wie schon 2016 vom Innenministerium vorgeschlagen worden war[135] und neulich angesichts der vielen Falschmeldungen über das Coronavirus wieder einmal als Idee neu aufgelegt wurde. Wir haben solche Zentren schon, und sie bekämpfen nicht nur Falschheit, sondern produzieren ständig interessante neue Wahrheiten, die langfristig in unser Wissen übergehen. Die Menschen bringen diesen Institutionen – in denen erfahrene Experten mit unseren besten jungen Menschen sehr erfolgreich zusammenarbeiten – im Allgemeinen großes Vertrauen entgegen. Man nennt sie Universitäten.[136]

12.

DIE ZUKUNFT HÄNGT VON UNS AB: DIESE KRISE MEISTERN UND DIE NÄCHSTE VERMEIDEN

Die Zukunft hat schon begonnen: Wie am Ende von Kapitel 2 bereits ausgeführt wurde, sind wir nicht mehr nur dabei, das rasch bewegliche Ziel »Corona-Pandemie« immer besser zu verstehen. Vielmehr liegen auch erste Studien zu unserer Reaktion auf die Krise vor, die im Grunde klar zeigen, wie es weitergehen könnte und hoffentlich auch weitergeht. Unsere Reaktionen auf die Krise – sowohl die automatischen emotionalen als auch die bewussten vernünftigen – sind dabei von einer Komplexität, gegen die das Virus und seine Auswirkungen auf uns vergleichsweise einfach anmuten. Es vermehrt sich in uns und durch uns, verursacht bei den meisten Betroffenen gar keine oder nur geringe Symptome und führt bei manchen Menschen zu einer schweren Krankheit, die tödlich verlaufen kann, vor allem bei denen, die maschinell beatmet werden müssen.[137] Es gibt erste Medikamente mit deutlich positivem Effekt (Abb. 12.1), und es wird in den nächsten Monaten weitere geben. Irgendwann – hoffentlich bald – wird es einen Impfstoff geben, und dann wird man sagen können, dass die Krise überstanden ist.

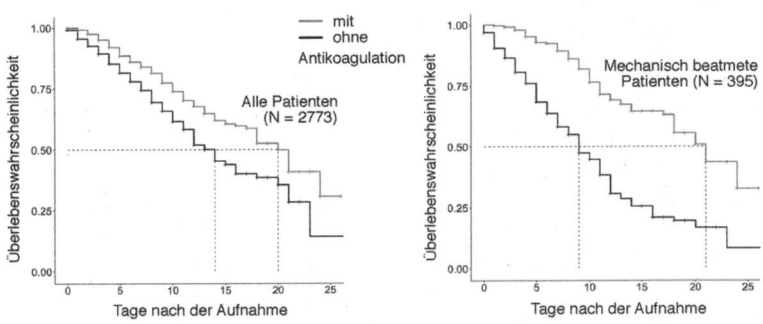

Abb. 12.1 Kaplan-Meier-Überlebenskurven von 2773 COVID-19-Patienten, die in mehreren Krankenhäusern des New Yorker *Mount Sinai Health System* zwischen dem 14. März und 11. April 2020 behandelt wurden. Untersucht wurde der Zusammenhang zwischen der Gabe von Antikoagulanzien (soge-nannte »Blutverdünner«) und dem Überleben sowohl aller Patienten als auch der Untergruppe von schwer kranken Patienten, die mechanisch beatmet wurden.[138] Die Daten stammen aus einer (nicht randomisierten) klinischen Beobachtungsstudie und rechtfertigen weitere Studien von methodisch höherer Aussagekraft. Wie alle wirksamen Therapien, so hat auch die Anti-koagulation Nebenwirkungen (Blutungsrisiko), was immer im Einzelfall abgewogen werden muss.

Die Medizin in der Krise

Wir sind es gewohnt, in der Krise auf die Fortschritte der Medizin zu schauen. Die Coronakrise hat jedoch die Medizin weltweit durchaus auch selbst in eine Krise gestürzt, deren Konsequenzen erst seit Mitte Mai – sehr langsam – ans Tageslicht kommen. Schon bei der Ebola-Epidemie in Afrika gab es indirekte Effekte, die zu einer Verdopplung der Todesfälle während der Epidemie führten. Denn aufgrund der Bündelung der Kräfte gegen Ebola wurden Patienten mit anderen Krankheiten vernachlässigt. Dies führte zu ebenso vielen zusätzlichen Toten durch die nicht oder nicht mehr so gut erfolgende Behandlung anderer Infektionskrankheiten (Tuberkulose, AIDS) wie durch das Ebolavirus selbst.[139]

Wer glaubt, dass dies nur ein Problem von Entwicklungsländern mit ihrer fragilen Gesundheits-Infrastruktur ist, der denke nur an die Ereignisse während der gegenwärtigen Pandemie in Italien, Frankreich, Spanien und Großbritannien.

Sogar ein spezialisiertes, hochtechnisiertes New Yorker Strahlentherapie-Zentrum kam an seine Grenzen. Eine am 19. April 2020 erschienene Publikation berichtete über das Begleitmonitoring bei 15 von 137 im März durch Bestrahlung behandelten Krebspatienten, die aus verschiedenen Gründen (bestehende Symptome, Kontakte mit COVID-19-Positiven, sehr hohes Alter) ein hohes Risiko für das Vorliegen von COVID-19 aufwiesen. Sie wurden zunächst auf SARS-CoV-2 getestet, und erst bei negativem Ergebnis begann die Behandlung. Erfolgte die Therapie über mehrere Sitzungen in Abständen von mehr als einer Woche, wurden diese Tests jedes Mal wiederholt. Bei positivem Testergebnis wurde die Behandlung nicht begonnen bzw. unterbrochen, was zu Verzögerungen führte. Ein SARS-CoV-2-positiver Patient verstarb, bei zwei weiteren konnte die Strahlentherapie nicht weitergeführt werden.[140]

Am 8. Mai publizierte das Deutsche Ärzteblatt, dass schätzungsweise 1,6 Millionen geplante (»elektive«) Operationen im Zeitraum zwischen dem 16. März und 4. Mai 2020 wegen der Corona-Pandemie verschoben wurden.[141]

Nur eine Woche danach veröffentlichte ein weltweit neu gegründeter Verbund von mehr als 5000 Chirurgen aus mehr als 120 Ländern, der sich *CovidSurg Collaborative Gruppe* nennt, im Fachblatt *British Journal of Surgery* vorab als Preprint eine Studie, die uns noch viel zu denken geben und darüber hinaus noch viel mehr zu arbeiten geben wird: Durch eine beispiellose Sammlung von Daten aus 359 Kliniken in 71 Ländern, die zudem auf 190 Länder hochgerechnet wurden, ermittelte diese Gruppe die Auswirkungen der Corona-Pandemie auf die weltweite chirurgische Praxis. Das Ergebnis: Während der ersten zwölf Wochen der Corona-Epidemie wurden weltweit 28 Millionen chirurgische Eingriffe verschoben.[142] In endlosen Tabellen kann man in dieser Arbeit nachsehen, in welchem Land der Welt welche Operationen (und wie viele) nicht erfolgten, weil man zum Beispiel die Betten der Intensivstationen für Patienten mit COVID-19 freihalten wollte. Daraus errechnete man dann, dass es mit jeder zusätzlichen Woche der Pandemie weltweit zu etwa 2,4 Millionen weiteren Verschiebungen chirurgischer Eingriffe kommt, wenn man weiterhin Kapazitäten zur Behandlung von COVID-19-Patienten vorhält.

Auch 34 deutsche Kliniken waren an dieser Studie beteiligt, sodass für Deutschland bekannt wurde: 908.759 Operationen wurden aufgeschoben, davon etwa 850.000 elektive Eingriffe.

Aber was heißt schon »elektiv«? Im Grunde nur, dass es sich um keine akuten Notfälle handelte, um die man sich selbstverständlich weiter gekümmert hat. Aber kann man, ja darf man auch Krebsoperationen, die nicht zu den Notfällen zählen, aufschieben? Wenn überhaupt, dann eigentlich nur für die kürzestmögliche Zeit, denn durch diese Eingriffe wird nicht nur Leben gerettet, sondern vor allem auch Leiden vermindert. Daher stimmt sehr nachdenklich, dass in Deutschland nicht nur etwa 85% aller elektiven Operationen verschoben wurden, sondern auch 52.000 Krebsoperationen, was einem Anteil von 24% an allen Krebsoperationen entspricht.

In anderen Ländern war das nicht anders, und so wurden in Frankreich und den USA 700.000 bzw. 3,8 Millionen Operationen verschoben. Das entsprach in beiden Ländern knapp einem Drittel aller Krebsoperationen. Die weltweite Betrachtung ergab aber auch Folgendes: Je ärmer ein Land ist, desto häufiger waren die anteiligen Verschiebungen von Krebsoperationen. Im reichen Norwegen wurden (ähnlich wie die 24% bei uns) nur 23% der Krebsoperationen verschoben, in Brasilien 44%, in Vietnam 56%, und im Sudan waren es 72% (siehe Abb. 12.2). Auch der Durchschnitt aller armen Länder betrug 72%. Die in Staaten mit ohnehin schon schwachen Gesundheitssystemen lebenden Menschen leiden damit am meisten unter der Pandemie.

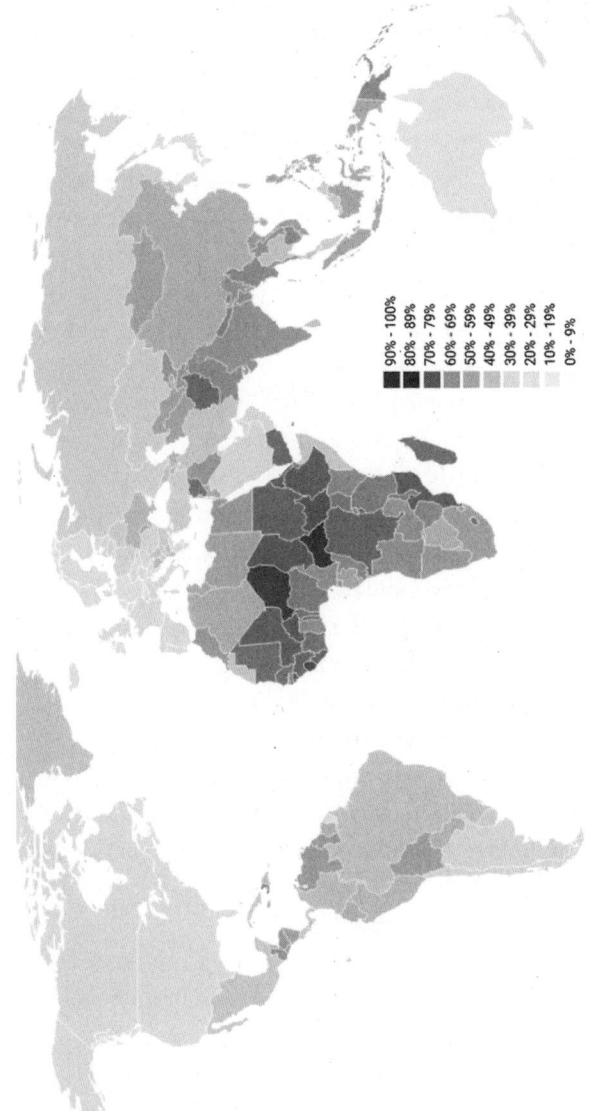

Abb. 12.2: Abnahme der Krebsoperationen in Prozent innerhalb von zwölf Wochen Corona-Pandemie in verschiedenen Ländern der Erde (je dunkler, desto größere Abnahme).[143]

Die Wirtschaft in der Krise

Die Situation ist im Hinblick auf das Wirtschaftssystem nicht anders. In wirtschaftlich starken Staaten mit gut funktionierenden Sozialsystemen müsste eigentlich niemand aufgrund der Pandemie hungern oder auf der Straße sitzen. Aber sogar in der Schweiz nimmt die Länge der vor kostenlosen Garküchen oder Nahrungsmittel-Ausgabestellen stehenden Menschenschlangen beängstigend zu. In den USA sowieso. Denn wie schon in vorherigen Kapiteln beschrieben, gibt es im Land der stärksten Weltwirtschaft nicht nur knapp 30 Millionen Menschen ohne Krankenversicherung, sondern mittlerweile auch 36 Millionen mehr Arbeitslose als Anfang März dieses Jahres. Das befeuert nicht nur die Pandemie (wer nicht krankenversichert ist, geht nicht zum Arzt, und wer hustet, wird dennoch arbeiten, um seinen Job nicht zu verlieren), sondern wirkt sich langfristig wahrscheinlich noch gravierender indirekt auf die Gesundheit aus: Existenzieller Stress bei Arbeitslosigkeit, Obdachlosigkeit oder Krankheit schwächt nicht nur die Immunabwehr (und befeuert auch auf diese Weise die Pandemie weiter), sondern führt auch zu sozialem Abstieg und einer Reihe weiterer Krankheiten (Bluthochdruck, Diabetes). Beides, der soziale Abstieg und die genannten Krankheiten, erhöht wiederum die Wahrscheinlichkeit der ohnehin häufigsten Todesursachen in der westlichen Welt (Herzinfarkte und Schlaganfälle).[144]

Wirtschaft und Gesundheit hängen sehr eng zusammen. Für die gegenwärtige Krise gilt, was der ehemalige Vizekanzler Sigmar Gabriel neulich in einem Interview sagte: »Alles, was gesundheitlich schiefgeht, hat hinterher ökonomische Folgen. Alles, was ökonomisch schiefgeht, hat hinterher gesundheitliche Folgen.«[145] Er fügte hinzu, dass man beides nicht gegeneinander ausspielen könne. Es komme vor allem darauf an, in schwierigen Zeiten die Übersicht und Vernunft zu behalten, um einigermaßen richtig zu entscheiden. Das ist schon sehr viel, wie ich mehrfach versucht habe, anhand international vergleichender Beobachtungen und Daten zu zeigen.

Noch etwas hat Herr Gabriel sehr treffend gesagt: »Die Krise wirkt wie ein Brandbeschleuniger für all das, was auch vorher schon nicht in Ordnung war.« Ein Beispiel hierfür sei kurz angesprochen.

Schlachthöfe

Dass die Krise auch hierzulande Schwachstellen im System offenbart, zeigen beispielsweise die Nachrichten zu den Infektionsfällen und in der Folge zur Situation in Schlachthöfen. Das Beispiel zeigt sehr deutlich, dass die Auswirkungen der Corona-Pandemie von unseren sozialen Lebensbedingungen abhängen.

In Bayern, Nordrhein-Westfalen und Schleswig-Holstein kam es in mehreren großen Schlachthöfen bzw. fleischverarbeitenden Betrieben zu Häufungen von Infektionsfällen mit dem Virus SARS-CoV-2 bei bis zu einem Drittel der dort jeweils beschäftigten Mitarbeiter. Nähere Untersuchungen identifizierten bald darauf das Problem: die prekären konkreten Lebensbedingungen der Mitarbeiter, die durch ein bewusst kompliziert gehaltenes System von Leiharbeitsfirmen und nochmaliger Verleihung von Arbeitskräften über Werkverträge für wenig Geld hart arbeiten und sehr beengt wohnen. Gesetze zu Arbeitszeiten, Arbeitsschutz oder gar Maßnahmen der sozialen Distanzierung in der Pandemie – Fehlanzeige. Die Regierung handelte schnell:

Bereits am 20. Mai wurde ein Gesetz auf den Weg gebracht, das diese Zustände unterbindet, indem mehr kontrolliert wird und Werkverträge in großen Schlachtbetrieben nicht mehr zulässig sein sollen.

Interessant ist, dass am 8. Mai 2020 in den USA eine wissenschaftliche Untersuchung zur Situation von 115 Schlachthöfen für Schweine, Rinder und Geflügel in 19 US-Bundesstaaten publiziert wurde. Sie zeigt, dass die Häufigkeit von SARS-CoV-2-Infektionen bei Beschäftigten in den Schlachtbetrieben der USA je nach Betrieb bei 0,6% bis 18,2% lag. Im Mittel waren 3% der dort arbeitenden Menschen – 4913 von insgesamt 130.578 untersuchten Arbeitern – infiziert, das heißt weitaus mehr Menschen als im US-amerikanischen Durchschnitt, der je nach geschätzter Dunkelziffer mehr oder weniger deutlich unter 1% liegt. Insgesamt wurden 20 Todesfälle verzeichnet. Die Autoren machten in der Diskussion ihrer Ergebnisse sehr deutlich, dass die Arbeitsbedingungen der Menschen, zumeist Ausländer aus sehr prekären Verhältnissen, verbessert werden müssen, um die Auswirkungen der Pandemie zu mindern.[146] Geschehen ist in den USA bislang nichts.

Lockdown und Lockerung

Insgesamt sind die Auswirkungen unserer Reaktionen auf die Krise nicht nur komplexer und schwieriger zu untersuchen als das Virus, die Krankheit und die Effekte von Medikamenten oder Impfstoffen (und das ist schon schwierig genug) werden uns auch länger beschäftigen: Weltweit müssen Fließbänder und ganze Nachschubketten wieder anlaufen (das Erste ist leichter als das Zweite), Arbeitslose wieder eingestellt (das ist schwieriger, als Kurzarbeit zu beenden), Kindergärten und Schulen wieder geöffnet (und das Versäumte nachgeholt) und unsere Freiheit wieder ermöglicht werden (das ist schwieriger, wenn sich zugleich viele danebenbenehmen).

Ein Friseur, der sich viele Gedanken um Hygieneregeln gemacht hat, schrieb mir ein paar Tage vor der Wiedereröffnung seines Salons nach dem Lockdown Folgendes:

»Da wir Kunden mit Handschuhen begrüßen müssen, würden wir auch mit Handschuhen das Haar berühren, um eine Haarfarbe zu bestimmen, die wir dann mit Handschuhen auftragen. Jede Haarfarbe beinhaltet waschaktive Substanzen, die, wenn ich die Virologen richtig verstanden habe, das Virus abtöten. Nach der Farb-Einwirkzeit wird die Farbe mit Handschuhen ausgewaschen, und danach findet erst der Haarschnitt ohne Handschuhe statt.« Ebenso war er bemüht, die geforderten Hygienemaßnahmen mit Augenmaß zu implementieren: *»Wir arbeiten nun an der Umsetzung, und ich mit meinem Salon besonders daran, keine Intensivstation zu erschaffen – durch mehr Blumen etc.«* Seine Überlegungen waren teilweise denen in Krankenhäusern gar nicht unähnlich: *»Ansonsten habe ich aus einem Team zwei Teams gemacht, die jeweils sechs Stunden täglich arbeiten (schon wegen der Maskenpflicht), deren Schichten durch eine Pause getrennt sind (in der Reinigungskräfte alles reinigen). [...] Unsere Öffnungszeiten habe ich deutlich verlängert, wir öffnen Mo–Sa von 8:00–14:00 und von 15:00–21:00 Uhr.«* Was das Marketing anbelangt, könnten die meisten Krankenhäuser von den Friseuren lernen: *»Einige Plätze bleiben frei und werden mit freundlichen Schildern gekennzeichnet. Alle Hinweise bekommen eine einheitliche Überschrift: unser Logo mit dem Zusatz ›mit Sicherheit schön‹.«*

12. Die Zukunft hängt von uns ab

Ich bat ihn daraufhin, mir doch auch seine Erfahrungen zum Betrieb nach der Wiedereröffnung seines Salons zu berichten, die aus meiner Sicht das Wesentliche sehr gut und knapp auf den Punkt bringen:

»Ich muss sagen, es läuft besser als gedacht. Unsere Kunden bemerken die Mühe bzgl. Wohlfühlatmosphäre, sind sehr geduldig und dankbar. Die erste Panikwelle (nie mehr einen Friseurtermin zu bekommen) ist abgeflacht, und es entwickelt sich Richtung Normalität. Die nächsten vier Wochen sind ausgebucht, was aber kein Problem ist für die Kunden, sie warten brav auf den erstmöglichen Termin.«

Und wieder können (sogar psychiatrische) Kliniken von einem Friseur lernen:

»Die Arbeit mit den Masken beklagen wir nie vor den Kunden, aber im Personalraum. Das ist tatsächlich anstrengend, diese warme Luft zu atmen, die nie richtig frisch anmutet. Ich hoffe, dass es bald erlaubt sein wird, mit Visieren arbeiten zu dürfen. Ich hatte gestern zwei Neukunden, da muss ich sagen, dass ich sie gebeten hatte, kurzweilig den Mundschutz abzunehmen. Es ist schwierig, zu beraten, wenn man die Kundin bzw. den Kunden nicht vollständig erkennt. Mit meinem Team habe ich sehr unsere Salon-Kommunikation thematisiert, die nun anders abläuft durch den Mundschutz. Man kann Kunden und Befindlichkeiten nicht mehr so gut lesen, wenn die Mimik verdeckt ist. Also achten wir besonders darauf, dass wir positiv kommunizieren, um das fehlende Lächeln auszugleichen.«

Das hätte ich vor Wochen meinen Mitarbeitern auch alles mitgeben können. Aber ich habe nicht daran gedacht und es erst kürzlich nachgeholt. Es tröstet mich etwas, dass am Ende seines Berichts durchscheint, dass die Zunft der Friseure aus ganz normalen Menschen besteht:

»In der Branche werden zwei Meinungen immer lauter. Die einen, welche die Maßnahmen, wie wir, annehmen und umsetzen mit Optimismus und guter Stimmung, und die anderen, die klagen, meckern und am liebsten wieder zumachen würden. Die gewohnte Polarität also. :-)«

Für alles, was wir in der Krise tun, gilt: All diese Maßnahmen – den Lockdown und dessen Lockerung – veranlassen *wir*, nicht das Virus. Und bei den ökonomischen Folgen der Pandemie handelt es sich – wie bereits in mehreren Kapiteln diskutiert – um sehr komplexe Wechselwirkungen zwischen den zuvor bestehenden politischen und wirtschaftlichen Rahmenbedingungen einerseits, den psychologischen und ökonomischen Auswirkungen der zur Einschränkung der Pandemie getroffenen Entscheidungen andererseits und nicht zuletzt der ständig sich ändernden Reaktionen aller Beteiligten auf dies alles.

Wie gut dies alles gelingt, hängt daher auch nur von uns ab. Die Studien zu Maßnahmen des Lockdowns zeigen deren Wirksamkeit gegen die Corona-Pandemie klar an. Die Maßnahmen mögen jahrhundertealt sein, aber sie wirken, und solange wir nichts anderes haben, ist es sinnvoll, sie einzusetzen. Man kann diese Erkenntnisse auch nutzen, um den Ausstieg vom Lockdown vernünftig zu gestalten. Hoffen wir, dass dies geschieht. Was geschieht, wenn man die Vernunft einfach weglässt, zeigt der folgende Abschnitt.

Die Vogel-Strauß-Allianz

Erinnern Sie sich daran, dass bis Ende Januar bzw. Anfang Februar dieses Jahres diskutiert worden war, ob die sich ausbreitende, durch das neue Coronavirus verursachte Krankheit nun »noch« Epidemie oder vielleicht doch »schon« Pandemie genannt werden sollte? Dabei ist es der Krankheit völlig egal, wie man sie nennt. Das heißt, vom Namen einer Sache wird die Sache selbst ja nicht bestimmt, er ist der Sache äußerlich: »Schall und Rauch« nennt das bekannte Sprichwort die Namen. Und dennoch wurde über den Namen gestritten, was das Zeug hält. Das war schon vor Jahrhunderten so, wie man einem der berühmtesten Bücher über eine Epidemie – die Pest – im mittelalterlichen Mailand entnehmen kann. Das Buch des italienischen Schriftstellers *Alessandro Manzoni* trägt den völlig unverdächtigen Titel »Die Brautleute«[147] und dreht sich genau darum.

Man stritt sich damals nicht über das Wort »Pandemie«, sondern über das Wort »Pest«, aber der Sachverhalt wird im nachstehenden Zitat sehr deutlich: »Am Anfang also ›keine Pest‹, auf keinen Fall und in keiner Weise; sogar das Wort ist verboten. Dann ›pestartiges Fieber‹: Die Vorstellung schleicht sich durch ein Adjektiv ein. Dann ›keine richtige Pest‹; soll heißen: Pest schon, aber nur gewissermaßen; nicht eigentlich Pest, sondern etwas, für das man keinen anderen Namen finden kann. Schließlich ›ganz zweifellos und unbestreitbar Pest‹, aber schon hat sich eine andere Vorstellung damit verbunden, nämlich die der Hexerei und Giftmischerei, die den Sinn des nicht mehr abweisbaren Wortes verwirrt und verfälscht.«[148]

Am Anfang einer Krise will man einfach nichts von ihr wissen. Wenn jedoch die Tatsachen erdrückend und die Fakten unübersehbar werden, ändern die Menschen ihre Meinung. Die meisten jedenfalls. Denn nichts zu tun, ist während einer Krisensituation definitiv falsch. Es gab und gibt jedoch immer Länder, deren Präsidenten es vorziehen, die Krise einfach zu leugnen: Brasilien (Jair Bolsonaro), Nicaragua (Daniel Ortega), Weißrussland (Alexander Lukaschenko) und Turkmenistan (Gurbanguly Berdimuhamedow). Der im brasilianischen São Paulo lehrende Politikwissenschaftler Oliver Steunkel bezeichnete diese Politiker als die »Vogel-Strauß-Allianz«, weil ihnen gemeinsam sei, dass sie angesichts der gegenwärtigen Krise den Kopf in den Sand stecken.[149]

Nach einem Bericht der Londoner *Sunday Times* vom 19. April 2020 gehörte auch Boris Johnson dazu. Während eines Treffens des nationalen Krisenstabs »Cobra« am 24. Januar wurde die Gefahr einer Corona-Pandemie für die Bevölkerung Großbritanniens vom Gesundheitsminister Matt Hancock als »gering« eingestuft, und in den darauffolgenden 38 Tagen geschah *nichts*.[150] Nach allem, was seither in Großbritannien geschehen ist (dort gibt es mittlerweile – nach den USA mit über 90.000 – weltweit die zweitmeisten Toten durch COVID-19, bislang etwa 35.000), würde klar, dass dies ungünstig auf den weiteren Verlauf der Pandemie in Großbritannien gewirkt hat.[151] Italien, Spanien, Frankreich und Deutschland hatten längst mit Maßnahmen reagiert, aber Johnson tat dies erst, als seine Experten ihm vorrechneten, dass es in Großbritannien bald eine halbe Million Tote geben würde, wenn er weiterhin nichts unternähme. Diese Anzahl an Todesfällen hat es glücklicherweise nicht gegeben, aber im Vergleich zu anderen Ländern doch deutlich mehr, von denen nicht wenige vermeidbar gewesen wären, wie man Johnson heute vorwirft.

Noch schlimmer war es nur in den USA: Ein Präsident, der die Gefahr nicht sehen will, der sich verhält wie ein kleines Kind und ständig Ausreden erfindet, der Experten widerspricht, der Schutzmasken ebenso wenig mag wie kritische Reporter und der Putzmittel als Medikamente empfiehlt, scheint nicht nur für den Tod einiger Amerikaner, die seinem dummen medizinischen Rat gefolgt sind, verantwortlich zu sein, sondern für einige Zehntausend Tote in seinem Land, die auf das Konto seiner Unfähigkeit und Untätigkeit gehen. In seinen im März und April stattgehabten (mittlerweile aus Mangel an Interesse wieder eingestellten) täglichen Pressekonferenzen vertrat er die aberwitzigsten Thesen, verwirrte Mitarbeiter und Mitbürger, legte sich mit den Gouverneuren an und schob die Verantwortung für sein eigenes, durch Unvermögen verursachtes Fehlverhalten auf andere.

Aus den genannten Gründen wurde seit Mitte April neben Boris Johnson auch Donald Trump zu dieser »Kopf-in-den-Sand-Gruppe« gezählt, wie aus mehreren Medienberichten aus den USA, Großbritannien und Neuseeland hervorgeht.[152] Dort finden sich Beschreibungen der Worte und Taten der genannten sechs Potentaten, die aufgrund ihrer Dummheit und Dreistigkeit hier nicht weiter ausgeführt werden. Diese sechs Führungspersonen haben neben ihrer Missachtung der Gefahren der Pandemie auch ihre undemokratische Gesinnung, ihre Verachtung für die Sorgen und Nöte der Menschen sowie ihren Rechtspopulismus gemeinsam. Im Falle der USA und Trump wurde auch schon nachgewiesen, dass rechte, nationalistische

Gesinnung mit geringerer Handlungsbereitschaft in der Krise einherging (vgl. Kapitel 3).

Bildung in der Krise

Wie schon in Kapitel 9 dargestellt, zeigt sich gerade jetzt, was alles *nicht* geht, wenn die Kitas und Schulen geschlossen sind. Wenn einige Bundesländer schon das Sitzenbleiben aussetzen, ist das im Grunde ja schon das Eingeständnis, wie schlecht es sich am Computer lernt. Zudem spricht sich auch herum, dass gerade schwächere Schüler besonders leiden, das heißt noch schwächer werden, während man guten Schülern sogar ein Buch in die Hand drücken kann: Sie lesen es und lernen daraus! Die schwachen Schüler nicht – und genau das ist eben der Unterschied. Sehr gute Schüler (vielleicht 5%) bräuchten möglicherweise nur sehr selten einen Lehrer (obwohl es ihnen mit Lehrer freilich auch besser geht als ohne), aber die schwächeren (und das sind heute sehr viele) brauchen unbedingt einen. *Das* wird man jetzt flächendeckend bemerken.

Angesichts der Bedeutung, die guter Schulunterricht für alle Dimensionen der kindlichen Entwicklung (körperlich, geistig, seelisch, sozial) hat, kann man nur schwer verstehen, warum sich Kultusminister mit der Wiedereröffnung von Kitas und Schulen so schwertun. Eine meiner Mitarbeiterinnen, Ärztin und Mutter, schrieb mir am 21. Mai 2020 das Folgende:

»Während Hochzeiten und Feiern mit bis 100 Personen wieder erlaubt sind, Freizeitparks öffnen und ab Juni die Sportvereine (auch für die Kinder, die als angebliche Virenschleudern nicht in

die Schule dürfen) ihr Programm wieder aufnehmen, gibt es für Familien (und hier vor allem für die Frauen, die wie üblich die Hauptlast tragen) keine Perspektive, auch nicht im nächsten Schuljahr. Wie soll bei den derzeit geplanten zehn Unterrichtsstunden alle zwei Wochen in der Grundschule Lernen ohne ständige Unterstützung der Eltern oder eine normale Berufstätigkeit für diese möglich sein? Die Kinder, um deren Bildungschancen es jetzt geht, werden die Schulden, die jetzt angehäuft werden, ja auch bezahlen müssen. Die Schulschließung ist nicht einfach mal eine Kleinigkeit, die nun einmal Eltern stört, die mit ihren Kindern daheim nicht zurechtkommen, wie sogar die Tagesschau auch schon berichtet hat. Schulschließungen waren am 16. März sinnvoll, damit wir alle realisieren konnten, was los ist, und sind natürlich auch auf lange Sicht ein mögliches, aber definitiv nicht das beste Mittel und schon gar nicht alternativlos, um die Pandemie in den Griff zu bekommen. Die Evidenz für diese Maßnahmen ist gering, ihre Nachteile sind vielfältig und schwerwiegend. Gesellschaftlich gesehen ist das eine Katastrophe …«

Ganz ähnlich wird die Situation auch in einem offenen Brief von Miriam Pracki aus dem nahe bei Ulm gelegenen Blaustein vom 17. Mai 2020 an die Kultusministerin von Baden-Württemberg, Dr. Susanne Eisenmann, dargestellt. Frau Pracki ist als Unternehmerin in einem Familienbetrieb und vor allem als Mutter zweier Töchter im Alter von fünf und sieben Jahren von der coronabedingten Schließung von Kita und Schule unmittelbar betroffen.

»Sichtlich überrascht hat mich die Pressemitteilung, dass ab 1. Juni 2020 wieder Veranstaltungen von bis zu 100 Teilnehmern stattfinden dürfen. Ich frage mich nun, wie Sie die jetzige/geplante

Art von Schul- und Kitabetrieb rechtfertigen. Unsere Grundschule hat 130 Schüler, der Kindergarten 50 Kinder. Die Klassen (meist 18–20 Kinder pro Klasse) werden in zwei Gruppen unterteilt, sie müssen sich im wöchentlichen Wechselrhythmus vor der Schule im Klassenverband mit 1,5 m Abstand treffen, um dann eine Hygieneprozedur mit Abstandsregeln in einem Wirrwarr von Einbahnstraßen im Schulgebäude über sich ergehen zu lassen. [...] Die Regeln, die Sie den Kindern und Eltern aufbürden, sind willkürlich und stehen in keinem Verhältnis zu den sonstigen Regelungen, die für die Bevölkerung im Alltag gelten. [...] Die Kinder, die Sie trennen, spielen seit Wochen schon zusammen auf der Straße. Sie treffen sich beim Fahrradfahren, Inlineskaten und Ballspielen. Diese Kinder gehen zusammen morgens in die Schule und werden dann vor der Schultür durch Abstandsregeln getrennt. Am Nachmittag treffen sich die Kinder wieder auf dem Spielplatz. Dass Kinder permanent 1,5 m Abstand einhalten und wir Eltern unsere Kinder permanent maßregeln, ist ein Wunschdenken. Natürlich achten wir auf Abstand und ermahnen unsere Kinder, sich an die Regeln zu halten, aber Wunsch und Realität klaffen hierbei weit auseinander.

Wie erkläre ich denn meinen Kindern die Hygieneprozedur am Schuleingang und die veränderten Gruppengrößen, wenn wir dann am Samstag zu einem Geburtstag mit 60 Gästen eingeladen sind? Sie glauben doch selbst nicht, dass sich die Gäste alle auf 1,5 m Abstand bewegen und der Gastgeber vorher das Hygienekonzept erläutert, welches er dann auf seine Küche anwendet bzw. auf die Küche des Restaurants ausdehnt.«

Man sieht deutlich: Die von Politikern beschlossenen und verantworteten Maßnahmen passen nicht zueinander, es wird mit zweierlei Maß gemessen und Kindern – die unempfindlicher gegenüber dem Virus und zugleich empfindlicher gegenüber Einschränkungen von Bewegung, Bildung und Sozialkontakten sind (siehe Kapitel 9) – mehr aufgebürdet als anderen Teilnehmern der Gesellschaft. Liegt das daran, dass sie noch nicht wählen dürfen? Bedenkt man, dass derzeit weltweit etwa 1,6 Milliarden Kinder von der Schließung von Bildungseinrichtungen betroffen sind[153], wird die Dimension des Problems deutlich.

Schulschließungen wirken (siehe Kapitel 2), aber sie haben auch Nebenwirkungen. Wenn es um die im Hinblick auf unsere Zukunft wichtigste und zugleich empfindlichste Gruppe unserer Gesellschaft geht, müssen wir besonders gründlich nachdenken und verantwortlich handeln. Die Bildung in Deutschland steckte schon vor Corona in einer tiefen Krise. Vor drei Jahren schrieben mehr als 300 deutsche Mathematikprofessoren einen Brandbrief an die 16 Kultusminister: Deutsche Abiturienten mit einer Zwei in Mathe können keine Bruch- und Prozentrechnung mehr. Schulschließungen und 500 Millionen für Tablets (die von allen digitalen Endgeräten die Passivität am meisten fördern) für Schüler aus ärmeren Elternhäusern machen das nicht besser.

Das Präventionsparadoxon

Wie in Kapitel 2 schon erwähnt, wenden wir gegen eine Krankheit von heute Maßnahmen aus dem Mittelalter an – glücklicherweise nicht mehr alle. In dem oben genannten Buch von *Manzoni* findet sich hierzu ein drastisches Beispiel: An einem

Pfingstfeiertag, als sich mitten in der Pestepidemie die Stadtbewohner Mailands auf einem Friedhof versammeln, versucht das Gesundheitsamt, jeden Zweifel an der Pestepidemie durch eine Maßnahme auszuräumen, die aus heutiger Sicht extrem kontraproduktiv erscheint und der weiteren Verbreitung der Seuche noch Vorschub leistete:

»An jenem Tag war unter anderem E. an der Pest gestorben. Zur Zeit des größten Gedränges wurden nun auf Anordnung des Gesundheitsamtes die Leichen jener Familie mitten zwischen den Kutschen, Reitern und Fußgängern zum Friedhof gebracht, auf einem Karren und nackt, damit die Menge an ihnen die offenkundigen Zeichen der Pest sehen könne. Die Pest war nun nicht mehr zu leugnen, aber sie erwarb sich auch ganz von selbst jeden Tag mehr Glaubwürdigkeit, und gerade jene Versammlung auf dem Friedhof dürfte nicht wenig dazu beigetragen haben, sie zu verbreiten.«[154]

Die *wirksamen* Mittel von damals, die auch heute noch verwendet werden, bringen ein Problem mit sich, das mittlerweile den Namen »Präventionsparadoxon« trägt. Dieses lautet wie folgt: Je härter die Maßnahmen sind, die getroffen werden, um die Pandemie einzudämmen, und je gewissenhafter sie befolgt werden, desto wirksamer sind sie. Das ist ja auch genau so gewollt, und deswegen wird die Pandemie auch effektiv zurückgedrängt, es infizieren sich weniger Menschen und es sterben zehn- bis 35-mal weniger Menschen, wie in den USA mittlerweile nachgewiesen wurde (siehe Kapitel 2), als wenn keine Maßnahmen durchgeführt worden wären. Doch je länger die Todesfälle ausbleiben, desto größer werden die Zweifel an der Notwendigkeit der Maßnahmen.

Das hat zur Folge, dass eine zunehmende Zahl von Menschen aufgrund des Fehlens eigener Erfahrungen mit der Krankheit im Familien-, Freundes- oder Bekanntenkreis zu der Überzeugung gelangt, dass die Krankheit, die man hatte vermeiden wollen, sowieso gar nicht aufgetreten wäre. Das Ganze – die Krise und deren Beherrschung – sei »folglich« eine Erfindung der herrschenden Klasse, um die eigene Macht auszubauen.

Für die verantwortlichen Politiker stellt sich die Lage dann wie folgt dar: Aus ihrer Angst, die Gefahren der Pandemie zu unterschätzen und den Zusammenbruch des Gesundheitssystems zu riskieren, wird die Angst vor der Rechtfertigung all der unangenehmen, teuren und noch lange Zeit spürbaren Maßnahmen, welche die Politiker nun einmal zu verantworten haben.

Bei Licht betrachtet, gäbe es das Präventionsparadoxon nur dann, wenn wir es mit einer kleinen Epidemie zu tun hätten. Es sollte eigentlich immer auftreten, wenn man einen einzigen Patienten erfolgreich behandelt: »Die Krankheit war doch gar nicht so schlimm. Vielleicht hätten wir den Arzt gar nicht gebraucht?« Das kann man hinterher, wenn alles gut ging, immer leicht behaupten. Wenn der Patient verstorben ist, wird es allerdings nie behauptet. Warum geschieht dies im Einzelfall dennoch ziemlich selten? Unter anderem deswegen, weil die Medizin seit Jahrhunderten Erfahrungen macht und der Arzt weiß, warum er was macht. Es steht im Lehrbuch. Epidemien hingegen sind selten, es gibt für sie kein Drehbuch. Und jede verläuft anders.

Bei einer Pandemie hingegen läuft die gleiche Krankheit an sehr vielen Orten ab – im Extremfall wie der jetzigen Corona-Pandemie in nahezu allen, nämlich 188 Ländern der Welt.[155]

Daher kann man Ländervergleiche anstellen oder innerhalb von Ländern einzelne Regionen (Bezirke, Kreise, Gemeinden etc.) miteinander vergleichen und die Wirksamkeit von Eingrenzungsmaßnahmen daher abschätzen. Betrachten wir nochmals das in Kapitel 3 erwähnte Beispiel von Schweden und Norwegen: Bis etwa Mitte März war Norwegen seinem Nachbarland bei den Fallzahlen etwas voraus. Dann wurden dort Maßnahmen zur Eindämmung gefordert und gesetzlich beschlossen. Schweden begnügte sich dagegen mit Empfehlungen und ließ nicht nur Kindergärten, Schulen, Unis, Läden und Friseure offen, sondern auch Kneipen, Klubs und Diskotheken. Zwei Monate später liegt Schweden mit 30.799 Infizierten an 24. Stelle auf der »Weltrangliste der Länder nach Fallzahl«[156] und Norwegen mit 8257 Fällen auf Rang 49. Gewiss liegt das auch daran, dass Schweden etwa doppelt so viele Einwohner hat wie Norwegen. Die Zahl der Toten macht den Unterschied noch deutlicher: In Norwegen sind es 233, in Schweden dagegen 3743, also mehr als 16-mal so viele.[157] Trotz dieser weltweit sehr unterschiedlichen Verläufe der gleichen Pandemie, die dem Präventionsparadoxon eigentlich die argumentative Grundlage raubt, ist es dennoch scheinbar schwerer zu bekämpfen als das Virus selbst.

Wenn ich die Ereignisse der Monate März und April vor meinem geistigen Auge vorüberziehen lasse, fällt mir zweierlei auf:

1. Das Ziel unserer Bemühungen, das Virus einzudämmen, bewegt sich erstens sehr schnell. Die Probleme wechseln ständig, die Krise ist ein »Moving Target«. Jeden Tag findet man eine neue Lage vor.

2. Zweitens muss ich immer daran denken, welch glückliche Hand wir trotz dieser schwierigen Lage gerade hierzulande in diesen zwei Monaten hatten. Die Maßnahmen kamen bei uns weder zu früh noch zu spät, denn wären sie noch deutlich früher gekommen, würden sich heute noch viel mehr Menschen über die dadurch entstandenen Schäden beschweren. Es scheint hier, als könne man wegen des Präventionsparadoxons als Führungsverantwortlicher immer nur verlieren.

Zu 1): Musste man Mitte März noch Mut dafür aufbringen, etwas zu tun und nicht nichts wie die Engländer oder die USA, so muss man heute dafür kämpfen, den Mut zu haben, die Maßnahmen auch wieder zu lockern. Nicht nur das Coronavirus, sondern die gesamte Corona-Pandemie ist ein »Moving Target«, ein Ziel, das sich permanent bewegt; und diese hohe Dynamik des Gesamtprozesses macht es schwer, zu einem gegebenen Zeitpunkt die richtigen Entscheidungen zu treffen, und zugleich leicht, hinterher klug zu reden, was man hätte anders machen können.

Zu 2): Alle Welt beneidet Deutschland darum, wie es uns in der Krise geht. Obgleich wir auf der Johns-Hopkins-Liste der absoluten Infektionsfälle am 12. März (hinter China, Italien, dem Iran, Südkorea, Spanien und Frankreich) auf Platz 7 lagen, stiegen wir bis auf Platz 4 auf (am 21. März nur noch hinter China, Italien und Spanien), wurden dann jedoch am gleichen Tag noch von den USA überholt, die seit dem 27. März auf Platz 1 liegen. Weil die Fallzahlen in China (Lockdown im Januar) seit Wochen nicht mehr stiegen, sank das Land in der

Rangordnung, sodass Deutschland von Ende März bis fast Ende April auf Platz 4 lag. Dann griff der Lockdown bei uns besser als anderswo, und wir wurden zuerst von Frankreich und dann von Großbritannien überholt, später auch noch von Russland und Brasilien, sodass wir mittlerweile wieder auf Platz 8 bei den Infektionsfällen zurückgefallen sind. Gut so!

Ich habe schon darauf hingewiesen, dass in Deutschland im Vergleich zur Zahl der Infizierten wenig Todesfälle zu verzeichnen sind. Dies liegt wahrscheinlich daran, dass hierzulande viele Tests durchgeführt werden und deswegen auch viele leichte Fälle identifiziert werden, die anderswo unentdeckt bleiben. Aus der geringen Zahl von Toten verglichen mit der hohen Zahl von Infizierten kann man somit auch die Vermutung ableiten, dass die »Dunkelziffer«, also die Zahl an geschätzten unerkannten Fällen, in Deutschland geringer sein dürfte als in den meisten anderen Ländern. Wir haben damit die Lage insgesamt deutlich besser im Griff als unsere Nachbarn. Das bedeutet auch, dass trotz der Schwierigkeit der Entscheidungen zumindest einige wichtige davon sehr gut gewesen sein müssen – viel besser als die von Boris Johnson oder Donald Trump. Eine Wissenschaftlerin als Kanzlerin kann definitiv nicht geschadet haben. Und noch mehr Wissenschaft – das könnte die Botschaft aus dem Land der Dichter und Denker an seine Nachbarn sein – schadet nie (vgl. hierzu auch den nächsten Abschnitt).

Corona- und die Klimakrise

Prognosen sind schwierig, vor allem wenn sie die Zukunft betreffen, sagen die Pessimisten. Es gibt keinen besseren Prädiktor der Zukunft als die Vergangenheit, halten die Optimisten dagegen. Noch nie habe ich ein Buch mit dem die Arbeit durchweg begleitenden Gedanken geschrieben, dass es am Tag seines Erscheinens schon veraltet sein könnte. Aber Gedanken reifen, und in Krisenzeiten tun sie das schneller: Klang es vor wenigen Wochen noch zynisch, wenn man darüber nachgedacht hat, welche positiven Auswirkungen die Coronakrise haben könnte – insbesondere für die Bewältigung der nächsten, viel größeren Krise unser Klima betreffend –, so werden solcherlei Gedanken mittlerweile vielfach und ohne Scheu geäußert. Wir wollen nicht zurück zum Zustand vor der Krise; wir sollten mit öffentlichen Geldern nur stützen, was nachhaltig ist; und wir sollten Lehren aus der Krise ziehen, beispielsweise für ein belastbareres Gesundheits- und vielleicht sogar Wirtschaftssystem. Wer noch im Februar für solche größere Resilienz der Systeme argumentiert hätte, wäre verlacht worden. Heute »liegt das auf der Hand«. Es ist schon erstaunlich, was eine Krise bewerkstelligen kann! Es ist meine Hoffnung, dass die von der Krise hervorgebrachten neuen mutigen Gedanken nicht so schnell vergessen werden, wie sie entstanden sind, sondern langfristig in politisch sinnvolle und für die Zukunft tragfähige Entscheidungen umgesetzt werden.

Können Sie sich noch an die Meldungen des Robert Koch-Instituts im vergangenen Sommer über mögliche Tausende Tote durch Feinstaubbelastung erinnern? Oder an die *Fridays-for-Future*-Bewegung und Greta Thunberg? Von beidem hört man fast nichts mehr, und der Grund ist nicht, dass wir das vergessen haben, sondern dass die Forderungen erfüllt sind: 95% aller Flüge sind eingestellt (Lufthansa), die Ölförderung ist gedrosselt (weltweit), die Wirtschaft gedrosselt (weltweit), es gibt bessere Luft in China und Europa[158] und sauberes Wasser in Venedig. Ein winziges Viruspartikel, das uns Menschen eine Lungenkrankheit pandemischen Ausmaßes beschert hat, verschafft dem Erdball gerade eine Verschnaufpause.

Greta Thunberg, die zwischenzeitlich wahrscheinlich auch an COVID-19 erkrankt war, sagte am 24. März 2020 etwas ganz Ähnliches: »Die Corona-Krise zeigt deutlich, dass unsere gegenwärtigen Gesellschaften nicht nachhaltig sind. Wenn ein Virus innerhalb weniger Wochen die gesamte Wirtschaft auslöschen und Gesellschaften zum Erliegen bringen kann, dann ist das ein Beweis dafür, dass unsere Gesellschaften nicht sehr widerstandsfähig sind. Es zeigt aber auch, dass wir dann, wenn wir uns in einer Notlage befinden, handeln und unser Verhalten rasch ändern können. Und solange wir Solidarität und gesunden Menschenverstand haben, werden wir jede Krise überstehen.«[159]

Ökologie in der Krise

Seit die Menschen vom Dasein als Jäger und Sammler auf Ackerbau und Viehzucht umgestiegen sind, haben sie eng mit Tieren zusammengelebt und einige Krankheitserreger, zumeist Viren, von diesen Tieren übernommen: Die Masern und die Tuberkulose verdanken wir den Kühen, den Keuchhusten den Schweinen und die Grippe den Enten. Viele Menschen sind daran gestorben, aber die »Menschheit« wurde – zumindest teilweise – immun, sodass für uns Menschen viele »Kinderkrankheiten« ein »Kinderspiel« wurden. Nicht jedoch für alle Menschen: In Südamerika lebten die Menschen ohne Viehzucht, weswegen bei der Eroberung dieses Subkontinents durch die Europäer weit mehr Menschen an »harmlosen« Kinderkrankheiten starben als durch die Waffen der Konquistadoren.

Hunde, Pferde, Esel, Katzen, Rinder, Schweine, Schafe, Gänse, Hühner und Enten – diese Haus- und Nutztiere trugen Gefahren für unsere Vorfahren aus der Frühzeit mit sich. Für uns heutige Menschen sind dagegen die Gefahrenträger Fledermäuse, Schuppentiere, Schleichkatzen oder Schlangen. Nicht sie bedrängen uns, sondern wir sie. In ihnen stecken Krankheitserreger, meist ohne negative Auswirkungen auf sie selbst. Durch die immer weiter fortschreitende Abholzung der Wälder und die zunehmende Urbanisierung vieler Regionen engen wir den Lebensraum vieler Tiere ein, wodurch ihre Nähe zu uns und damit auch die Wahrscheinlichkeit zunimmt, dass wir mit ihnen in Kontakt kommen und Viren von ihnen auf uns überspringen.

Betrachten wir beispielsweise das Ebolavirus, das von verschiedenen Fledermausarten mehrfach auf den Menschen übergesprungen ist. Dies geschah häufiger in solchen Gebieten Zentral- und Westafrikas, in denen kurz zuvor Wälder in großem Stil gerodet worden waren. Dies war zuvor schon bei Malaria entdeckt worden[160], was im Fachblatt *Lancet* wie folgt kommentiert wurde: »Die zunehmende Nutzung von Waldgebieten für Jagd, Straßenbau, Bergbau, Holz- und Landwirtschaft usw. bringt Menschen in die Nähe von nichtmenschlichen Primaten und anderen Tieren, wodurch das Potenzial für die Übertragung zoonotischer[161] Infektionen erhöht wird.«[162]

Mittlerweile konnte man sogar in einer Fall-Kontroll-Studie mit Satellitenbildern das vermehrte Auftreten von Malaria in Haushalten, die im Umkreis von einem Kilometer von gerodeten Flächen liegen, nachweisen.[163]

Stress bei Fledermäusen

Zurück zu den Viren: Für eine ganze Reihe von Viren wurde mittlerweile ein tierischer Ursprung und das Überspringen der Artengrenze zum Menschen beschrieben: Ebola und HIV in Westafrika, das Marburg-Virus in Ostafrika, das Zikavirus in Südamerika, das Nipah-Virus in Malaysia und Bangladesch sowie die neuen Coronaviren SARS und SARS-CoV-2 in Südostasien.

Eine internationale Arbeitsgruppe (auch unter deutscher Beteiligung, mit den Virologen Jan Felix Drexler und Christian Drosten) publizierte am 30. April eine Studie zu den Wechselwirkungen zwischen Mensch und Tier, welche die schon in Kapitel 7 diskutierten Zusammenhänge zwischen Stress und Immunsystem in einem nochmals ganz anderen Licht erscheinen lässt.[164] Die Untersuchungen wurden in der Höhle von Faucon im zentralafrikanischen Gabun, einer ehemaligen französischen Kolonie, gemacht, die mit ihren vielen Hohlräumen von allen untersuchten Höhlen die größte ist und eine Vielfalt von Fledermausarten beherbergt. Diese Höhle wird regelmäßig von Dorfbewohnern besucht, um Fledermäuse für den Verzehr zu jagen. Man geht davon aus, dass solche Störungen des Lebensraums bei einigen Fledermausarten chronischen Stress bewirkt und damit bei den Tieren eine Immunsuppression (eine Unterdrückung des körpereigenen Abwehrsystems) verursacht. Hierdurch wiederum könnte die Anfälligkeit der Tiere für eine Infektion mit Viren und dadurch auch die Rate der Ausscheidung von Viren erhöht werden. Durch diesen Mechanismus könnte der Mensch selbst am Anfang einer Kausalkette stehen, die ihn am Ende als Pandemie wieder heimsucht.

Die Zukunft: zwei Szenarien

Es liegt an uns, wie wir die Zukunft gestalten und wie die Welt nach der Coronakrise aussieht. Ich möchte im Folgenden holzschnittartig zwei Szenarien zur Diskussion stellen, die wahrscheinlich beide so nicht eintreten werden: ein positives und ein negatives. Sie zeigen jedoch auf, was alles möglich sein könnte, wenn die Krise Gutes oder Schlechtes/Böses aus uns herausbringt. Beides steckt in uns. Was überwiegt, liegt an uns – was jeweils am Ende der Szenarien anhand von ein paar Nachrichten aus der Zukunft verdeutlicht wird.

Das negative Szenario: Überwachungskapitalismus und Herrschaft der Digitalkonzerne

Was aus der Weltgemeinschaft wird, wenn als Folge der durch die Krise verstärkten politischen Spannungen Donald Trump nicht nur aus der WHO austritt, sondern auch aus UNO und NATO, möchte ich hier ebenso wenig diskutieren wie die Frage, was geschehen würde, wenn auch noch die EU im Streit darüber auseinanderfällt, wer wem wie viel auf welche Weise (geschenkt oder geliehen) bezahlt. Lassen wir also diese *worst cases* sowie Kriege und weltweite Ernteausfälle einfach weg. Es bleibt dann noch immer genug übrig, was Sorgen bereitet.

Der ungebremste Kapitalismus der letzten Jahrzehnte zerstörte Lebensräume, brachte Tiere und Menschen in näheren Kontakt, und der zugleich enorm gewachsene Verkehr zu Lande, zu Wasser und insbesondere in der Luft schaffte nie da gewesene Bedingungen für die rasche Verbreitung von Krankheitserregern. So lautete die Frage schon länger nicht mehr, *ob* eine Pandemie kommen würde, sondern nur noch, *wann* sie kommen würde. Als sie dann da war, traf sie uns unvorbereitet, und den Regierungsverantwortlichen weltweit fiel das ein, was ihnen immer einfällt: mehr Kontrolle.

Der französische Wissenschaftler Félix Tréguer beschreibt dies wie folgt: »Der Gouverneur des Bundesstaates West-Australien darf potenziellen Corona-Infizierten, die unter Quarantäne gestellt wurden, neuerdings elektronische Armbänder verpassen. Wer sich in China Essen nach Hause liefern lässt, bekommt auf seinem Smartphone nicht nur den aktuellen Standort, sondern auch die Körpertemperatur des Kurierfahrers angezeigt. Aber auch der Belieferte wird auf Schritt und Tritt überwacht, um sein Ansteckungsrisiko zu ermitteln. Aufgrund dieser Daten wird ein Risiko-Farbcode festgelegt, der darüber entscheidet, wer seinen Arbeitsplatz, öffentliche Verkehrsmittel oder eine Wohnanlage betreten darf. In China werden Polizisten zudem mit Augmented-Reality-Brillen ausgerüstet, die durch eine Wärmebildkamera in der Lage sind, fiebernde Menschen aus der Menge herauszufiltern. Polinnen und Polen, die sich in Quarantäne befinden, müssen per App regelmäßig ein Selfie an die Polizei schicken, das in den eigenen vier Wänden aufgenommen wurde. In Neuseeland hat die Polizei eine digitale Denunziationsplattform eingerichtet und fordert die Bürgerinnen und Bürger auf, Verstöße gegen die Ausgangsbeschränkungen zu melden.«[165]

Was nach einem Remake von George Orwells aus dem Jahr 1949 stammender düsterer Zukunftsvision »1984« klingt, ist erst der Anfang. Moderne Technik – Satellitennavigation und hohe Rechenleistung in einem kleinen, ständig über Mobilfunk mit dem Internet verbundenen Gerät, das jeder immer bei sich trägt – macht es möglich, die Bewegungen von Millionen von Menschen in Echtzeit zu erfassen und zu analysieren. In China geschah dies zentral, die Teilnahme war »freiwillig« (wer nicht mitmachte, durfte nicht aus dem Haus) und es funktionierte. Zugleich erlaubt das System jedoch eine nie dagewesene Kontrolle der Bevölkerung. Politische Opposition – geht praktisch nicht mehr.

Machen wir uns nichts vor: In der westlichen Welt sind Apple, Google, Facebook, Microsoft und Amazon zugleich die größten Gewinner der Krise und die Speerspitzen des Überwachungskapitalismus: Sie wissen, was wir denken, mögen, wollen und kaufen – oft besser als wir selbst. Wir haben es ihren wie menschliche Gehirne funktionierenden, selbst lernenden Computern durch die Nutzung ihrer »Services« beigebracht. Daten sind das neue Öl.[166] Das ist leider keine Verschwörungstheorie, sondern in den anerkannten wissenschaftlichen Fachblättern dieser Welt hochrangig publiziert: Facebook kennt unsere Persönlichkeit besser als unsere Mitarbeiter, Freunde und Verwandten sowie in vielen Fällen besser als unser Lebenspartner – wie eine Studie an 86.220 Personen zeigte.[167] An mehr als 3,5 Millionen Teilnehmern wurde dann nachgewiesen, dass die über Facebook-Likes ermittelte Persönlichkeit für personalisierte Werbung verwendet werden kann, die zu 50% mehr Verkäufen führt als gewöhnliche (nicht personalisierte) Werbung.[168] Schon im Jahr 2014 wurde in einem ethisch sehr fragwürdigen Experiment an »nur« knapp 700.000 Teilnehmern nachgewiesen, dass Facebook unsere Emotionen manipulieren kann.[169] Google versorgt uns seit Jahren nicht nur mit Werbung für Produkte, die uns gefallen, sondern auch mit Nachrichten, die wir mögen, und vor allem mit Videos, die aufgrund des Geschäftsmodells von YouTube gewalttätiger sind als der jeweilige einzelne Nutzer.[170] Und schon im Jahr 2012 wurde im Fachblatt *Nature* ein Experiment an 61 Millionen Menschen zur Frage publiziert, ob man die US-amerikanischen Kongresswahlen beeinflussen kann. Ergebnis: Man kann.[171]

Apple und Google (mit ihren den weltweiten Markt beherrschenden Smartphone-Betriebssystemen iOS und Android) arbeiten seit Kurzem gemeinsam am Tracking der Bevölkerung mittels Smartphone, und unter dem Stichwort »Smart City« möchten die großen Telekommunikationsanbieter hier mitreden. Microsoft und Google konkurrieren weltweit um die Vorherrschaft bei der School-Cloud, und Amazon weiß nicht nur, welche Bücher wir lesen und welche Musik wir hören, sondern mittlerweile auch, welche TV-Serien wir gerne ansehen. Der britische National Health Service teilte in einem Blog der Regierung (GOV.UK) am 28. März mit, dass man zur Eindämmung der Pandemie nun enger mit Amazon, Google und der kalifornischen Firma Palantir zusammenarbeiten werde.[172] Die letztgenannte, weniger bekannte Firma existiert seit 2004, verkauft Software (mit Namen wie »Metropolis« oder »Gotham«) und Dienstleistungen zur Analyse großer Datenmengen; zu ihren ersten Kunden gehörten die US-amerikanischen Geheimdienste wie FBI, CIA und NSA.

»Die israelische Regierung hat den Schin Bet autorisiert, seine hohen technologischen Fähigkeiten in den Dienst der nationalen Bemühungen um eine Eindämmung des Coronavirus zu stellen«, hatte schon am 17. März der israelische Inlandsgeheimdienst *Schin Bet* mitgeteilt, wobei es nach Medienberichten vor allem um Handyüberwachung von Erkrankten ging. »Schin Bet ist sich im Klaren darüber, dass es sich hier um Aktivitäten handelt, die vom regulären Einsatz im Kampf gegen Terror abweichen«, ›aber normalerweise genau dazu verwendet werden‹, muss man die in der Zeitung *Jüdische Allgemeine* publizierte[173] geheimdienstliche Meldung ergänzen.

Waren wir noch über die ersten Videos aus dem chinesischen Wuhan über Drohnen, die ältere Bürgerinnen und Bürger ohne Maske verjagten, entsetzt, so scheint die ferngesteuerte Drohne zur Überwachung öffentlicher Räume auch hierzulande nicht mehr weit. Im April hat zumindest das französische Innenministerium den Kauf von 650 solcher mit Kameras und Lautsprechern ausgestatteten Geräte ausgeschrieben.[174] Gekoppelt mit automatischer Gesichtserkennung könnten sie also in naher Zukunft auch hierzulande nicht nur Quarantänemaßnahmen überwachen.

Tab. 12.1: Nachrichten aus der Zukunft – negatives Szenario.

Wann?	Nachricht
1. April 2021	Die globale Pandemie läuft noch immer, weil keiner der bisher entwickelten Impfstoffe wirklichen Schutz gebracht hat. Wegen lokaler Ausbrüche von COVID-19 wurden in vielen Landkreisen zwischenzeitlich wieder Ausgangsbeschränkungen eingeführt, und die Bevölkerung hat sich an deren Überwachung durch Drohnen gewöhnt: »Lieber durch Drohne gedroht als durch Corona tot!« – Die Polizei wertet ihre PR-Maßnahme als vollen Erfolg.

Wann?	Nachricht
4. Juli 2021	Ein erster Lichtblick: Durch Zusammenarbeit der Big Five (Amazon, Apple, Facebook, Google und Microsoft) wurde eine weltweit einsetzbare Smartphone-App entwickelt und kann ab sofort kostenlos heruntergeladen werden. Durch zweimal Schütteln springt der Bildschirm automatisch auf die Farbe, die der geschätzten eigenen Infektionswahrscheinlichkeit entspricht. Ein schwarzer Bildschirm steht für eine gesicherte Infektion (und sorgt für den Ladezustand). Bei grünem Bildschirm ist hingegen alles im grünen Bereich.
3. Mai 2024	Die Coronakrise ist überstanden. Der noch immer amtierende Präsident Trump hatte recht mit seinem Statement vom 21. Mai 2020, dass die nächsten Jahre einen ungeahnten wirtschaftlichen Aufschwung aus der Krise bringen würden. Die Lufthansa braucht neue Flugzeuge, der Ölpreis steigt dank der enormen Nachfrage und die Sommerurlaubssaison bricht gerade alle Rekorde.
1. Januar 2025	Nachdem die zweite Welle im Herbst 2024 viel mehr Tote verursacht hatte als die erste vier Jahre zuvor, ging alles ganz schnell: Nato, UN und EU existieren nicht mehr. Jedes Land kämpft für sich – gegen seine Bürger, die ja schuld an der ganzen Pandemie sind und sich nicht an die von der Politik beschlossenen Maßnahmen halten. Die Zahl der Pandemietoten weltweit ist unbekannt, denn nicht nur China und Russland, sondern auch fast alle anderen Länder veröffentlichen aus Angst vor Anarchie und Bürgerkrieg keine Zahlen mehr zu Infizierten und Toten.

Das positive Szenario: Solidarität und Vernunft, Nachhaltigkeit und Demokratie

Am 7. Mai berichtete die BILD-Zeitung über eine von McKinsey durchgeführte repräsentative Umfrage, aus der hervorgeht, dass viele Verbraucher ihr Verhalten wegen Corona ändern wollen: »Sie wollen auch nach Abflauen der Pandemie weniger ins Kino oder in Konzerte gehen, seltener reisen und einen Bogen um öffentliche Verkehrsmittel machen.«[175] Solange es keinen Impfstoff gegen das Coronavirus gebe, wollten etwa 40% der Befragten seltener öffentliche Verkehrsmittel wie Busse, Züge oder Flugzeuge nutzen. Stattdessen wollten sie häufiger zu Fuß gehen, mit dem Rad oder notfalls – wegen des geringeren Infektionsrisikos – mit ihrem Auto unterwegs sein. Wenn das stimmt und zur Gewohnheit würde, dann hätte die Pandemie paradoxerweise langfristig *positive* Auswirkungen auf unsere Gesundheit.[176]

Schon heute sind positive Nebeneffekte der Krise nachweisbar: In Deutschland gab es während der einschränkenden Maßnahmen deutlich weniger Verkehrsunfälle, in Italien gab es 64% weniger Straftaten im Vergleich zum Vorjahr und in Spanien ist die Kriminalität um 50% zurückgegangen.[177] Die Deutsche Bahn ist seit der Coronakrise pünktlicher, hieß es am 5. April um 5.44 Uhr auf Bild.de im Live-Ticker. Driver-by-Geburtstagspartys, bei denen man vorbeifährt und sich nicht um den Hals fällt, gibt es nicht nur in den USA, sondern mittlerweile auch bei uns.

Die Pandemiekrise hat uns gezeigt, was alles möglich ist, auch im Hinblick auf die nächste Krise. Diese Erfahrungen – so schlimm sie auch waren oder noch immer sind – zeigen uns, was möglich ist, wenn sich alle wirklich Mühe geben und nicht nur reden, sondern ihr Verhalten auch tatsächlich ändern.

Man kann die Corona-Pandemie »als ein vereinfachtes Zeitraffermodell der kommenden Klimakrise betrachten«, schreiben ein Reporter und ein Klimawissenschaftler.[178] Weil das Virus vor allem die reichsten Länder so stark betroffen hat, führt es auch dort zum deutlichsten Umdenken: Die früher so gefeierte und geforderte Just-in-time-Produktion, auch »lean production« genannt, zeigte in der Krise mit voller Wucht ihre Schwächen: Das englische Wort »lean« bedeutet »fettarm« – und genau dieses Fett fehlte mitten in der Krise überall, sodass die Produktion eben nicht mehr »wie geschmiert« lief.

Das Optimieren aller Prozesse zur Maximierung von deren Ökonomie hatte uns nicht nur für die Nachhaltigkeit dieser Prozesse blind gemacht, sondern auch für deren Anfälligkeit. Es fiel uns wie Schuppen von den Augen: Wenn Profit und Wettbewerbsvorteil die einzigen Kriterien sind, nach denen in der Wirtschaft entschieden wird, dann musste sich die Wirtschaft, die ja eigentlich *für* den Menschen da ist, *gegen* ihn wenden.

Sowohl die Coronakrise also auch die Klimakrise sind global: So wie das Virus sich über die ganze Welt verbreitet, tun das auch Treibhausgase. Man kann globale Probleme nicht auf nationaler Ebene bekämpfen. Diese Einsicht in die Notwendigkeit globaler Maßnahmen hat sich im Verlauf der Coronakrise, nach anfänglichem unsolidarischem Schluckauf mancher Präsidenten, durchgesetzt. Und einmal etablierte, eingespielte Haltungen – nicht nur im Hinblick auf Verhaltensgewohnheiten (Maskentragen), sondern auch auf Denkgewohnheiten – kann man nun für die nächste Krise nutzen, da sie sich nun einmal bei der Eindämmung der Pandemie als wirksam erwiesen haben.

Beide Krisen sind zudem nicht linear. Die Medizin ist voll von nicht linearen Phänomenen: Exponentielles Wachstum ist eines davon (siehe Kapitel 3). Die Zusammenbrüche, die einer Krise folgen, zeigen ebenfalls ein nicht lineares Verhalten, weil in der Natur nichts unendlich wächst. Solange ein Organismus lebt, sind Fließgleichgewichte, Regelkreise mit Rückkopplungsschleifen und andere Steuerungsmechanismen intakt. Kommt es zum Versagen, bricht das System meist sehr rasch völlig zusammen. »Die Ärzte waren machtlos«, steht dann in der Zeitung.

Die Ökologie ist ebenso voll von solchen Phänomenen, die mittlerweile fast jeder kennt: Abnehmender Schneefall und schmelzende Gletscher führen zu weniger weißer Erdoberfläche, die dann die Sonnenstrahlen weniger reflektiert, sodass es noch wärmer wird und noch mehr Eis und Schnee schmelzen. Wenn die arktischen Permafrostböden (auf einer Fläche doppelt so groß wie Europa) auftauen, wird Methan – ein stärkeres Treibhausgas als Kohlendioxid – freigesetzt, was die Temperaturen weiter steigen lässt.

Schließlich hat sich bei den verantwortlichen Politikern die Einsicht durchgesetzt, dass die Demokratie nur durch Vertrauen zu retten ist, und die weltweiten Krisen nur durch Demokratie. Das kam so: Vertrauen ist schwer gewonnen und leicht verspielt. Das liegt daran, dass man Vertrauen nicht herstellen kann, sondern nur hoffen kann, dass es sich einstellt, wenn man vertrauenswürdig handelt. Und das ist – wie Studien[179] klar gezeigt haben – vorhersehbares Handeln aufgrund früherer Erfahrungen. Totalitäre Regime können zwar drastische Maßnahmen – wie das Beispiel China gezeigt hat – viel schneller und radikaler durchsetzen als parlamentarische Systeme mit Gewaltenteilung und Meinungsfreiheit, aber wenn die Menschen auch verstehen, was richtig ist, wissen, was sie tun, und damit auch selbst wollen, was sie sollen, klappt alles zwar nicht schneller, aber wesentlich nachhaltiger.

Die Coronakrise hat innerhalb von Wochen zu Veränderungen geführt hat, für die man noch vor vier Monaten Jahrzehnte zu brauchen gedachte. Die Ein-Prozent-Wahrscheinlichkeit[180] des eigenen Todes im kommenden Jahr schreckt uns mehr als der Untergang der Menschheit in einigen Jahrzehnten. Das muss sich ändern. Menschen können das – wovon die langfristigen Projekte, zu denen alle Hochkulturen fähig waren, Zeugnis ablegen: von den Pyramiden bis zur Mondlandung. Kreativität wird durch Angstfreiheit gefördert, Zusammenarbeit auch. Beides brauchen wir zur nachhaltigen Lösung der nächsten Krise.

Wenn es eine Region auf der Welt gibt, die Solidarität, die Freiheit und Selbstbestimmung des Einzelnen und damit die Demokratie derzeit repräsentiert und gegen vielerlei Angriffe verteidigt, dann ist dies die Europäische Union. Keine andere Institution schützt unsere persönlichen Daten besser, pocht stärker auf die Prinzipien der Gleichheit und Rechtsstaatlichkeit, Menschenwürde und Nachhaltigkeit. Diese Einsicht muss sich unter den Bürgern der EU noch besser durchsetzen.

Und wir Deutschen sind mittendrin. Wir führen sogar, nicht nur wirtschaftlich, sondern auch im Hinblick auf unsere Sorgen um Freiheit und Privatheit. Wie zwei kürzlich erschienene Studien zeigen, ist den meisten Menschen weltweit der Schutz ihrer persönlichen Daten nahezu egal.[181] Den Deutschen nicht.[182] Den Europäern sind ihre Daten auch deutlich wichtiger als dem Rest der Welt (mit wenigen Ausnahmen), weswegen es die europäische Datenschutzgrundverordnung gibt. Und die EU fordert Steuern (elf Milliarden von Apple) und Strafen (8,4 Milliarden von Google) und wird auch künftig auch vor den anderen Big Five nicht kuschen.

12. Die Zukunft hängt von uns ab

Tab. 12.2: Nachrichten aus der Zukunft – positives Szenario.

Wann?	Nachricht
1. Dezember 2021	Die Idee, globale Krisen nur durch globale Kooperation lösen zu können, hat sich weltweit durchgesetzt, sogar in Ungarn, Polen, China, Russland und (ganz zuletzt) in den USA.
4. Juli 2022	Der US-amerikanische Präsident tritt der Nato und den Vereinten Nationen am Nationalfeiertag der USA mit großer Zeremonie wieder bei. Der Wiedereintritt war notwendig, weil sein Vorgänger im September 2020 beide Institutionen verlassen hatte, um mit diesem verzweifelten Manöver seinen Rückstand im Wahlkampf wegen der mittlerweile zwei Millionen COVID-19-Toten wieder wettzumachen und zu zeigen, dass nur er für die Amerikaner (und für sonst niemanden) einsteht. Es hatte nichts genutzt: Sein Motto »America first« war ihm auf die Füße gefallen, denn es bezeichnete damals seit Monaten vor allem die Position der USA auf der Rangliste der Staaten mit den meisten Coronaopfern.
2. November 2023	Unter dem Motto »Influenza statt Influencer« vereinigen sich 15-jährige Mädchen, die alle Virologie studieren wollen, weil man damit erstens berühmter wird als mit Mode und Schminke und sich zweitens herumgesprochen hat, dass Medizin auch um Welten spannender ist.
3. Mai 2024	Facebook wurde von der EU-Kommission wegen Verstoßes gegen die europäische Datenschutzgrundverordnung in mehr als 200 Millionen Fällen zur bislang höchsten Strafe, die je von der EU verhängt wurde, verurteilt.
1. Januar 2030	Im vergangenen Monat hatte eine Viruspandemie mit dem Virus SARS-CoV-3 die Welt in Atem gehalten. Wegen überall offener Grenzen hatte es sich seit dem ersten Advent 2029 wie ein Lauffeuer innerhalb von zwei Wochen über den gesamten Erdball verbreitet. Nach einer weltweit konzertierten Aktion von Tests und Quarantäne aller Infizierten und Kontaktpersonen sowie einem seit Weihnachten in allen Ländern gestarteten Impfprogramm erklärt der Chef der WHO die Pandemie heute für beendet. Er beklagt weltweit 17 Tote.

Vertrauen

Bundeskanzlerin Angela Merkel sagte am 6. Mai 2020 nach der Diskussion der Lockerungsmaßnahmen mit den Länderchefs: »Wenn Sie nur noch der Zentrale vertrauen können und allen anderen in einem Land nicht, dann widerspricht das unserem Demokratieverständnis. Ich vertraue den Bürgerinnen und Bürgern. Vertrauen ist der Grundsatz.« Natürlich müsse man ab und zu kontrollieren. Aber: Wenn wir kein Vertrauen in Landräte, Bürgermeister, Gesundheitsämter mehr hätten, so Merkel, »dann können wir einpacken. Das sei dann nicht unsere Bundesrepublik Deutschland.« Sie hat recht. Ohne Vertrauen funktioniert eine Gesellschaft nicht, und je mehr Vertrauen in einer Gesellschaft vorhanden ist, desto besser lebt es sich in ihr. Ökonomen haben zudem schon lange festgestellt, dass es sich in ihr dann auch umso besser wirtschaftet.[183] Und Mediziner und Psychologen könnten noch hinzufügen, dass die Menschen in Gesellschaften mit mehr Vertrauen weniger gestresst und daher gesünder und sogar glücklicher sind.

Fassen wir zusammen: Die Coronakrise wird nicht nur durch die Eigenheiten des Virus SARS-CoV-2 und der von ihm verursachten Krankheit COVID-19 bestimmt, sondern auch dadurch, was und wie Menschen in Krisenzeiten erleben, fühlen, bewerten, entscheiden und handeln. Über das Virus wissen wir noch längst nicht alles, weswegen eine Zusammenfassung wissenschaftlicher Erkenntnisse zum Virus und zu der Krankheit in wenigen Wochen veraltet wäre. Anders ist es mit dem Wissen über unser Erleben, Fühlen, Bewerten, Entscheiden und Handeln – als Einzelne, als Gruppe und als Gesellschaft. Jede Krise bringt das Beste und das Schlechteste aus den Menschen heraus, je nachdem, was erstens schon in ihnen steckt und was zweitens durch die Umstände am meisten Verstärkung erfährt: egoistische Hamsterkäufe und nachbarschaftliche Hilfe beim Einkaufen, Denunziantentum und Demonstration von Solidarität, Einsamkeit und Dichtestress (psychische Belastungen durch zu viele Individuen pro Fläche), das Bedürfnis nach menschlichem Kontakt (vielleicht sogar von Schülern nach den Lehrern) und vermehrte Aggressivität.

Virusausbrüche sind unvermeidlich, Pandemien hingegen lassen sich vermeiden. Aber es darf dabei nicht geschehen, dass wir wegen der Pandemie unsere Werte über Bord werfen. Die Freiheitseinschränkungen werden wieder aufgehoben werden, nach und nach, begleitet von zusätzlichen Maßnahmen wie Schutzmasken und Tracking-Apps, die mit der Europäischen Datenschutzgrundverordnung vereinbar sind. Das Leben muss nicht in jeder Hinsicht (Ressourcenverbrauch, Flugreisen, sinnlose Events und vor allem immer schneller, höher, weiter) wieder genau so werden, wie es vorher war! Setzen wir uns alle dafür ein, dass es bewusster, nachhaltiger und solidarischer wird.

DANK

Das Universitätsklinikum Ulm (UKU) hat in der Krise beispielhaft gehandelt, enormes geleistet und zugleich keinerlei Aufhebens darum gemacht (die lokale Presse hat vollkommen versagt und dies mit keinem Wort gewürdigt). Daher gilt mein Dank nicht nur meinen Freunden und Mitarbeitern hier in »meiner« Klinik, sondern den Kollegen am gesamten UKU (und insbesondere in der Umsetzungskommission) für den unglaublichen und zugleich für alle »selbstverständlichen« Einsatz. Ich danke Herrn Matthias Setzler, Frau Petra Holzmann und Frau Elena Grunwald von der Münchner Verlagsgruppe, sich auf das Wagnis, ein Buch »in sechs Wochen zu machen«, eingelassen zu haben. Julia Ferreau, Georg Groen, Thomas Kammer, Beatrix Landmann und Friedrich Uehlein haben mir geholfen und vielleicht dadurch gelitten. Ich danke Euch ganz herzlich!

ÜBER DEN AUTOR

Prof. Dr. med. Dr. phil. Dipl. psych. Manfred Spitzer, geboren 1958, studierte Medizin, Philosophie und Psychologie, war zweimal Professor an der Harvard University und leitet die Psychiatrische Universitätsklinik in Ulm sowie das dortige Transferzentrum für Neurowissenschaften und Lernen. Seine Bücher, darunter die Bestseller *Lernen* (2003) und *Digitale Demenz* (2012), wurden in mehr als 20 Sprachen übersetzt. Er ist einer der bekanntesten Gehirnforscher Deutschlands und versteht es wie niemand sonst, wissenschaftliche Erkenntnisse anschaulich und fundiert zu vermitteln.

ANMERKUNGEN

1   Oxley et al. 2020.
2   Cha 2020.
3   Vgl. Leung et al. 2020.
4   Vgl. Bae et al. 2020.
5   Vgl. Eikenberry et al. 2020.
6   Vgl. Eikenberry et al. 2020
7   Zit. aus: Eikenberry et al. 2020, S. 305, Übersetzung durch den Autor.
8   Vgl. Esposito et al. 2020.
9   Vgl. Ong et al. 2020.
10 Vgl. van Doremalen et al. 2020.
11 Vgl. Rubens et al. 2020, Schwartz et al. 2020, Lesho et al. 2020, Helmers 2020, Petti 2020.
12 Vgl. Setti et al. 2020.
13 Lt. Meldung der WHO v. 24.2.2020.
14 Vgl. Lu 2020.
15 Vgl. Zhang et al. 2020.
16 Vgl. Wang et al. 2020, Yang et al. 2020.
17 Vgl. Andersen et al. 2020.
18 Schematisiert, nach Pueyo 2020.
19 Vgl. Le Page 3.4.2020.
20 Vgl. Le Page 2020.
21 EuroMOMO Bulletin, Week 19, 2020.
22 Vgl. Lipsitch & Viboud 2009.
23 Vgl. Shaman & Kohn 2009.
24 Vgl. Cauchemez et al. 2008.
25 Vgl. Brooks et al. 2020.
26 Vgl. Wu et al. 2020.
27 Als Konfidenzintervall, kurz KI, (auch Vertrauensbereich genannt) wird in der Statistik ein Intervall bezeichnet, innerhalb dessen ein gemittelter Messwert mit einer bestimmten Wahrscheinlichkeit bei sehr oft wiederholten Messungen liegt. Man wählt oft eine Wahrscheinlichkeit von 95%, weswegen man vom 95%-Konfidenzintervall spricht (abgekürzt »95%-KI«). Es ist der Bereich, in dem der wahre Wert liegen dürfte, wenn man sich nur in 5% der Fälle irren möchte.
28 Vgl. Wang et al. 2020.
29 Vgl. die am 22. April von Briz-Redón und Serrano-Aroca publizierte Studie zur Coronaausbreitung in Spanien.

30 Vgl. Wang et al. 2020, Figure 3b.

31 Wie das beispielsweise in einer am 3.5.2020 publizierten Arbeit von Sciomer et al. diskutiert wird.

32 Vgl. z. B. Niemann et al. 2017.

33 Vgl. Hatchett et al. 2007.

34 Vgl. Nussbaumer-Streit et al. 2020, Wangping et al. 2020.

35 Vgl. Banholzer et al. 2020.

36 Vgl. Hartl et al. 2020.

37 Zit. aus: Hartl & Weber 2020, S. 2f.

38 Aus: Hartl & Weber 2020, S. 3.

39 Zit. aus: Hartl & Weber 2020, S. 5.

40 Aus: Hartl & Weber 2020, S. 4.

41 Vgl. Dehning et al. 2020.

42 Vgl. und zit. aus: Kissler et al. 2020, S. e7.

43 Curtemanche et al. 2020.

44 Oltermann 2020.

45 CNN 16.4.2020.

46 Ferguson et al. 2020.

47 Vgl. Tversky & Kahneman 2014.

48 Vgl. Kaiser 2020.

49 Der Begriff »Herdenimmunität« stammt aus der Tiermedizin und beinhaltet natürlich auch, dass ein Teil der Tiere nicht überlebt. Bei diesem Begriff denkt der Laie jedoch vor allem an Immunität, die er auch gerne hätte, aber nicht an die Inkaufnahme des Todes eines oder vieler Menschen (das heißt auch seines eigenen).

50 Vgl. Ferguson et al. 2020.

51 »UK prime minister Boris Johnson said people should stop all unnecessary travel, and work from home if possible. He said pubs, clubs and other social spaces should be avoided and whole households should self-isolate for 14 days if any individual in it develops covid-19 symptoms. People who may be particularly vulnerable to the virus may soon be asked to stay home for 12 weeks« (Lawton 17.3.2020).

52 Vgl. Science News Staff, 3.4.2020, Armus & Taylor, 1.4.2020.

53 Zit. aus: Peters et al. 4.4.2020.

54 Nach Pueyo 2020; Chart 23. Vgl. Armus 2020.

55 »Republican-leaning states are slower to adopt social distancing policies. At any given time within the study period, Republican governors were 42.2% (95% CI: 13.5 to 63.2) less likely to mandate social distancing than their Democratic counterparts. Holding constant other variables – including the 2016 Trump vote share – at their observed values in each state, on average, Republican governors delay each state-level social distancing measure by 1.68 days (95% CI: 1.57 to 1.78). At the same time, holding constant the Governor's party affiliation, states with more Trump voters were less likely to adopt social distancing. A state at the 75th percentile of 2016 Trump vote share was 28.1% (95% CI: 1.1 to 49.3) less likely to adopt an additional mandate at a given time when compared to a state at the 25th percentile of Trump support, which resulted in an average delay of 0.99 days (95% CI: 0.93 to 1.07). Republican governors often go together with Trump-voting electorates; on average, these states endured a combined partisan delay of 2.70 days (95% CI: 2.49 to 2.88). Barring positive developments in the fight against COVID-19, the public health impact of this delay is likely to be massive: in a state where

coronavirus infections are doubling every seven days, this would raise the peak caseload by 30.6%. In a state where infections are doubling every three days, Republican partisanship might raise the peak level of cases by 86.6%« (Adolph et al. 2020, S. 11f.).

56 Vgl. Anonymus, 29.3.2020.

57 Vgl. Love 23.3.2020.

58 Dieser Feststellung wird Kurt Lewin zugeschrieben, einem der Begründer der experimentellen Sozialpsychologie sowie der Berliner Schule der Gestaltpsychologie.

59 Oreskes & Conway 2010. Der englische Titel lautet im Original: The Merchants of Doubt. Vgl. auch Michaels 2020.

60 Das Wort sei hier weiter verwendet, denn es gibt kein anderes. Statt »Epizentrum« kann man immerhin »Zentrum« sagen, und dann stimmt es. Aber wie sollte man »Verschwörungstheorien« (sie kommen immer im Plural) anders nennen und dabei verständlich bleiben, wenn alle Welt sie so nennt?

61 Vgl. Spitzer 2015.

62 Zit. Aus: Oliver & Wood 2014; Übersetzung durch den Autor.

63 Zit. aus: Anderson 2020.

64 Vgl. Spitzer 2018.

65 Spitzer 2018.

66 Vgl. Eisenberger & Lieberman 2004; Eisenberger et al. 2006; MacDonald & Leary 2005; Herman & Panksepp 1978; Panksepp 2003.

67 Hatfield et al. 1992, 1993a,b.

68 Hatfield et al. 1992, S. 153–154.

69 Shannon 1948.

70 Vgl. Spitzer 2018, insbesondere Kapitel 3.

71 Cacioppo et al. 2009.

72 Holt-Lunstad et al. 2010.

73 Nach Daten aus Holt-Lunstad et al. 2010, S. 14.

74 Holt-Lunstad et al. 2015.

75 Vgl. Cohen et al. 1991, 1993; Cohen 1997; Cohen et al. 2001; Cohen 2005; Cohen et al. 2013.

76 Cohen et al. 1991.

77 Nach Daten aus Cohen et al. 1991, S. 609.

78 Vgl. Cohen et al. 1997.

79 Nach Daten aus Cohen et al. 1997, S. 1943.

80 Zit aus: Cohen et al. 1997, S. 1942.

81 Nach Cohen et al. 1998, S. 219.

82 Zit. aus: Feldman Barrett 2020, S. 6.

83 Vgl. Kiecolt-Glaser et al. 1996, Vedhara et al. 1999, Pedersen et al. 2009.

84 Vgl. Domnich et al. 2019.

85 Vgl. Norris et al. 2002.

86 Zit. aus: Sazlow 2020; Übersetzung durch den Autor.

87 Vgl. Bodenmann et al. 2015.

88 Vgl. Lipman-Blumen 1975, South 1985, Yeung & Hofferth 1998.

89 Vgl. Girme et al. 2014.

90 Vgl. Cohan & Cole 2002.

91 Vgl. Nakonezny et al. 2004, Cohan et al. 2009.

92 Vgl. Neff & Karney 2017.

93   Vgl. Eisenberger et al. 2007.
94   Vgl. Gudbjartsson et al. 2020.
95   Vgl. Vogel & Couzin-Frankel 2020.
96   Vgl. Bialek et al. 2020.
97   Vgl. Bialek et al. 2020.
98   Vgl. Jones 2020.
99   Vgl. Vogel & Couzin-Frankel 2020.
100 Jones et al. 2020.
101 Verdoni et al. 2020.
102 Anonymus, 4.5.2020.
103 Loomba et al. 2020.
104 Roberto et al. 2015; Streb et al. 2015; Robinson et al. 2017; Thomée et al. 2015; Park et al. 2012; Tremmel et al. 2017.
105 Wen & Xu 2012.
106 Lee et al. 2012.
107 Cohen et al. 2013, Spitzer 2005, 2012, 2015, 2018.
108 Vgl. Heckman 2006.
109 Vgl. Ritchie & Tucker-Drob 2018.
110 Unsere heutigen Begriffe werden unscharf, je weiter man in die Vergangenheit zurückgeht. Wenn die bekannte Welt mit den Grenzen eines Staates weitgehend identisch ist, kann man streng genommen nicht von »Pandemie« sprechen, auch wenn die betroffenen Gegenden heute durch eine größere Zahl von Staaten politisch repräsentiert sind.
111 Vgl. Wiechmann & Grupe 2005.
112 Vgl. Keller et al. 2019.
113 Quelle: Johns-Hopkins Dashboard; Stand: 23.5.2020, 6.32 Uhr.
114 Quelle: Museum of Health & Medicine, Washington.
115 Vgl. die vielen Beispiele, reich bebildert, in Salfellner 2020.
116 Hatchett et al. 2007.
117 Hatchett et al. 2007, S. 7582.
118 Nach Hatchett et al. 2007, S. 7583, Figure 1.
119 Vgl. Spinney 2020, S. 321.
120 Vgl. Spitzer 2009.
121 Vgl. Shiao et al. 2007.
122 Vgl. Ip et al. 2015.
123 Vgl. von Gottberg et al. 2016.
124 Aus Balicer et al. 2006, Übersetzung durch den Autor.
125 »Will they just pack up and leave?«; vgl. Seale et al. 2009.
126 Zit. Aus: Damery et al. 2009, S. e12; Übersetzung durch den Autor.
127 Vgl. Aoyagi et al. 2015, S. 120.
128 Shapira et al. 2019.
129 Wong et al. 2010
130 Zit. aus: Goulia et al. 2010, S. e19.
131 Zit. aus: Iserson 2018, S. 288.
132 Iserson 2018, S. 292.
133 Vgl. Maslow 1943, S. 394f. Der Sockel der Pyramide entstammt freilich nicht der ursprünglichen Konzeption Maslows und ist eine nicht ganz unernste Ergänzung aus den Erfahrungen der neuesten Entwicklungen, wie sie im Moment zu finden ist (z. B.:

https://www.zeit.de/zeit-magazin/leben/2019-06/gutes-leben-glueck-zufriedenheit-
beduerfnisse-gueter).

134 Steinmeier 1.5.2020.

135 Vgl. Knaup & Traufetter 2016.

136 Vgl. Spitzer 1999, 2017.

137 Vgl. Cummings et al. 2020.

138 Vgl. Paranjpe et al. 2020.

139 Vgl. Parpia et al. 2016.

140 Vgl. Press et al. 2020.

141 Vgl. Anonymus 8.5.2020.

142 Vgl. Nepogodiev et al. 2020; vgl. hierzu auch die Meldungen im Deutschen Ärzteblatt
(Anonymus) vom 8.5.2020 und in aerzteblatt.de (Anonymus) vom 15.5.2020.

143 Nach Nepogodiev et al. 2020, Figure 2b.

144 Marmot 2006.

145 Gabriel 2020.

146 Vgl. Dyal et al. 2020.

147 Die erste Fassung dieses historischen Romans mit dem Originaltitel *I Promessi Sposi*
(deutsch: *Die Brautleute*; früher: *Die Verlobten*) erschien 1827, die endgültige Fassung
dann 1840–1842 in Mailand. Es gilt nach Dantes *Göttlicher Komödie* als das bedeutends-
te Werk der klassischen Literatur in Italien und hat dort – wenn man solche Vergleiche
überhaupt ziehen darf – etwa die Bedeutung, die Goethes *Faust* hierzulande hat.

148 Zit. aus: Manzoni 2003, S. 689f. Interessant ist, dass im letzten Satz des Zitats auch eine
neue Qualität aufscheint, die man heute »Verschwörungstheorie« nennt und die mithin
ebenfalls ein uraltes Phänomen sein dürfte.

149 Vgl. Tharoor & Mellen 2020.

150 Vgl. Calvert et al. 2020.

151 Stand: 19.5.2020.

152 Vgl. Tharoor & Mellen (2020); Anonymus 16.4.2020; Rubin 2020.

153 Vgl. Schober et al. 2020.

154 Zit. aus: Manzoni 2003, S. 689.

155 Stand: 19.5.2020.

156 Stand: 19.5.2020; gemeint ist das Dashboard der Johns-Hopkins-University (vgl. Kapitel
3, Abbildung 2)

157 Stand: 19.5.2020.

158 Vgl. Bauwens et al. 2020.

159 Thunberg, zit. nach Vaughan 2020. Im englischen Original: »The corona crisis really
shows that our current societies are unsustainable. If one virus can wipe out the entire
economy in a matter of weeks and shut down societies, then that is a proof that our
societies are not very resilient. It also shows that once we are in an emergency, we can act
and we can change our behaviour quickly. And as long as we have solidarity and common sense, we will get through any crisis.«

160 Vgl. Singh et al. 2004.

161 Unter einer Zoonose versteht man Infektionskrankheiten, die auf natürliche Weise
zwischen Mensch und anderen Wirbeltieren übertragen werden können.

162 Zit. aus: Abegunde 2004; ganz ähnlich auch Lee et al 2011.

163 Vgl. Brock et al. 2019.

164 Vgl. Maganga et al. 2020.

Anmerkungen

165 Zit. aus: Tréguer 2020, S. 7.

166 Bhageshpur 2019.

167 Vgl. Youyou et al. 2015.

168 Vgl. Matz et al. 2017.

169 Vgl. Kramer et al. 2014.

170 Vgl. Tufeki 2018.

171 Vgl. Bond et al. 2012.

172 Vgl. Gould et al. 2020.

173 Vgl. und zit. aus: Anonymus 17.3.2020; vgl. hierzu auch Schneider 2020.

174 Vgl. Tréguer 2020.

175 Vgl. dpa 7.5.2020.

176 Vgl. dpa, 7.5.2020.

177 Vgl. Bild.de, Liveticker vom 27.3.2020.

178 Zit. aus: Descamps & Lebel 2020.

179 Vgl. King-Casas et al. 2005.

180 Etwa diese Größenordnung kann man als globale Letalität des Coronavirus aus heutiger Sicht annehmen.

181 Briscoe et al. 2020; Stokel-Walker 2020.

182 Prince & Wallenstein 2020.

183 Vgl. Fukuyama 1995.

LITERATUR

Abegunde A. T. (2004) Monkey malaria in man. Lancet 364: 1217

Acter T., Uddin N., Das J., Akhter A., Choudhury T. R., Kim S. (2020) Evolution of severe acute respiratory syndrome coronavirus 2 (SARS-CoV-2) as coronavirus disease 2019 (COVID-19) pandemic: A global health emergency. Science of the Total Environment 730 (2020) 138996 (https://doi.org/10.1016/j.scitotenv.2020.138996; abgerufen am 9.5.2020)

Adolph C., Amano K., Bang-Jensen B., Fullman N., Wilkerson J. (28.3.2020) Pandemic Politics: Timing State-Level Social Distancing Responses to COVID-19. University of Washington, Seattle, USA (https://faculty.washington.edu/cadolph/papers/AABFW2020. pdf; abgerufen am 5.4.2020)

Andersen K. G., Rambaut A., Lipkin W. I., Holmes E. C., Garry R. F. (2020) The proximal origin of SARS-CoV-2. Nature Medicine, published online 17.3.2020 (https://doi. org/10.1038/s41591-020-0820-9)

Anderson J. (2020) Social distancing isn't the right language for what Covid-19 asks of us. Quarzt, 3.4.2020 (https://qz.com/1830347/social-distancing-isnt-the-right-language-for-what-covid-19-asks-of-us/; abgerufen am 5.4.2020)

Anonymus (2020) »Ostrich Alliance«: leaders denying the threat of coronaviruses. FR24 News, 16.4.2020 (https://www.fr24news.com/a/2020/04/ostrich-alliance-leaders-deny-ing-the-threat-of-coronaviruses.html; abgerufen am 1.5. 2020)

Anonymus (2020) 28 Millionen chirurgische Eingriffe weltweit aufgrund von COVID-19 verschoben. aerzteblatt.de, 15.5.2020 (https://www.aerzteblatt.de/nachricht-en/112862/28-Millionen-chirurgische-Eingriffe-weltweit-aufgrund-von-COVID-19-ver-schoben; abgerufen am 19.5.2020)

Anonymus (2020) Corona-Regeln: Wenige Verstöße – viele Anzeigen. NDR 1 Radio MV, 5.4.2020, 10:00 Uhr (https://www.ndr.de/nachrichten/mecklenburgvorpommern/ Corona-Regeln-Wenige-Verstoesseviele-Anzeigen,coronavirus1168.html; abgerufen am 5.4.2020)

Anonymus (2020) Covid-19-Pandemie. Kliniken sollen Zahl der Operationen wieder er-höhen. Deutsches Ärzteblatt 117(19), 8.5.2020, S. A976

Anonymus (2020) Der Schin Bet setzt gegen das Coronavirus Technologie ein, die sonst zur Terrorbekämpfung dient. Jüdische Allgemeine, 17.3.2020 (https://www.juedische-allge-meine.de/israel/ueberwachung-von-erkrankten/; abgerufen am 18.5.2020)

Anonymus (2020) The Overver view: coronavirus crisis shows how much we need experts (Observer editorial) The Guardian, 8.3.2020 (https://www.theguardian.com/commentis-free/2020/mar/08/observer-view-on-government-improved-response-to-coronavirus-out-break; abgerufen am 9.3.2020)

Literatur

Anonymus (29.3.2020) Coronavirus Live Updates: Pelosi Accuses Trump of ›Deadly‹ Denial; New York Mayor Says Medical Supplies Will Run Out in a Week. The New York Times 29.3.2020 (https://nyti.ms/2xtnnwm; abgerufen am 29.3.2020)

Anonymus (4.5.2020) COVID-19: Berichte über Kawasaki-Syndrom bei Kindern. Aerzteblatt (https://www.aerzteblatt.de/nachrichten/112543/COVID-19-Berichte-ueber-Kawasaki-Syndrom-bei-Kindern; abgerufen am 16.5.2020)

Aoyagi Y., Beck C. R., Dingwall R., Nguyen-Van-Tam J. S. (2015) Healthcare workers' willingness to work during an influenza pandemic: a systematic review and meta-analysis. Influenza Other Respir Viruses 9: 120–130

ARD-Deutschlandtrend (2020) Nur jeder Zweite in Corona-Sorge. 20.3.2020 (https://www.bild.de/politik/inland/politik-inland/ard-deutschland-jeder-zweite-deutsche-in-corona-sorge-69505740.bild.html; abgerufen am 22.3.2020)

Armus T., Taylor A. (1.4.2020) Trump projects at least 100,000 coronavirus deaths in U.S. as hopes of swift recovery fade. The Washington Post 1.4.2020 (https://www.washingtonpost.com/world/2020/04/01/coronavirus-latest-news/; abgerufen am 1.4.2020)

Armus T. (2020) Social distancing a week earlier could have saved 36,000 American lives, study says. The Washington Post 21.5.2020 (https://www.washingtonpost.com/nation/2020/05/21/columbia-stu…h&utm_medium=email&utm_source=newsletter&wpisrc=nl_tyh&wpmk=1; abgerufen am 22.5.2020)

Bae S., Kim M. C., Kim J. Y., Cha H. H., Lim J. S., Jung J., Kim M. J., Oh D. K., Lee M. K., Choi S. H., Sung M., Hong S. B., Chung J. W., Kim S. H. (2020) Effectiveness of Surgical and Cotton Masks in Blocking SARS-CoV-2: A Controlled Comparison in 4 Patients. Ann Intern Med (doi: 10.7326/M20-1342)

Balicer R. D., Omer S. B., Barnett D.J., Everly G. S. Jr. (2006) Local public health workers' perceptions toward responding to an influenza pandemic. BMC Public Health 6: 99

Banholzer N., van Weenen E., Kratzwald B., Seeliger A., Tschernutter A., Bottrighi P., Cenedese A., Salles J.P., Vach W., Feuerriegel S. (2020) The estimated impact of non-pharmaceutical interventions on documented cases of COVID-19: A cross-country analysis. medRxiv preprint (doi: https://doi.org/10.1101/2020.04.16.20062141; abgerufen am 13.5.2020)

Barnett D. J., Levine R., Thompson C. B., Wijetunge G. U., Oliver A. L., Bentley M. A., Neubert P. D., Pirrallo R. G., Links J. M., Balicer R. D. (2010) Gauging U.S. Emergency Medical Services workers' willingness to respond to pandemic influenza using a threat-and efficacy-based assessment framework. PLoS One 5 (3): e9856 (doi: 10.1371/journal.pone.0009856)

Bauwens M., Compernolle S., Stavrakou T., Müller J.-F., van Gent J., Eskes H., Level P. F., Veefkind J. P., Vlietinck J., Yu H., Zehner C. (2020) Impact of coronavirus outbreak on NO pollution assessed using TROPOMI and OMI observations. Geophysical Research Letters (doi:10.1029/2020GL087978; abgerufen am 14.5.2020)

Bayerisches Polizeipräsidium Schwaben (3.4.2020) Ausflüge in Corona-Zeiten: Das ist erlaubt, das ist verboten. SWR Aktuell (https://www.swr.de/swraktuell/baden-wuerttemberg/ulm/ausfluege-das-ist-erlaubt-100.html; abgerufen am 20.4.2020)

Bentele S. (2020) Blausteiner Mutter schreibt offenen Brief an Eisenmann und kritisiert die Kultusministerin. Südwestpresse, 19.5.2020 (https://www.swp.de/suedwesten/landkreise/alb-donau/mutter-schreibt-an-kultusministerin-offener-brief_-kritik-an-eisenmann-46337108.html; abgerufen am 21.5.2020)

Bergdolt K. (2011) Der Schwarze Tod in Europa. C.H. Beck, München

Bi Q., Wu Y., Mei S., Ye C., Zou X., Zhang Z., Liu X., Wie L., Truelove S. A., Zhang T., Gao W., Cheng C., Tang X., Wu X., Wu Y., Sun B., Huang S., Sun Y., Zhang J., Ting Ma T., Lessler J., Feng T. (27.3.2020) Epidemiology and Transmission of COVID-19 in Shenzhen China: Analysis of 391 cases and 1,286 of their close contacts. MedRxiv (preprint doi: https://doi.org/10.1101/2020.03.03.20028423; abgerufen am 9.5.2020)

Bhageshpur K (2019) Data Is The New Oil – And That's A Good Thing. Forbes Technology Council, 15. November 2019 (https://www.forbes.com/sites/forbestechcouncil/2019/11/15/data-is-the-new-oil-and-thats-a-good-thing/#536ea5d37304; abgerufen am 9.4.2020)

Bialek S., Gierke R., Hughes M., McNamara L. A., Pilishvili T., Skoff T. (2010) Coronavirus Disease 2019 in Children – United States, February 12 – April 2, 2020. MMWR Morb Mortal Wkly Rep 69: 422–26 (doi: http://dx.doi.org/10.15585/mmwr.mm6914e4external icon; abgerufen am 9.5.2020)

Bikdeli B., Madhavan M. V., Jimenez D., Chuich T., Dreyfus I., et al. (2020) COVID-19 and Thrombotic or Thromboembolic Disease: Implications for Prevention, Antithrombotic Therapy, and Follow-up. J Am Coll Cardiol. (Epublished April 17, 2020; DOI:10.1016/j.jacc.2020.04.031)

Bodenmann G., Ledermann T., Bradbury T. N. (2007) Stress, sex, and satisfaction in marriage. Personal Relationships 14: 551–569

Bodenmann G., Meuwly N., Bradbury T. N., Gmelch S., Ledermann T. (2010) Stress, anger, and verbal aggression in intimate relationships: Moderating effects of individual and dyadic coping. Journal of Social and Personal Relationships 27: 408–424

Bodenmann G., Meuwly N., Germann J., Nussbeck F. W., Heinrichs M., Bradbury T. N. (2015) Effects of stress on the social support provided by men and women in intimate relationships. Psychological Science 26: 1584–1594

Bond R.M., Fariss C.J., Jones J.J., Kramer A.D.I., Marlow C., Settle J.E., Fowler J.H. (2012) A 61-million-person experiment in social influence and political mobilization. Nature 489: 295–298

Briscoe F, Ajunwa I, Gaddis A, McCormick J (2020) Evolving public views on the value of one's DNA and expectations for genomic database governance: Results from a national survey. PLoS ONE 15(3): e0229044. (https://doi.org/10.1371/ journal.pone.0229044)

Briz-Redón Á., Serrano-Aroca Á. (2020) A spatio-temporal analysis for exploring the effect of temperature on COVID-19 early evolution in Spain. Sci Total Environ. 2020 Apr 22;728:138811. (doi: 10.1016/j.scitotenv.2020.138811) [Epub ahead of print]

Brock P. M., Fornace K. M., Grigg M. J., Anstey N. M., William T, Cox J, Drakeley C. J., Ferguson H. M., Kao R. R. (2019) Predictive analysis across spatial scales links zoonotic malaria to deforestation. Proc R Soc B 286: 20182351 (http://dx.doi.org/10.1098/rspb.2018.2351; abgerufen am 20.5.2020)

Brooks S. K., Smith L. E., Webster R. K., Weston D., Woodland L., Hall I., Rubin G. J. (2010) The impact of unplanned school closure on children's social contact: rapid evidence review. Euro Surveill 25: pii=2000188 (https://doi.org/10.2807/1560-7917.ES.2020.25.13.2000188; abgerufen am 10.5.2020)

Brooks S. K., Webster R. K., Smith L. E., Woodland L., Wessely S., Greenberg N., Rubin G. J. (2020) The psychological impact of quarantine and how to reduce it: rapid review of the evidence. Lancet 395: 912–920

Literatur

Calvert J., Arbuthnott G., Leake J. (2020) Coronavirus: 38 days when Britain sleepwalked into disaster. The Sunday Times, 19.4.2020 (https://www.thetimes.co.uk/article/coronavirus-38-days-when-britain-sleepwalked-into-disaster-hq3b9tlgh?utm_campaign=wp_todays_worldview&utm_medium=email&utm_source=newsletter&wpisrc=nl_todayworld; abgerufen am 10.5.2020)

Cauchemez S., Valleron A. J., Boelle P. Y., Flahault A., Ferguson N. M. (2008) Estimating the impact of school closure on influenza transmission from Sentinel data. Nature 452: 750–754

Cetron M., Simone P. (2004) Battling 21st-Century Scourges with a 14th-Century Toolbox. Emerging Infectious Diseases 10 (11): 2053–2054

Cha A. E. (2020) Young and middle-aged people, barely sick with covid-19, are dying of strokes. The Washington Post 25.4.2020

CNN (2020) Germany's Health Minister explains what they did right. CNN.com, Christiane Amanpour vom 16.4.2020 (https://edition.cnn.com/videos/tv/2020/04/16/amanpour-jens-spahn-germany-coronavirus.cnn; abgerufen am 5.5.2020)

Cohan C. L., Cole S. W. (2002) Life course transitions and natural disaster: Marriage, birth, and divorce following Hurricane Hugo. Journal of Family Psychology 16: 14–25

Cohan C. L., Cole S. W., Schoen R. (2009) Divorce following the September 11 terrorist attacks. Journal of Social and Personal Relationships 26: 512–530

Cohen A. K, Rai M., Rehkopf D. H., Abrams B. (2013) Educational attainment and obesity: A systematic review. Obes Rev. 14: 989–1005

Cohen S. (2005) The Pittsburg common cold studies: Psychosocial predictors of susceptibility to respiratory infectious illness. International Journal of Behavioral Medicine 12: 123–131

Cohen S., Doyle W. J., Skoner D. P., Rabin B. S., Gwaltney J. M. (1997) Social ties and susceptibility to the common cold. JAMA 277: 1940–1944

Cohen S., Doyle W. J., Turner R. B., Alper C. M., Skoner D. P. (2004) Childhood socioeconomic status and host resistance to infectious illness in adulthood. Psychosom Med 66: 553–558

Cohen S., Frank E., Doyle W. J., Skone D. P., Rabin B. S., Gwaltney J. M. Jr. (1998) Types of stressors that increase susceptibility to the common cold in adults. Health Psychology 17: 214–223

Cohen S., Janicki-Deverts D., Turner R. B., Casselbrant M. L., Li-Korotky H. S., Epel E. S., Doyle W. J. (2013) Association between telomere length and experimentally induced upper respiratory viral infection in healthy adults. JAMA 309: 699–705

Cohen S., Miller G. E., Rabin B.S. (2001) Psychological stress and antibody response to immunization: A critical review of the human literature. Psychosomatic Medicine 63: 7–18

Cohen S., Tyrrell D. A., Smith A.P. (1991) Psychological stress and susceptibility to the common cold. N Engl J Med 325: 606–612

Courtemanche C., Garuccio J., Le A., Pinkston J., Yelowitz A. (2020) Strong Social Distancing Measures In The United States Reduced The COVID-19 Growth Rate. Health Affairs, Fast Track Ahead Of Print article; 15.5.2020 (10.1377/ hlthaff.2020.00608HEALTH AFFAIRS 39:7; abgerufen am 16.5.2020)

Cummings M. J., Baldwin M. R., Abrams D., Jacobson S. D., Meyer B. J., Balough E. M., Aaron J. G., Claassen J., Rabbani L. E., Hastie J., Hochman B. R., Salazar-Schicchi J, Yip N. H., Brodie D., O'Donnell M. R. (2020) Epidemiology, clinical course, and outcomes of critically ill adults with COVID-19 in New York City: a prospective cohort study. The Lancet Published Online May 19, 2020 (https://doi.org/10.1016/S0140-6736(20)31189-2; abgerufen am 21.5.2020)

Damery S., Wilson S., Draper H., Gratus C., Greenfield S., Ives J., Parry J., Petts J., Sorell T. (2009) Will the NHS continue to function in an influenza pandemic? A survey of health-care workers in the West Midlands, UK. BMC Public Health 9: 142 (doi: 10.1186/1471-2458-9-142; abgerufen am 15.5.2020)

Dehning J., Zierenberg J., Spitzner F. P., Mibral M., Neto J. P., Milczek M., Friesemann V. (2020) Infering change points in the spread of COVID-19 reveals the effective-ness of interventions. Science 15.5.2020 (10.1126/science.abb9789; abgerufen am 17.5.2020)

Dennell R. (2019): Dating of hominin discoveries at Denisova. Nature 565: 571–572

Descamps P., Lebel T. (2020) Corona-Schock und Klimapolitik. Le Londe Diplomatique Mai 2020 (https://monde-diplomatique.de/artikel/!5662503; abgerufen am 20.5.2020)

Domnich A., Manini I., Calabrò G. E., de Waure C., Montomoli E. (2019) Mapping Host-Related Correlates of Influenza Vaccine-Induced Immune Response: An Um-brella Review of the Available Systematic Reviews and Meta-Analyses. Vaccines 7: 215 (doi:10.3390/vaccines7040215)

Domnich A., Manini I., Calabrò G. E., de Waure C., Montomoli E. (2019) Mapping Host-Related Correlates of Influenza Vaccine-Induced Immune Response: An Um-brella Review of the Available Systematic Reviews and Meta-Analyses. Vaccines 7: 215 (doi:10.3390/vaccines7040215)

dpa (7.5.2020) Weniger ins Kino und zu Konzerten, seltener Bus und Bahn fahren, weniger reisen: McKinsey-Umfrage zeigt, wie die Deutschen nach der Corona-Krise ihr Verhalten ändern wollen. Deutsche Presseagentur (https://www.businessinsider.de/leben/weniger-ki-no-bus-und-bahn-und-kultur-wie-deutsche-sich-nach-corona-verhalten-wollen/; abgerufen am 20.5.2020)

Dyal J. W., Grant M. P., Broadwater K, Bjork A, Waltenburg MA et al. (2020) COVID-19 Among Workers in Meat and Poultry Processing Facilities — 19 States, April 2020. Mor-bidity and Mortality Weekly Report 69: 557–561 (8. Mai)

Eikenberry S. E., Mancuso M., Iboi E., Phan T., Eikenberry K., Kuang Y, Kostelich E., Gumel A. B. (2020) To mask or not to mask: Modeling the potential for face mask use by the gen-eral public to curtail the COVID-19 pandemic. Infectious Disease Modelling 5: 293–308

Eisenberger N. I., Jarcho J. M., Lieberman M. D., Naliboff B. (2006) An experimental study of shared sensitivity to physical pain and social rejection. Pain 126: 132–138

Eisenberger N. I., Lieberman M. D. (2004) Why rejection hurts: A common neural alarm system for physical and social pain. Trends in Cognitive Sciences 8: 294–300

Eisenberger N. I., Taylor S. E., Gable S. L., Hilmert C. J., Lieberman M. D. (2007) Neural pathways link social support to attenuated neuroendocrine stress responses. Neuroimage 35: 1601-1612

Eisenberger N. I., Taylo, S. E., Gable S. L., Hilmert C. J., Lieberman M. D. (2007) Neural pathways link social support to attenuated neuroendocrine stress responses. Neuroimage 35: 1601–1612

EuroMOMO Bulletin, Week 19, 2020, 15.5.2020 (https://www.euromomo.eu/; abgerufen am 15.5.2020)

Literatur

Esposito S., Principi N., Leung C. C., Migliori G. B. (2020) Universal use of face masks for success against COVID-19: evidence and implications for prevention policies. Eur Respir J, in press (https://doi.org/10.1183/13993003.01260-2020)

Feldman Barrett L. (2020) Mind, Body, Illness: Amidst Pandemic, Opportunities for discovery. APS Observer 33(5): 5–7

Ferguson N. M., Laydon D., Nedjati-Gilani G., Imai N., Ainslie K. et al., Imperial College COVID-19 Response Team (2020) Impact of non-pharmaceutical interventions (NPIs) to reduce COVID-19 mortality and healthcare demand. WHO Collaborating Centre for Infectious Disease Modelling; MRC Centre for Global Infectious Disease Analysis; Abdul Latif Jameel Institute for Disease and Emergency Analytics; Imperial College London (doi: https://doi.org/10.25561/77482; abgerufen am 16.3.2020)

Fox J., Mayes B. R., Schaul K., Shapiro L. (2020) 2,147 people have die from coronavirus in the US. The Washington Post 27.3.2020 (https://www.washingtonpost.com/graphics/2020/national/coronavi...th&utm_medium=email&utm_source=newsletter&wpisrc=nl_tyh&wpmk=1; abgerufen am 29.3.2020)

Fukuyama F. (1995) Trust: The social virtues and the creation of prosperity. Free Press, NewYork

Gabriel S. (2020) Covid-Folgen. Mehr als eine Seuche, Zeit-Online, 03.05.2020 (https://www.zeit.de/politik/ausland/2020-05/corona-folgen-konjunktur-ungleichheit-globalisierung-sigmar-gabriel; abgerufen am 7.5.2020)

Girme Y. U., Overall N. C., Faingataa S. (2014) "Date nights" take two: The maintenance function of shared relationship activities. Personal Relationships 21: 125–149

Gould M., Joshi I., Tang M. (2020) Technology in the NHS. The power of data in a pandemic. GOV.UK, 28.3.2020 (https://healthtech.blog.gov.uk/2020/03/28/the-power-of-data-in-a-pandemic/; abgerufen am 20.5.2020)

Goulia P., Mantas C., Dimitroula D., Mantis D., Hyphantis T. (2010) General hospital staff worries, perceived sufficiency of information and associated psychological distress during the A/H1N1 influenza pandemic. BMC Infect Dis 10: 322 (doi: 10.1186/1471-2334-10-322)

Gudbjartsson D. F., Helgason A., Jonsson H., Magnusson O. T., Melsted P. et al. (2020) Spread of SARS-CoV-2 in the Icelandic Population. NEJM, 14.4.2020 (published ahead of print; doi: 10.1056/NEJMoa2006100)

Hart O. E., Rolf U., Halden, R.U. (2020) Computational analysis of SARS-CoV-2/COVID-19 surveillance by wastewater-based epidemiology locally and globally: Feasibility, economy, opportunities and challenges. Science of the Total Environment 730 (2020) 138875 (https://doi.org/10.1016/j.scitotenv.2020.138875; abgerufen am 16.5.2020)

Hartl T., Wälde K., Weber E. (2020) Measuring the impact of the German public shutdown on the spread of Covid-19. Covid Economics. Vetted and Real-Time Papers, Issue 1 (3 April 2020): 25–32

Hartl T., Weber E. (2020) Ökonomenstimme: Welche Maßnahmen brachten Corona unter Kontrolle? ©KOF ETH Zürich, 12. Mai. 2020 (https://www.oekonomenstimme.org/artikel/2020/05/welche-massnahmen-brachten-corona-unter-kontrolle/?print; abgerufen am 13.5.2020)

Hatchett R. J., Mecher C. E., Lipsitch M. (2007) Public health interventions and epidemic intensity during the 1918 influenza pandemic. PNAS 104: 7582–7587

Hatfield E., Cacioppo J. T., Rapson R. L. (1992) Primitive emotional contagion. In: Clark MS (Hg): Review of Personality and Social Psychology 14. Sage, Newburry Park, CA

Hatfield E., Cacioppo J. T., Rapson R. L. (1993a) Emotional Contagion. Current Directions in Psychological Science 2: 96–99

Hatfield E., Cacioppo J. T., Rapson R. L. (1993b) Emotional Contagion. Cambridge University Press, Cambridge, UKShannon (1948) A Mathematical Theory of Communication. Bell System Technical Journal

Heckman J. J. (2006) Skill formation and the economics of investing in disadvantaged children. Science 312: 1900–1902

Helmers A. (2020) Stability and Viability of SARS-CoV-2. N Engl J Med 382. pii: 10.1056/NEJMc2007942#sa4 (doi: 10.1056/NEJMc2007942; abgerufen am 9.5.2020)

Holt-Lunstad J., Smith T. B., Baker M., Harris T., Stephenson D (2015) Loneliness and social isolation as risk factors for mortality: A meta-analytic review. Perspectives on Psychological Science 10: 227–237

Holt-Lunstad J., Smith T. B., Layton J. B. (2010). Social relationships and mortality risk: A meta-analytic review. PLoS Medicine, 7(7), e1000316. doi:10.1371/journal. pmed.1000316

House J. S., Landis K. R., Umberson D. (1988) Social relationships and health. Science 241: 540–545

Ip D. K., Lau E. H., Tam Y. H., So H. C., Cowling B. J., Kwok H. K. (2015) Increases in absenteeism among health care workers in Hong Kong during influenza epidemics, 2004–2009. BMC Infect Dis 15: 586 (doi: 10.1186/s12879-015-1316-y)

Iserson K. V. (2018) Must I Respond if My Health is at Risk? J Emerg Med 55: 288–293

Jones V. G., Mills M., Suarez D., Hogan C. A., Yeh D., Segal J. B., Nguyen E. L., Barsh G. R., Maskatia S., Roshni M. (2020) COVID-19 and Kawasaki disease: novel virus and novel case. Hosp Pediatr (doi: 10.1542/hpeds.2020-0123; abgerufen am 16.5.2020)

Kahneman D., Krueger AB, Schkade DA, Schwarz N, Stone AA (2004) A survey method for characterizing daily life experience: The Day Reconstruction Method. Science 306: 1776–1780

Kaiser J. (2020) »Every day is a new surprise.« Inside the effort to produce the world's most popular coronavirus tracker. Science online 6.4.2020 (https://www.sciencemag.org/news/2020/04/every-day-new-surprise-inside-effort-produce-world-s-most-popular-coronavirus-tracker; abgerufen am 7.4.2020)

Keller M., Spyrou M. A., Scheib C. L., Neumann G. U., Kröpelin A. et al. (2019) Ancient Yersinia pestis genomes from across western Europe reveal early diversification during the first pandemic (541-750). PNAS 116: 12363–12372

Kelly H. (2020) Advertising adjusts for a new reality: Sweatpants for staying home and toilet paper that cares. The Washington Post 25.4.2020 (https://www.washingtonpost.com/technology/2020/04/25/ads-coronavirus-change/; abgerufen am 10.5.2020)

Keneski E., Neff L. A., Loving T. J. (2018) The importance of a few good friends: Perceived network support moderates the association between daily marital conflict and diurnal cortisol. Social Psychological and Personality Science 9: 962–971

Kiecolt-Glaser J. K., Glaser R., Gravenstein S., Malarkey W. B., Sheridan J. (1996) Chronic stress alters the immune response to influenza virus vaccine in older patients. PNAS 93: 3043–3047

Literatur

King-Casas B., Tomlin D., Anen Cedric, Camerer C. F., Quartz S. R., Montague R. (2005) Getting to know you: Reputation and trust in a two-person economic exchange. Science 308: 78–83

Kissler S. M., Tedijanto C., Goldstein E., Grad Y. H., Lipsitch M. (2020) Projecting the transmission dynamics of SARS-CoV-2 through the postpandemic period [published online ahead of print, Science, 14.4.2020 (eabb5793. doi:10.1126/science.abb5793; abgerufen am 15.4.2020)

Knaup H., Traufetter G. (2016) Innenministerium will Abwehrzentrum gegen Falsch-meldungen einrichten. Spiegel 23.12.2016 (https://www.spiegel.de/netzwelt/netzpolitik/fake-news-bundesinnenministerium-will-abwehrzentrum-einrichten-a-1127174.html; abgerufen am 0.5.2020)

Konietzny B. (2020) Alles halb so wild? So gefährlich sind die Corona-Leugner. N-tv, 25.4.2020 (https://www.n-tv.de/politik/So-gefaehrlich-sind-die-Corona-Leugner-article21735594.html; abgerufen am 25.4.2020)

Kramer A. D. I., Guillory J. E. Hancock J. T. (2014) Experimental evidence of massive-scale emotional contagion through social networks. PNAS 111: 8788–8790

Kupferschmidt K. (2019) This bat species may be the source of the Ebola epidemic that killed more than 11,000 people in West Africa. Science, 24.1.2019 (https://www.sciencemag.org/news/2019/01/bat-species-may-be-source-ebola-epidemic-killed-more-11000-people-west-africa; abgerufen am 18.5.2020)

Kupferschmidt K. (2020) Why do some COVID-19 patients infect many others, whereas most don't spread the virus at all? Science, 19.5.2020 (https://www.sciencemag.org/news/2020/05/why-do-some-covid-19-patients-infect-many-others-whereas-most-don-t-spread-virus-all?utm_campaign=news_daily_2020-05-19&et_rid=49311317&et_cid=3332443; abgerufen am 20.5.2020)

Lau S. K., Li K. S., Huang Y., Shek C. T., Tse H., Wang M., Choi G. K., Xu H., Lam C. S., Guo R., Chan K. H., Zheng B. J., Woo P. C., Yuen K. Y. (2010) Ecoepidemiology and complete genome comparison of different strains of severe acute respiratory syndrome-related Rhinolophus bat coronavirus in China reveal bats as a reservoir for acute, self-limiting infection that allows recombination events. J Virol 84: 2808–2819

Lawton G. (2020) Analysis suggests UK still not doing enough to prevent covid-19 deaths. New Scientist 17.3.2020 (https://www.newscientist.com/article/2237755-analysis-suggests-uk-still-not-doing-enough-to-prevent-covid-19-deaths/; abgerufen am 17.3.2020)

Le Page M. (3.4.2020) Why we still don't know what the death rate is for covid-19. New Scientist, 3.4.2020 (https://www.newscientist.com/article/2239497-why-we-still-dont-know-what-the-death-rate-is-for-covid-19/#ixzz6Ikd86beD; abgerufen am 5.4.2020)

Lee I -M., Shiroma E. J., Lobelo F., Puska P., Blair S. N., Katzmarzyk P. T., the Lancet Pysical Activity Series Working Group (2012) Eff ect of physical inactivity on major non-communicable diseases worldwide: an analysis of burden of disease and life expectancy. Lancet 380: 219–229

Lee K-J., Divis P. C. S, Zakaria S. K., Matusop A., Julin R. A., Conway D. J., Cox-Singh J., Singh B. (2011) Plasmodium Knowlesi: Reservoir Hosts and Tracking the Emergence in Humans and Macaques. PLoS Pathog 7: e1002015 (doi: 10.1371/journal.ppat.1002015)

Leschak C. J., Eisenberger N. I. (2019) Two Distinct Immune Pathways Linking Social Relationships With Health Inflammatory and Antiviral Processes. Psychosomatic Medicine 81: 711–719

Lesho E., Laguio-Vila M., Walsh E. (2020) Stability and Viability of SARS-CoV-2. N Engl J Med 382. pii: 10.1056/NEJMc2007942#sa3 (doi: 10.1056/NEJMc2007942; abgerufen am 9.5.2020)

Leung N. H. L., Chu D. K. W., Shiu E. Y. C., Chan K-H., McDevitt J. J., Hau B. J. P., Yen H-L., Li Y., Ip D. K. M., Peiris J. S. M., Seto W-H., Leung G. M., Milton D. K., Cowling B. J. (2020) Respiratory virus shedding in exhaled breath and efficacy of face masks. Nature Medicine (https://www.nature.com/articles/s41591-020-0843-2.pdf)

Lipman-Blumen J. (1975) A crisis framework applied to macrosociological family changes: Marriage, divorce, and occupational trends associated with World War II. Journal of Marriage and the Family 37: 889–902

Lipsitch M., Viboud C. (2009) Influenza seasonality: Lifting the fog, PNAS 106: 3645–3646

Liu K., Ai S., Song S., Zhu G., Tian F., Li H., Gao Y., Wu Y., Zhang S., Shao Z., Liu O., Lin H. (2020) Population movement, city closure in Wuhan and geographical expansion of the 2019-nCoV pneumonia infection in China in January 2020. Clinical Infectious Diseases (https://doi.org/10.1093/cid/ciaa422)

Loomba R. S., Villarreal E., Flores S. (2020) Covid-19 and Kawasaki syndrome: should we really be surprised? *Cardiology in the Young*, accepted manuscript, Cambridge Coronavirus Collection (doi: S1047951120001432; abgerufen am 16.5.2020)

Love K. (23.3.2020) Boomer Remover. CounterPunch! (https://www.counterpunch.org; abgerufen am 27.3.2020)

Lu D. (2020) The hunt for patient zero: Where did the coronavirus outbreak start? New Scientist, 1.4.2020 (https://www.newscientist.com/article/mg24532764-000-the-hunt-for-patient-zero-where-did-the-coronavirus-outbreak-start/?utm_campaign=onesignal&utm_medium=alert&utm_source=editorial; abgerufen am 1.4.2020)

Macdonald G., Leary M. R. (2005) Why does social exclusion hurt? The relationship between social and physical pain. Psychol Bull. 131: 202-223Herman & Panksepp 1978

Maganga G. D., Pinto A., Mombo I. M., Madjitobaye M., Mbeang Beyeme A. M., Boundenga L., Ar Gouilh M., N'Dilimabaka N., Drexler J. F., Drosten C., Leroy E. M. (2020) Genetic diversity and ecology of coronaviruses hosted by cave-dwelling bats in Gabon. Sci Rep 10:7314 (doi: 10.1038/s41598-020-64159-1)

Manzoni A. (2003): Die Brautleute. I Promessi Sposi. dtv, München

Marmot M (2006) Health in an unequal World. Lancet 368: 2081–2094

Mas-Comaa S., Jones M. K., Marty A. M. (2020) COVID-19 and globalization. One Health 9: 100132 (https://doi.org/10.1016/j.onehlt.2020.100132; abgerufen am 9.5.2020)

Maslow A. (1943) A Theory of Human Motivation. Psychological Review 50: 370–396

Matz S. C., Kosinski M., Navec G, Stillwelld D. J. (2017) Psychological targeting as an effective approach to digital mass persuasion. PNAS 114: 12714–12719

Michaels D. (2020) The Triumph of Doubt. Oxford University Press

Nakonezny P. A., Reddick R., Rodgers J.L. (2004) Did divorces decline after the Oklahoma City bombing? Journal of Marriage and Family 66: 90–100

Neff L. A., Karney B. R. (2017) Acknowledging the elephant in the room: How stressful environmental contexts shape relationship dynamics. Current Opinion in Psychology 13: 107–110

Nepogodiev D., Omar O. M., Abbott T., Ademuyiwa A. O., Biccard B. M., Davidson G. H., Di Saverio S., Gallo G., Ghosh D., Glasbey J. C., Gujjuri R. R., Harrison E. M.,

Literatur

Hutchinson P. J., Kaafarani H. M. A., Kamarajah S. K., Keller D. S., Lawani I., Li E., Minaya-Bravo A., Moore R., Morton D. G., Ntirenganya F., Pata F., Pearse R. M., Ramos-De la Medina A, FF Simoes JFF, Tabiri S, Venn ML, Bhangu A (2020) Elective surgery cancellations due to the COVID-19 pandemic: global predictive modelling to inform surgical recovery plans. Britsish Journal of Surgery 12.5.2020 (https://doi.org/10.1002/bjs.11746; abgerufen am 15.5.2020)

Niemann B., Rohrbach S., Miller M. R., Newby D. E., Fuster V., Kovacic J. C. (2017) Oxidative stress and cardiovascular risk: obesity, diabetes, smoking, and pollution: part 3 of a 3-part series. Journal of the American College of Cardiology 70: 230–251

Norris F. H., Friedman M. J., Watson P. J., Byrne C. M., Diaz E., Kaniasty K. (2002) 60,000 disaster victims speak: Part I. An empirical review of the empirical literature, 1981–2001. Psychiatry 65: 207–239

Nussbaumer-Streit B., Mayr V., Dobrescu A., Chapman A., Persad E., Klerings I., Wagner G., Siebert U., Christof C., Zachariah C., Gartlehner G. (2020) Quarantine alone or in combination with other public health measures to control COVID-19: a rapid review. Cochrane Database of Systematic Reviews 2020, Issue 4. Art. No.: CD013574. DOI: 10.1002/14651858.CD013574)

Oliver J. E., Wood T. (2014) Medical conspiracy theories and health behaviors in the United States. JAMA Internal Medicine 174: 817–818

Oltermann P. (2020) Germany's low coronavirus mortality rate intrigues experts. The Guadrian 22.3.2020 (https://www.theguardian.com/world/2020/mar/22/germany-low-coronavirus-mortality-rate-puzzles-experts; abgerufen am 24.3.2020)

Ong J. J. Y., Bharatendu C., Goh Y.Tang J. Z. Y., Sooi K. X. X.,Tan Y. L., Tan B. Y. Q., Teoh H.-L., Ong S. T., Allen D. M.; Sharma V. K. (2020) Headaches Associated With Personal Protective Equipment – A Cross-Sectional Study Among Frontline Healthcare Workers During COVID-19. Headache May 2020 (doi: 10.1111/head.13811)

Panksepp J. (2003) Feeling the pain of social loss. Science 302: 237–239

Paranjpe I., Fuster V., Lala A., Russak A., Glicksberg B. S., Levin M. A., Charney A. W., Narula J., Fayad Z. A., Bagiella E., Zhao S., Nadkarni G. N. (2020) Association of Treatment Dose Anticoagulation with In-Hospital Survival Among Hospitalized Patients with COVID-19, Journal of the American College of Cardiology (doi: https://doi.org/10.1016/j.jacc.2020.05.001; abgerufen am 8.5.2020)

Park M., Falconer C., Viner R., Kinra S. (2012) The impact of childhood obesity on morbidity and mortality in adulthood: a systematic review. Obes Rev 13: 985–1000

Parpia A. S., Ndeffo-Mbah M. L., Wenzel N. S., Galvani A. P. (2016) Effects of Response to 2014–2015 Ebola Outbreak on Deaths from Malaria, HIV/AIDS, and Tuberculosis, West Africa. Emerging Infectious Diseases 22 (doi: 10.3201/eid2203.150977; abgerufen am 3.4.2020)

Pedersen A.F., Zachariae R., Bovbjerg D. H. (2009) Psychological stress and antibody response to influenza vaccination: A meta-analysis. Brain, Behavior and Immunity 23: 427–433

Pei S., Kandula S., Shaman J. (2020) Differential Effects of Intervention Timing on COVID-19 Spread in the United States. medRxiv preprint, 20.5.2020 (doi: https://doi.org/10.1101/2020.05.15.20103655; abgerufen am 22.5.2020)

Peters R., Wolf C., Morcinek M. (2020) Coronavirus tödlich verharmlost. Trumps Versagen in Zitaten und Zahlen. n-tv, 4.4.2020 (https://www.n-tv.de/infografik/Trumps-Versagen-in-Zitaten-und-Zahlen-article21692579.html; abgerufen am 5.4.2020)

Petti S. (2020) Stability and Viability of SARS-CoV-2. N Engl J Med 382. pii: 10.1056/NE-JMc2007942#sa5 (doi: 10.1056/NEJMc2007942; abgerufen am 9.5.2020)

Pietromonaco P. R., Beck L. A. (2019) Adult attachment and physical health. Current Opinion in Psychology 25: 115–120

Pietromonaco P. R., Collins N. L. (2017) Interpersonal Mechanisms Linking Close Relationships to Health. American Psychologist 72: 531–542

Press R. H., Hasan S., Chhabra A. M., Choi J. I., Simone C. B. (2020) Quantifying the Impact of COVID-19 on Cancer Patients: A Technical Report of Patient Experience During the COVID-19 Pandemic at a High-volume Radiation Oncology Proton Center in New York City. Cureus 12: e7873 (Published online 2020 Apr 28. doi: 10.7759/cureus.7873; PMCID: PMC7192557; PMID: 32368429; abgerufen am 9.5.2020)

Prince J, Wallsten S (2020) How Much is Privacy Worth Around the World and Across Platforms? Technology Policy Institute (TPI), 409 12th Street SW, Suite 700, Washington, DC 20024; January 2020. (https://techpolicyinstitute.org/wp-content/uploads/2020/02/Prince_Wallsten_How-Much-is-Privacy-Worth-Around-the-World-and-Across-Platforms.pdf; abgerufen am 8.4.2020)

Reeves A., McKee M., Stuckler D. (2014) Economic suicides in the Great Recession in Europe and North America. Br J Psychiatry 205: 246–247

Reeves A., Stuckler D., McKee M., Gunnell D., Chang S. S., Basu S. (2012) Increase in state suicide rates in the USA during economic recession. Lancet 380: 1813–1814

Ritchie S. R.,Tucker-Drob E. M. (2018) How Much Does Education Improve Intelligence? A Meta-Analysis. Psychological Science 29: 1358–1369

Roberto C. A., Swinburn B., Hawkes C., Huang T. T. K, Costa S. A., Ashe M., Zwicker L., Cawley J. H., Brownell K. D. (2015) Patchy progress on obesity prevention: emerging examples, entrenched barriers, and new thinking. Lancet 385: 2400–2409

Robinson T. N., Banda J. A., Hale L., Lu A. S., Fleming-Milici F., Calvert S. L., PhD, Wartella E. (2017) Screen media exposure and obesity in children and adolescents. Pediatrics 140; S97 (doi: 10.1542/peds.2016-1758K)

Rubens J. H., Karakousis P. C., Jain S. K. (2020) Stability and Viability of SARS-CoV-2. N Engl J Med 382. pii: 10.1056/NEJMc2007942#sa1 (doi: 10.1056/NEJMc2007942; abgerufen am 9.5.2020)

Rubin T. (2020) Trump joins ›Ostrich Alliance‹ of loser leaders who put politics above coronavirus science. Stuff, 23.4.2020 (https://www.stuff.co.nz/national/health/coronavirus/121235256/trump-joins-ostrich-alliance-of-loser-leaders-who-put-politics-above-coronavirus-science; abgerufen am 3.5.2020)

Salfellner H. (2020) Die Spanische Grippe. Vitalis

Sapolsky R. M., Romero L. M., Munck A. U. (2000) How do glucocorticoids influence stress responses? Integrating permissive, suppressive, stimulatory, and preparative actions. Endocrine reviews 21: 55–89

Sazlow E. (2020) Voices from the Pandemic. »I apologize to God for feeling this way.« Gloria Jackson, on being 75, alone, and thought of as expendable. The Washington Post, 2.5.2020 (https://www.washingtonpost.com/nation/2020/05/02/elderly-woman-coronavirus-lonely-expendable/?arc404=true; abgerufen am 4.5.2020)

Schober T., Rack-Hoch A., Kern A.; von Both U., Hübner J. (2020) Coronakrise: Kinder haben das Recht auf Bildung. Dtsch Arztebl 117(19): A-990–A-994

Literatur

Schneider R. (2020) Corona-Bekämpfung in Israel – ein Fall für den Geheimdienst. Die Welt, 31.03.2020 (https://www.welt.de/politik/ausland/plus206917923/Corona-Bekaempfung-In-Israel-ein-Fall-fuer-den-Geheimdienst.html; abgerufen am 18.5.2020)

Schwartz K. L., Kim J., Garber G. (2020) Stability and Viability of SARS-CoV-2. N Engl J Med 382. pii: 10.1056/NEJMc2007942#sa2 (doi: 10,1056/NEJMc2007942; abgerufen am 9.5.2020)

Science News Staff (2020) United States strains to act as cases set record. Conflicting messages, lack of coordination plague chaotic efforts to slow coronavirus. Science 368: 17–18

Sciomer S., Moscucci F., Magrì D., Badagliacca R., Piccirillo G., Agostoni P. (2020) SARS-CoV-2 spread in Northern Italy: what about the pollution role? Environ Monit Assess. 2020 May 3;192: 325 (doi: 10.1007/s10661-020-08317-y; abgerufen am 9.5.2020)

Seale H., Leask J., Po K., MacIntyre C. R. (2009) Will they just pack up and leave? – attitudes and intended behaviour of hospital health care workers during an influenza pandemic. BMC Health Services Research 9: 30 (doi: 10.1186/1472-6963-9-30; abgerufen am 15.5.2020)

Seltmann, A. et al. Seasonal fluctuations of astrovirus, but not coronavirus shedding in bats inhabiting human-modified tropical forests. EcoHealth 14, 272–284 (2017).

Setti L., Passarini F., De Gennaro G., Barbieri P., Perrone M. G., Borelli M., Palmisani J., Di Gilio A., Piscitelli P., Miani A. (2020) Airborne Transmission Route of COVID-19: Why 2 Meters/6 Feet of Inter-Personal Distance Could Not Be Enough. Int J Environ Res Public Health 17: E2932 (doi: 10.3390/ijerph17082932)

Shah S. (2020) Woher kommt das Coronavirus? Le Monde diplomatique vom 12.03.2020 (https://monde-diplomatique.de/artikel/!5668094; abgerufen am 19.5.2020)

Shaman J., Kohn M. (2009) Absolute humidity modulates influenza survival, transmission, and seasonality. PNAS 106: 3243–3248

Shapira S., Friger M., Bar-Dayan Y., Aharonson-Daniel L. (2019) Healthcare workers' willingness to respond following a disaster: a novel statistical approach toward data analysis. BMC Med Educ 19: 130 (doi: 10.1186/s12909-019-1561-7).

Shiao J. S., Koh D., Lo L. H., Lim M. K., Guo Y. L. (2007) Factors predicting nurses' consideration of leaving their job during the SARS outbreak. Nurs Ethics 14: 5–17

Singh B., Sung L. K., Matusop A., Radhakrishnan A., Shamsul S. S. G., Cox-Singh J., Thomas A., Conway D. J. (2004) A large focus of naturally acquired Plasmodium knowlesi infections in human beings. Lancet 363: 1017–1024

Slon V., Mafessoni F., Vernot B., de Filippo C., Grote S., Viola B., Hajdinjak M., Peyrégne S., Nagel S., Brown S., et al. (2018). The genome of the offspring of a Neanderthal mother and a Denisovan father. Nature 561: 113–116

South S. J. (1985) Economic conditions and the divorce rate: A time-series analysis of the postwar United States. Journal of Marriage and the Family 47: 31–41

Spinney L. (2020) 1918. Die Welt im Fieber. Hanser, München

Spitzer M. (1990) Kant on Schizophrenia. In: Spitzer M, Maher BA (Hg): Philosophy and Psychopathology. Papers presented at a meeting at the Dept. of Psychology, Harvard University, in Oct. 1989, S. 44-58. Springer, New York, Heidelberg, Berlin

Spitzer M. (1999) Die Idee der Universität. Studium als Selbsterfahrung im »Jahrzehnt des Gehirns«. Reden und Aufsätze der Universität Ulm. Heft 4. Universitätsverlag Ulm

Spitzer M. (2005) Vorsicht Bildschirm! Klett, Stuttgart

Spitzer M. (2009) Pandemie! Und wer geht hin? Nervenheilkunde 28: 505–508

Spitzer M. (2012) Digitale Demenz. Droemer, München

Spitzer M. (2015) Cyberkrank! Droemer, München

Spitzer M. (2015) Verschwörungstheorien – ganz normal und doch ein Problem. Nervenheilkunde 34: 195–202

Spitzer M. (2017) Postfaktisch. Intellektuelle Verwahrlosung – Ursachen und Auswirkungen. Nervenheilkunde 36: 113–117

Spitzer M. (2018) Die Smartphone Epidemie. Klett, Stuttgart

Spitzer M. (2018) Einsamkeit. Droemer, München

Spitzer M. (2020) Psychologie und Pandemie. Nervenheilkunde 39: 274–283

Steinmeier F.-W. (2020) Rede des Bundespräsidenten beim Europakonzert der Berliner Philharmoniker am 1. Mai 2020 (https://www.bundespraesident.de/SharedDocs/Downloads/DE/Reden/2020/05/200501-Europakonzert-Philharmonie.pdf?__blob=publicationFile; abgerufen am 5.5.2020)

Stokel-Walker C (2020) People will sell access to their fingerprints for just $7.56 a month. New Scientist 3269; 15.2.2020. (https://www.newscientist.com/article/2232793-people-will-sell-access-to-their-fingerprints-for-just-7-56-a-month/ 2/5; Abgerufen am 8.4.2020)

Streb J., Kammer T., Spitzer M., Hille K. (2015) Extremely reduced motion in front of screens: Investigating real-world physical activity of adolescents by accelerometry and electronic diary. PLoS ONE 10: e0126722

Suorsa P. et al. (2004) Effects of forest patch size on physiological stress and immunocompetence in an area-sensitive passerine, the Eurasian treecreeper (Certhia familiaris): an experiment. Proceedings of the Royal Society of London. Series B: Biological Sciences 271: 435–440

Tharoor I. (2020) The pandemic and the waning of American prestige. The Washington Post 27.4.2020 (https://s2.washingtonpost.com/camp-rw/?e=&s=5ea658e5fe1ff-66289050b11&linknum=4&linktot=71; abgerufen am 27.4.2020)

Tharoor I., Mellen R. (2020) Trump alligns with the world's ›ostrich‹ leaders. The Washington Post, 20.4.2020 (https://s2.washingtonpost.com/camp-rw/?e=bWFuZnJlZC5zcGl0em…bG0uZGVU%3D&s=5e9d1edafe1ff6038c0c48fe&linknum=4&linktot=75; abgerufen am 24.4.2020)

Thomée S., Lissner L., Hagberg M., Grimby-Ekman A. (2015) Leisure time computer use and overweight development in young adults-a prospective study. BMC Public Health 15: 839

Tréguer F. (2020) Wenn die Polizei dein Fieber misst. Le Monde diplomatique, Mai 2020, S. 7

Tremmel M., Gerdtham U.-G., Nilsson P. M., Saha S. (2017) Economic Burden of Obesity: A Systematic Literature Review. Int J Environ Res Public Health. 14: 435 (doi: 10.3390/ijerph14040435)

Tufekci Z. (2018) YouTube, the Great Redicalizer. The New York Times, 10.3.2018 (https://nyti.ms/2GeTMa6; abgerufen am 13.3.2018)

Tversky A., Kahneman D. (2014) Judgment under uncertainty: Heuristics and biases. Science 185: 1124–1131

Van Doremalen N., Bushmaker T., Morris M., Holbrook M. G., Gamble A., Williamson B. N., Tamin A., Harcourt J. L., Thornburg N. J., Gerber S., Lloyd-Smith J. O., de Wit

E., Munster V.J. (2020) Aerosol and Surface Stability of SARS-CoV-2 as Compared with SARS-CoV-1. N Engl J Med 382: 1564–1567

Von Gottberg C., Silvia Krumm S., Porzsolt F., Kilian R (2016) The analysis of factors affecting municipal employees' willingness to report to work during an influenza pandemic by means of the extended parallel process model (EPPM).

Vaughan A. (2020) Greta Thunberg says she may have had covid-19 and has self-isolated. New Scientist 24.3.2020 (https://www.newscientist.com/article/2238364-greta-thunberg-says-she-may-have-had-covid-19-and-has-self-isolated/?utm_campaign=onesignal&utm_medium=alert&utm_source=editorial; abgerufen am 24.3.2020)

Vedhara K., Cox N. K., Wilcock G. K., Perks P., Hunt M., Anderson S., Lightman S.L., Shanks N.M. (1999) Chronic stress in elderly carers of dementia patients and antibody response to influenza vaccination. Lancet 353: 627–631

Velavan T. P., Meyer C. G. (2020) The COVID⊠19 epidemic. Trop Med Int Health 25: 278–280

Verdoni L., Mazza A., Gervasoni A., Martelli L., Ruggeri M., Ciuffreda M., Bonanomi E., D'Antiga L. (2020) An outbreak of severe Kawasaki-like disease at the Italian epicentre of the SARS-CoV-2 epidemic: an observational cohort study. Lancet. 2020 May 13. (doi: 10.1016/S0140-6736(20)31103-X; abgerufen am 16.5.2020)

Verity R., Okell L. C., Dorigatti I., Winskill P., Whittaker C., et al. (2020) Estimates of the severity of coronavirus disease 2019: a model-based analysis. Lancet Published Online March 30, 2020 (https://doi.org/10.1016/S1473-3099(20)30243-7)

Viner R. M., Russell S. J., Croker H., Packer J., Ward J., Stansfield C., Mytton O., Bonell C., Booy R. (2020) School closure and management practices during coronavirus outbreaks including COVID-19: a rapid systematic review. Lancet Child Adolesc Health 4: 397–404 (Epub 2020 Apr 6)

Vogel, G., Couzin-Frankel J. (2020) Children's role in pandemic is still a puzzle. Science 368: 562–563

von Gottberg C., Krumm S., Porzsolt F., Kilian R. (2016) The analysis of factors affecting municipal employees' willingness to report to work during an influenza pandemic by means of the extended parallel process model (EPPM). BMC Public Health 16: 26 (doi: 10.1186/s12889-015-2663-8)

Wang H., Shao J., Luo X., Chuai Z., Xu S., Geng M., Zhouyi Gao Z. (27.3.2020) Wildlife consumption ban is insufficient. Science 367: 1435

Wang M., Jiang A., Gong L., Luo L., Guo W., Li C., Zheng J., Li C., Yang B., Zeng J., Chen Y., Zheng K., Li H. (2020) Temperature significant change COVID-19 transmission in 429 cities. medRxiv (https://doi.org/10.1101/2020.02.22.20025791 2020.2002.2022.20025791; abgerufen am 10.5.2020)

Wangping J., Ke H., Yang S., Wenzhe C., Shengshu W., Shanshan Y., Jianwei W., Fuyin K., Penggang T., Jing L., Miao L. and Yao H. (2020) Extended SIR Prediction of the Epidemics Trend of COVID-19 in Italy and Compared With Hunan, China. Front Med 7:169 (doi: 10.3389/fmed.2020.00169)

Wen C. P., Wu X. (2012) Stressing harms of physical inactivity to promote exercise. Lancet 380: 192–193

WHO (2020) Middle East respiratory syndrome coronavirus (MERS-CoV) – The Kingdom of Saudi Arabia. Disease Outbreak News: Update 24 February 2020 (https://www.who.int/csr/don/24-february-2020-mers-saudi-arabia/en/; abgerufen am 12.5.2020)

Wiechmann I., Grupe G. (2005) Detection of Yersinia pestis DNA in two early medieval skeletal finds from Aschheim (Upper Bavaria, 6th century A.D.). Am J Phys Anthropol 126: 48–55

Wu Y., Jing W., Liu J, Ma Q., Yuan J., Wang Y., Du M., Min Liu M. (2020) Effects of temperature and humidity on the daily new cases and new deaths of COVID-19 in 166 countries. Science of the Total Environment 729: 139051

Wikelski M., Cooke S. J. (2006) Physiological assessment of environmental stressors. Trends in Ecology &. Evolution 1: 38–46

Wilder-Smith A., Freedman D. O. (2020) Isolation, quarantine, social distancing and community containment: pivotal role for old-style public health measures in the novel coronavirus (2019-nCoV) outbreak. J Travel Med 27(2). pii: taaa020 (doi: 10.1093/jtm/taaa020; abgerufen am 13.5.2020) 13.3.2020

Wong E. L., Wong S. Y., Kung K., Cheung A. W., Gao T. T., Griffiths S. (2010) Will the community nurse continue to function during H1N1 influenza pandemic: a cross-sectional study of Hong Kong community nurses? BMC Health Serv Res 10: 107(doi: 10.1186/1472-6963-10-107)

Yang N., Liu P., Li W., Zhang L. (27.3.2020) Permanently ban wildlife consumption. Science 367: 1434–1435

Yang Y., Peng F., Wang R., Guan K., Jiang T., Xu G., Sun J., Chang C. (2020) The deadly coronaviruses: The 2003 SARS pandemic and the 2020 novel coronavirus epidemic in China. J Autoimmun 109: 102434 (doi: 10.1016/j.jaut.2020.102434. Epub 2020 Mar 3)

Yeung W. J., Hofferth S. L. (1998) Family adaptations to income and job loss in the U.S. Journal of Family and Economic Issues 19: 255–283

Youyou W., Kosinski M., Stillwell D (2015) Computer-based personality judgments are more accurate than those made by humans. PNAS 112: 1036–1040

Yuan J., Morgan R. (2020) As toll grows, a new worry: Morgue capacity and bodies as sources of infection. The Washington Post 28.3.2020 (https://www.washingtonpost.com/gdpr-consent/?next_url=https%3a%2f%2fwww.washingtonpost.com%2fnational%2fcoronavirus-morgue-autopsy-funeral%2f2020%2f03%2f27%2f7d345478-7057-11ea-aa80-c2470c6b2034_story.html; abgerufen am 29.3.2020)

Zarocostas J. (2020) How to fight an infodemic. The Lancet 395: 676

Zhang T., Wu Q., Zhang Z. (2020) Probable Pangolin Origin of SARS-CoV-2 Associated with the COVID-19 Outbreak, Current Biology (https://doi.org/10.1016/j.cub.2020.03.022; abgerufen am 1.4.2020)

REGISTER

Register